경영 전략가의 일

SENRYAKUSAMBO NO SHIGOTO
by Masato Inada

Copyright © 2018 Masato Inada
Korean translation copyright © 2020 by Yeamoon Archive Co., Ltd.
All rights reserved.
Original Japanese language edition published by Diamond, Inc.
Korean translation rights arranged with Diamond, Inc.
through Korea Copyright Center Inc.

경영 전략가의 일

회사를 움직이는 제2의 리더

이나다 마사토 | 박제이 옮김

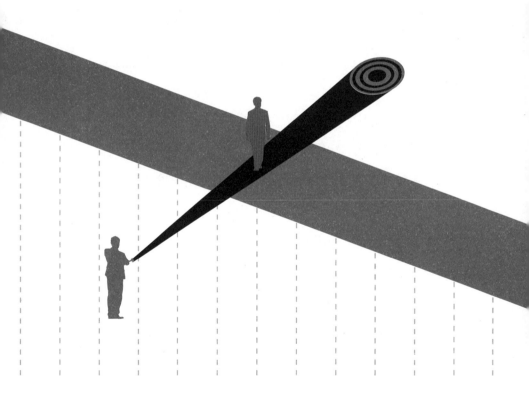

예문아카이브

참모는
회사 경영진으로 가는 등용문

일본 경제가 침체 상태에 빠진 채, 그야말로 '잃어버린 20년'을 넘어서 30년이 되려 한다.

최근 일본 경제는 그야말로 현재 한창 성장 중인 국가뿐 아니라 선진국과 비교해도 낮은 성장률을 보이는 상태가 장기간 이어지고 있다. 이는 이른바 '버블경제 붕괴의 후유증'만으로는 설명할 수 없다.

국가의 경제를 견인하는 것은 그 엔진이라 할 수 있는 기업의 적극적인 활동이다.

지금 일본은 그 엔진을 조종하는 운전자, 다시 말해 경영자가 다른 나라처럼 실력 발휘를 하여 계속 도전하지 못하는 상황이다. 바로 이것이 일본 경제가 침체에 빠진 가장 큰 이유라 해도 과언은 아니리라.

일본에서는 경영자에게 리더십을 기대하는 분위기가 존재한다. 이 때문인지 한때 일본에서도 '전문 경영자'라는 말이 언론에서 종종 사용되곤 했다.

하지만 안타깝게도 일본에는 아직 전문 경영자를 꿈꾸는 이들이 능력을 갈고닦을 만한 토양이 갖추어지지 않은 것이 현실이다.

일부 외국계 기업처럼 단년도의 숫자 만들기만 반복하는 일종의 '점수 따기' 기술만을 갈고닦는 예도 있다. 회사 외부에서 열리는 프레젠테이션에만 힘을 쏟는 이도 있다. 정작 중요한 사업의 성장력과 수익력을 높이는 기술을 지닌, 진정한 프로페셔널이라 부를 만한 경영자는 안타깝게도 아직 그렇게 많지 않다.

미국의 상장 기업에서는 주주들이 사업 가치를 높일 능력을 갖춘 경영자를 요구한다. 그뿐 아니라 본인의 의지와 주도권만 가지고 있다면 경영자로서 능력을 갈고닦을 토양이 갖추어져 있다.

나아가 GE(제너럴 일렉트로닉) 등 일부 우량 기업에서는 유능하다고 여겨지는 사원에게는 이른 시점부터 예산과 PL(손익계산서)을 담당하게 한다. 그리고 단계적으로 책임 범위를 넓힘으로써 경영자로서 육성하는 제도도 있다.

한편, 일본에서는 스스로 창업하는 경우를 제외하면 일반 비즈니스퍼슨이 경영자로서의 능력을 갈고닦을 기회가 극히 적은 적이 현실이다.

경영진 입성을 목표로 하는 비즈니스퍼슨으로서는 바로 이러한 환경 요건이 미국과 일본의 큰 차이라 할 수 있다.

그렇다면 일본의 기업에는 경영자로서 능력을 갈고닦을 수 있는 프로그램이 없는 것일까? 꼭 그런 것만은 아니다.

몇몇 우량 기업에서는 사내에서 사장이나 사업 책임자의 역할 중 일부를 대신하는 '참모'를 두고 있다. 참모는 경영진의 시점에 서서 사업 과제를 해결하고 능력을 갈고닦아 사내에서 신망을 얻어나간다.

지금도 일본 기업에서는 고도성장기 때와 마찬가지로 현업에서 실적을 쌓는 사람이 경영자의 자리에 오르는 되는 일이 많다.

하지만 장기적인 경제 침체가 이어지다 보니 피라미드의 모양새를 유지하기 위해 튀는 행동에 감점을 주는 방식이 정착하게 되었다. 이런 기업에서는 결과적으로 위험을 감수하고 도전하는 인재가 평가에서 불이익을 받게 된다.

그리고 그런 상황에서는 실질적인 능력의 우열이 아닌 우연히 상대적으로 보이는 실적이 오른 것만으로 경영자의 자리에 앉는 예도 있다.

이 같은 환경에서는 자연히 대담한 도전을 해 보지 못한 경영자가 늘게 된다. 그들은 직접 도전한 경험이 부족한 탓에 잘 알지 못하는 분야에 도전하는 '자신감' 또한 결여되는 경향이 있다. 이들은 기업 혁신, 혹은 새로운 시장 진출이라는 도전을 미루곤 하는데, 어떤 의미에서 이는 필연적 현상이라 하겠다.

더욱이 전임 경영자가 다음 경영자를 지명할 때 사내 화합이나 비용에 대한 규율 등 엄격한 감각만을 중시하기도 한다. 이렇게 되면 정작 주요 사업을 키울 만한 '공격적인' 경영 감각을 갖추지 못한 인물을 고르는 결과를 낳는다.

그리고 더욱 심한 경우에는 현재의 경영자가 자신의 영향력을 남긴 채 뒤에서 쥐락펴락할 수 있도록, 능력 면에서 꽤 뒤떨어지는 '예스맨'을 후임으로 고르는 일도 있다.

시장과 기업은 글로벌하고 다이내믹하게 움직인다. 나아가 IT라는 새롭게 개척해야 할 기축마저 더해진 이 시대에는 경영자로서의 능력과 관점을 갈고닦은 사람만이 기업의 건전한 성장을 이끌 수 있다.

사내 정치 능력, 혹은 보기 좋은 단년도 PL 만들기만 뛰어나고, 진정한 경영 능력을 충분히 갖추지 못한 인물이 경영자 자리에 앉은 기업은 판에 박힌 듯 성장이 정체되고 예외 없이 침체 상태에 빠진다.

결국 경영을 통해 꾸준하고 착실히 능력을 갈고닦은 자만이 사업을 번영으로 이끌고, 진정한 성공을 향한 티켓을 쥐게 된다. 실제로 그러한 진정한 프로페셔널 인재들은 한 기업 안에 계속 머무르는지 여부는 제쳐 두고, 대부분 최고의 비즈니스 라이프를 보내고 있다.

많은 비즈니스퍼슨에 있어서 가장 가까운 선택지는 현재의 기업에서 경영자, 혹은 사업 과제의 일부를 대행하는 '참모' 역할을 감당하며 능력을 갈고닦는 것이다. 바로 그것이 사람이나 조직을 움직이고, 사업에서 성과를 냄으로써 경험을 쌓으면서 조만간 눈앞에 찾아올 기회를 붙잡는 길이다.

이 책은 기업과 자신의 성공을 확실히 구축하는 '참모'의 진정한 자세를 전하고자 하는 마음으로 썼다.

지금껏 나와 함께 일해 온 수많은 업계 참모의 현실, 그리고 실태를 바탕으로 정리한 책이다.

나아가 내가 지금까지 지도해 온 젊은 참모 후보들이 흘린 피와 땀과 눈물 어린 '싸움'의 현장에서 실제로 벌어지는 일, 그리고 나 자신이 다양한 기업 내외에서 참모로서 활약하면서 얻은 것들을 토대로 삼았다.

- 참모 역할을 성공적으로 완수하고 훗날 경영자가 되어 활약하는 사람은 무엇을 중요하게 여겨왔는가?
- 참모로서 제대로 활약하지 못한 사람은 도대체 무엇을 간과한 것인가?
- 참모로서 활약하다가 추락한 후 다시금 꽃을 피운 사람은 무엇을 깨닫고 대성하게 되었나?
- 탁상공론을 넘어서서 실천으로 이어지는 양질의 전략을 제시하는 사람은 어떤 사고방식과 태도를 지니는가?

이 같은 다양한 사람들의 실태로부터 '참모' 역할의 기본적인 입장, 사고방식, 습득한 스킬, 성공 요인, 실패 요인을 통해 바라본 해야 하는 일과 해서는 안 되는 일을 명확하게 정리해 보고자 한다.

애초에 이 책은 기업 개혁 시 생생하게 벌어지는 사건과 그것을 어떻게 극복하는지를 비즈니스 소설로 그려낸 졸저 『전략 참모』, 『경영 참모』(다이아몬드사)의 각 장 마지막에 첨부한 해설이 많은 사람에게 호평을 받으며 쓰게 되었다. 소설의 각 해설에서는 내 실제 체험을 토대로 세상에 널리 알려진 경영 기법을 그린 바 있다. 이 책 또한 모든 것을 '현실에서는 어떤가?'라는 관점으로 정리했다.

기업 참모라는 말을 들으면 가장 먼저 문제 해결 능력이 뛰어나야 한다고 생각하는 사람이 많으리라.

이 책에서도 물론 '참모'에게 요구되는 문제 해결 능력을 챕터 5에서 소개할 것이다. 그러나 그저 프레임워크만을 잔뜩 담아서 설명하지는 않는다.

우선 눈앞에 펼쳐진 현실과 숫자에 어떻게 대응해야 할까?

즉 실제로 우리 프로들이 새로운 프로젝트에 착수할 때 시행하는 것. 그리고 새롭게 구성된 개혁을 위한 참모 팀이 처음으로 지시하는 기술이나 사고 진행 방식만을 집중적으로 해설했다.

챕터 7에서는 졸저 『PDCA 프로페셔널』(도요케이자이신포샤)을 보충하는 형태로, 일본 기업에 필요한 조직의 PDCA 존재 방식, 사고방식과 그 배경을 설명했다.

챕터 8에서는 그다지 논의의 장에 오르지는 않지만 기업 개혁에서 반드시 직면하는 인간의 '업(業)'의 대처에 관해 논했다. 독특한 장이므로, 만약 줄줄이 이어지는 노하우의 해설에 질릴 때쯤 일단 챕터 8로 뛰어넘어 먼저 읽어 보는 것도 좋으리라.

이 책은 전부 실제로 일어난 일, 일어나고 있는 일을 기본으로 한다.

다만 실제 회사명과 실명을 밝힐 수 없는 예가 많기에, 명칭을 적어도 별지장이 없을 정도로 오래된 사례를 제외하고는 '어느 기업', '어느 사람'이라고 추상화하여 표현했다. 하나하나를 독립된 에세이처럼 썼기에 다른 부분에서 다룬 화제를 다시금 인용하는 곳도 있다.

또한 방법론에 관한 사고방식이나 절차에 관해서는 표현이나 이야기가 추상적으로 펼쳐지는 부분이 많다.

되도록 쉽게 쓰려고 애썼지만, 만약 잘 읽히지 않는 부분이 있다면 억지로 읽으려 하지 말고 뛰어넘어도 좋다. 언젠가 필요해졌을 때 '그러고 보니 뭔가 쓰여 있었지?' 하며 다시금 펼쳐보고서 '이런 부분을 조심해야 한다고 말하고 싶었던 거로군' 하고 확인하는 역할만으로도 이 책은 그 소임을 다한 것이라고 본다.

기업의 참모 기능을 강화하는 것은 일본식 경영에서 진정한 리더십을 되돌리는 것으로 이어진다. 이는 일본 경제를 활성화할 돌파구가 될 터이다. 이러한 것에 도전하는 데 재미를 느끼는 인재가 한 명이라도 더 많이 세상에 나와 주기를 바란다.

회사 안에서 성실하게 능력을 갈고닦으며 자신이 생각하고 움직일 수 있는 참모는 경영자로 가는 등용문이다. 나아가 사내는 물론 세상에서 반드시 인정받는 역할이라 하겠다. 그런 역할을 하는 인재가 많이 등장하여 경영자가 되고, 일본 기업과 경제를 이끌어가는 시대가 오기를 바라마지않는다.

이나다 마사토

CONTENTS

Chapter 1
기업에 있어서 참모란 어떤 존재인가?

Chapter 2
왜 참모 기능이 필요한가?

Chapter 3

참모의 기본자세와 마인드 셋

Chapter 4

전략이란 무엇인가

Chapter 5

문제 해결의 기본은 MECE×로직 트리+가설 사고

Chapter 6

필수 경영 지식과 실천 지식

Chapter 7
조직의 PDCA를 올바르게 운용하고
사업 운영 능력을 계속해서 갈고닦는다

Chapter 8
인간의 '업'에 대처한다

Chapter 1

기업에 있어서
참모란 어떤 존재인가?

Part 1

경영자의 손길이 미치지 못하는
사업 관점·경영 관점에서
업무와 과제에 대응한다

기업에서 참모 역할을 하는 인재에게 요구되는 소양은 무엇일까?

아마도 대부분 독자가 상상하는 것은 **문제 해결 능력, 전략 사고력,
사업 구상력** 등의 전략 입안과 문제 해결에 관한 능력이 아닐까?

물론 참모의 역할을 플래닝 전담으로 규정한다 해도 틀린 말은 아니
다. 그러나 현실의 기업이나 조직 속 참모는 플래닝뿐 아니라 그 외에도
중요한 역할과 능력을 요구받는다.

참모의 능력으로서 가장 먼저 플래닝 능력을 강조하는데, 그 배경을
약간은 메타적 시각에서 짚어보고자 한다.

우리가 경제경영서 등에서 보는 경영 이론 대부분은 미국에서 발생했
다. 여러분이 잘 알고 있는 메이저 경영 이론 중 미국 외에서 발생한 것

은 프랑스에 있는 인시아드 경영대학원 교수인 김위찬과 르네 마보안이 발표한 『블루오션 시프트』정도가 아닐까?

미국에서 발생한 경영 이론의 전제에는 이른바 미국식 '지시형 혹은 명령형(directive)' 경영 방식이 깔려 있다.

이들 경영 이론은 기본적으로는 미국 기업이라는 '토양' 위에서 더욱 갈고 닦였다.

미국에서 조직 경영의 기본은 윗선에서 지시를 내려서 조직을 움직이는 '인치(人治)'형이다.

미국의 상장 기업에서는 주주들이 주가 상승을 강력하게 촉구한다. 이는 현재 충분한 배당을 낼 수 있는 수익성 혹은 장래에 성장할 수 있는 가능성을 통해 실현된다.

일단 침체에 빠진 기업이라면 경영자가 가능한 한 빨리 기업을 성장 궤도로 되돌리고 동시에 충분한 배당을 내는 수익력을 발휘하기를 요구한다.

최근에 일본의 대기업에서도 컨설턴트 회사의 권고 등에 따라 경영자의 급여가 미국 기업처럼 일제히 상승하는 경향을 보인다. 하지만 애초에 그들의 높은 급여는 사업 가치를 연간 10%가 넘는 수준으로 향상케 하는 데 대해 주주들이 제공하는 보수이지, 사장이라는 직위 때문은 아니다.

마찬가지로 대부분 미국에서 발원한 맥킨지나 BCG 등의 전략계 컨설팅 회사는 기업 혹은 사업을 진단하여 '전략'을 책정하고, 그것을 바탕으로 경영자가 스스로 PDCA(계획→실천→확인→조치를 반복해서 실행하여 목표 달성하고자 하는데 사용하는 기법)를 돌려서 조직을 움직이고 방향 설정과 방향 수정을 단행하는 '전략' 등의 플랜, 즉 PDCA의 P를 제공하는 서비스를 시작했다.

인텔을 예로 들어보자. 인텔에서는 회의록을 회의 출석자 중에서 가장 높은 자리에 있는 사람이 쓰는 규정이 있다. 이 또한 경영자의 의지에 따라 회의 참가자가 회의에서 나온 내용을 확실히 실행하는 데 관여하고자 도입한 방식이다.

이는 미국식 지시형 경영 스타일이라 하겠다. 논리적인 사고력을 갖춘 경영자가 스스로 개혁을 단행할 때 경영자 관점에 서서 PDCA를 돌리기 위해서 '이치'에 맞는 전략 시나리오와 그 논거를 갖춘다면 시간을 대폭 줄일 수 있기 때문이다.

이렇듯 미국에서는 논리적으로 도출된 전략 입안을 담당하는 전략계 컨설팅 서비스가 회사 외부의 참모 역할을 담당하는 형태로 발달해왔다.

왜 일본 기업은 '화합'을 중시하는가?

그러나 일본 기업을 보면 창업자에게 곧잘 보이는 '원맨형'을 제외하고는, 아무리 실적이 우수한 경영자라도 미국식인 지시형 경영을 하는 기업은 지극히 소수다.

도요타자동차(トヨタ自動車)나 가오(花王) 등과 같이 장기간에 걸쳐 꾸

준히 발전해온 일본 우량 기업을 보면 미국의 인치식 지시형 경영이 아
닌 조직의 각 계층에서 사업의 방향성을 이해시킨 후 각 부서가 자율적
으로 문제 해결을 위해 움직이는 '법치(法治)'식 경영 문화를 조성하며 성
공해왔음을 알 수 있다. '법치'라는 용어는 '인치'에 대항하는 말로, 규칙
이나 순서를 뜻한다.

　일본 기업의 경영에서 '화합'이 전제된다는 점은 이따금 경영학에서도
논의의 대상이 되며, 때로는 비판의 대상이 되기도 했다.

　애당초 일본 기업은 왜 '화합'을 중시하게 되었을까?

　일본의 역사를 되돌아보면 고대 아스카(飛鳥) 시대(7세기 전반을 중심으
로 하는 일본의 역사 시대)에 쇼토쿠(聖德) 태자가 제정한 '17개조 헌법'에
기원을 두고 있다는 사실을 엿볼 수 있다.

　제1조는 '以和為貴(화합이 가장 중요하다)'로 시작한다.

　쇼토쿠 태자는 자신이 직접 대륙 문화를 접한 까닭에 당시로서는 뛰
어난 국제 감각을 지녔으며, 비교 문화에 관한 견지가 뛰어났다고 한다.
쇼토쿠 태자는 조직의 강점을 최대화하기 위해서는 논의를 통해 과제의
구조부터 밝히고 방향성을 정하는 '화합'을 대전제로 삼는 조직 경영이
일본 문화에 가장 효과적이라고 당시 결론을 내린 바 있다.

　일본에서 '화합'이 중시되는 배경에 관해서는 다양한 설이 있다.

　유대교, 기독교, 이슬람교 등 일신교를 바탕으로 한 가치관과 직접형
지시가 당연시되던 문화와는 달리 일본에는 다신교에 해당하는 '야오요
로즈노카미(八百万の神, '수없이 많은 신'이라는 뜻으로 일본인의 신앙인 '신

토(神道)'에서 외경의 대상으로 삼는 신)'를 믿으며 시시비비를 논하여 문제를 해결하려 했던 문화가 가치관으로 뿌리 깊이 남아 있다는 것도 설득력 있는 설명이리라.

나 자신도 지금껏 사업 재정비를 위해 사장이나 사업 책임자 자리에 앉았을 때, 당시의 직속 상사에 해당하는 원맨 창업자 혹은 외국계 컨설팅 회사의 여러 선배로부터 '자고로 경영자란 고압적 자세로 일관하여 억지로라도 조직을 움직여야 한다'는 조언을 받은 일이 이따금 있었다.

그러나 도요타자동차에서 사업을 진화시킨 기업 문화를 몸소 체험하고, 그 후에도 여러 기업에서 개혁 팀을 이끌어온 경험에 비추어 볼 때, 이 조언은 들을 때마다 꽤 거부감이 들었다.

일본 기업에서 근무하는 직원 대다수가 마음속으로는 적극적으로 일하고 싶어 하는 것이 현실이다.

만약 사원들이 도전적으로 업무를 추진하지 않는다면, 그것은 위로부터 부당한 지시나 요구를 받았거나 주변의 눈치를 보면서 위험 부담을 지지 않기 위해 자신의 행동을 구속할 수밖에 없는 환경을 경영진이 방치하고 있기 때문이리라.

그리고 시간이 흐름에 따라 '굳이 위험을 떠안고 도전하기보다는 가만히 있는 게 결국은 이득이다. 내 자리를 지키면서 하라는 것만 하면 된다'는 인식이 공유되고, 나아가 기업 문화가 되어 모든 사원들에게 이러한 생각이 퍼지게 된다.

또한, 흔히 볼 수 있는 원맨 경영자의 지나친 '공포 정치'식 경영에서는 예외 없이 조직은 위축하고, 사원은 사고 정지 상태를 강요당한다.

▎ '참모' 기능의 여부가 경영자의 퍼포먼스에
   ## 큰 차이를 발생시킨다

만약 사업이 V자 회복을 요구받는 상황이라 치자. 원래라면 그럴 때는 효과적이고 다양한 아이디어를 이끌어 내어 사업을 다시금 성장 궤도에 올리기 위해 도전해야 한다.

이때 사업의 실태를 파악한 후 '이치'에 맞는 아이디어를 시험하고, 그 결과가 초래한 시장의 반응을 살피고, 다시금 수정한 PDCA를 돌리는 일은 필수 중의 필수이자 기본 행동이라 하겠다.

이 PDCA 사이클의 우선순위를 명확히 하고 단기간에 정밀하게 여러 번 돌려서 실행자의 성공 확률을 높이기 위해서는 조직 속 '잠들어 있는' 지혜와 아이디어를 제대로 표면에 떠올려서 활용해야 한다.

나는 다양한 기업의 V자 회복 현장에서 '참모' 역할을 맡았다. 그 때문에 사업 책임자로서 재정비를 도맡았을 때도 매니저 업무를 하면서 다른 한편으로 '참모' 기능을 하는 지휘관으로서 실태 파악과 사내 문서 작성, 정보 수집을 지시하는 등 기업을 경영하기 위해 필요한 환경을 스스로 조성해왔다.

그러나 일반적으로는 경영자를 맞춤하게 보좌하는 **'참모'의 유무에 따**

라 경영자의 퍼포먼스는 하늘과 땅 차이가 난다.

　기업에서 '참모'는 현 상황의 실태를 파악하고 방향성을 제시하며 다양한 과제를 발견하고 대응하는 역할뿐 아니라, 회사 전체와 사업 관점에 서서 업무와 과제를 나눠지고, 그 일부를 대행하는 역할까지 수행해야 한다.

　좋든 나쁘든 '화합이 가장 중요하다'는 인식이 뿌리 깊은 일본 기업에서 참모가 해내야 할 역할은 문제 해결을 위한 플래닝에만 그쳐서는 안 된다. 일본과 미국의 경영 스타일이 다르기 때문이다.

　경영자의 업무를 분담하는 관점에서 바라볼 때 참모가 수행해야 하는 일을 '딱딱한 표현'으로 정리하면 다음과 같다.

- 전사 시점에서 바라본 과제의 특정, 나아가 해당 과제의 우선순위의 명확화
- 부문을 넘어선 전사 시점, 사업 시점의 과제 프로젝트의 추진 역할
- 각 부문이 착실하게 조직의 PDCA를 돌려서 사업 능력을 높이기 위한 적절한 검증과 방침 입안의 지원과 지도
- 사업이 놓인 현 상황의 적절한 파악을 위한 정보 수집, 분석과 전략 방침의 기안

　이러한 업무에서 현장의 피부 감각, 바꿔 말하자면 사업관을 지니고 나아가 경영의 관점까지 겸비한 채 스스로 주도권을 발휘하여 사업과

회사를 올바른 형태로 가져갈 수 있도록 각 방면에서 과제 해결을 위해 노력하는 것이 '참모'의 일이다.

현실에서 '참모'는 반드시 경영기획실, 경영전략부 등의 부서에서만 담당해야 하는 것은 아니다. 경영자뿐 아니라 사내에서도 신뢰받는 임원이나 '수완 좋은' 부장 등의 간부 직원이 경영자 특명에 따르는 형태로 기능하는 경우도 많다.

따라서 일본 기업에서는 참모 역할이 경영진으로 입성하는 등용문이 되는 경우도 많다. 실제로 이 포지션을 통해 실천적 실력을 갈고닦은 인재는 다른 기업에서도 탐내는 인재로 성장할 수밖에 없다.

내가 주식회사 도요타자동직기제작소(豊田自動織機製作所, 현 주식회사 도요타자동직기)의 자동차사업부에 재직했던 당시에도 도요타그룹 자동차조립공장에는 임원 후보자의 등용문인 '생산 준비실'이라는 부서가 있었다.

이는 모델 체인지, 마이너 체인지 때 부문장 간의 조정을 통해 무사히 양산으로 이행할 수 있도록 사업 전체를 바라보는 관점에서 최적화를 추진하는 난이도 있는 업무다.

드센 부문장들에게 갖은 말을 다 듣는 자리였다. 동시에 생산 공정 전체를 더욱 좋은 상태로 진화시키기 위한 다양한 과제와 문제를 해결하면서 적절한 착지를 실현하기 위한 지휘도 해야 했다.

이러한 조직에서는 '나는 사장(혹은 사업부장) 대행이다. 그러니 내가 하는 말을 사장이 하는 말로 받아들이도록'이라는 말로 다른 직원을 움직이려 해도 전혀 통하지 않는다.

호가호위(狐假虎威) 하는 일 없이, 오로지 나에 대한 신뢰와 문제 해결 능력으로 최적의 해결책을 만들어내는 것. 이것만 해낸다면 '말 많은' 부문장들로부터 실력을 인정받아 그들 위에 설 수 있는 '티켓'을 손에 쥐게 되는 것이다.

---

❷ POINT

'참모' 역할은 경영진으로 들어서는 등용문.

Part 2

참모가 담당해야 하는
세 가지 역할

경영자의 의사 결정에 관한 정밀도를 높이고, 경영을 지원하고, 조직의 업무 정밀도를 높이려는 관점에서 바라볼 때 참모의 기본적인 역할은 크게 나눠 다음 세 가지다.

⋮ 플래닝의 시작점은 오감을 통해 얻은 사업 실태에 대한 정보

첫 번째는 '**경영자의 의사 결정에 관한 정밀도를 높이기 위해 사업 방침에 관한 현 상황 분석과 기안**'이다.

즉 경영자의 의사 결정, 판단의 정밀도를 높이기 위해서 사업 운영이나 사업 그 자체에 관한 현 상황 분석(필요한 정보의 수집과 그 정보로부터

의의 추출)과 기획, 제언을 행하는 역할을 말한다.

내가 하는 일의 특성상 기업의 경영 회의에 동석할 기회가 많은데, '이런 자료를 던져주고 경영자에게 의사 결정을 강요하는 건 너무 심하잖아'라는 생각이 드는 장면을 상당히 자주 마주한다.

그 결과, 경영자는 '에라 모르겠다' 하며 도박하듯 의사 결정을 하게 된다. 기안자의 얼굴을 바라보면서 '(자네를) 믿어도 되겠지'라고 마음속으로 자신을 설득한다. 기합을 잔뜩 넣은 채 결재해야 하는 회의가 빈번한 회사는 사업 규모가 커질수록 위험도 커진다. 당연히 이는 바람직하다고 볼 수 없다. 참모는 과거나 현 상황을 제대로 '가시화'해야 하며, 일의 인과관계를 풀어내고 취해야 할 방향성을 검토할 수 있는 상태를 만들어야 한다. 그리고 필요에 따라 회사나 사업 방침을 기획하고, 전략을 입안해야 한다.

이것을 위해 참모는 분석 및 '가시화'의 기술과 방법, 그리고 사내외 관계자에게 적확한 지시를 내릴 수 있는 지식과 능력을 필요한 최소 수준 이상 갖춰야 한다.

필요에 따라서 외부 컨설팅 회사와 함께 사업 침체의 원인을 추궁하고, 해외 등 신규 시장에 진출할 때 초기 가설로서 전략을 입안하거나, 경우에 따라서는 현 사업의 활성화를 위한 현 상황 진단과 전략 입안을 포함한 프로젝트를 진행할 때도 있다.

그럴 경우 경영자와 마찬가지로 전사 시점에서 과제를 파악해야 하는 것은 물론이며, 이에 더하여 가령 **언어화되어 있기는 하지만 외부 사람**

에게는 충분히 전해지지 않는 사업 현장의 실태, 그 생생한 이미지를 자신의 말로 언어화하여 전달해야 한다.

하지만 현실에서는 독선적인 엘리트 의식 탓에 현장과 거리가 생겨버린 본부나 경영자 직속 조직의 멤버를 자주 만나게 된다.

본래 사업의 가치란 시장과의 접점인 현장에서 일어나는 '진실의 순간(고객이 기업의 가치를 판단하는 순간을 말한다)'에 여실히 드러나는 법이다.

가령, 어렵게 참모라는 큰 역할을 맡았다고 해도 자신이 엘리트로 인정받았다는 기분에 취한 나머지 '직접 발로 뛰며' 양질의 가설을 세우는 일을 소홀히 한다면 임무를 성공적으로 완수할 수 없을 것이다. 머릿속의 이른바 '닫힌 공간'에서만 생각한 플랜은 때때로 현장의 실정을 충분히 그려내지 못한다. 그러면 실천 단계에서 번번이 예측이 빗나가게 되고 그대로는 효과적으로 기능할 수 없다.

더불어 이때 만약 쓸데없는 엘리트 의식이 고개를 쳐들어 '현장의 수준과 의식이 낮고 제대로 실행하지 않는 것이 문제'라는 말을 입에 담기 시작하면 현장과의 괴리는 커질 뿐이다. 그런 참모 조직을 '머리'에 얹은 사업은 시장의 시점에서 바라보면 불합리하기 짝이 없는 의사 결정이 버젓이 통과하기 시작한다. 그러면 이윽고 조직의 기능이 제대로 작동하지 않게 된다.

일반적으로 어린 시절부터 책상 위에서 '엘리트 시늉'만을 하며 플래닝을 해온 인재는 50대 후반 즈음부터 기업에서 쓸모없어지는 일이 많아진다.

현장을 제대로 경험하지 못한 채 경영기획실에서 근무하는 사람에게서 자주 보이는 경우다. 그들은 자신에게 전달되는 숫자나 언어 정보만으로 사업을 파악하고, 그것이 전부라는 일종의 착각을 하기도 한다.

그뿐 아니라 머릿속에서 그리는 '닫힌 공간'은 추상도가 높아서 올바르게 생각한다 해도 실제로는 본질적인 과제를 적확하게 파악하지는 못하게 된다. 결과적으로 시장을 출발점으로 한 PDCA가 돌아가지 않고, 조직 내에서 사업에 관한 '학습'이 이루어지지 않는다.

현장에서 얻은 정보의 흐름을 올바른 것으로 정리해 나가기 위해서는 고객에게 가치를 제공하는 현장에서 무슨 일이 일어나고 있는지를 실제 자신의 체험을 통해 깨달아야 한다.

결국 **모든 플래닝의 출발점은 논리를 논하기 이전 단계의, 오감으로 얻은 사업의 피부 감각이자, 그런 상황에서 플래너의 머릿속에 그려지는 이미지**인 것이다.

예를 들어 제조업 회사라면 '제조 현장에 직접' 가보고, '영업자와 함께 고객을 직접' 만나야 한다. 소매업이라면 '주말만이라도 실제로 판매장에 가 보기' 등 데이터나 보고서에 적힌 말 외의 정보를 늘 자신의 오감으로 직접 파악하는 것이 장래 경영진이 되리라 기대되는 '참모' 업무의 정밀도를 높이고, 결과의 성패를 가늠하는 커다란 포인트가 된다.

사고 흐름의 '가시화'는
'이치'에 어긋나는 판단의 발생을 막는다

참모의 두 번째 역할은 **"회사 내에 '신경 계통' 만들기"**다.

이것은 시장이나 사내의 실태에 관한 정보가 경영진에게까지 적절히 공유됨과 동시에 경영진의 의사를 각 부서에 전달하기 위한 지시와 보고 계통이 제대로 기능하며, 각 부서가 자율적으로 판단하여 움직일 수 있는 상태를 만드는 일이다.

일반적으로 한 해의 사업 방침, 부문 방침의 총괄은 경영기획실이나 경영관리실이 맡는다.

하지만 단순히 계획을 모아서 숫자의 정합성을 확인하는 것만이 아닌 각 매니저가 자신의 조직 내에서 PDCA를 꼼꼼히 돌리고, 조직이 도전을 통해 언어화된 '학습'을 지속할 수 있는 상태를 만들어야만 한다.

이때 핵심이 되는 것이 보고나 회의에서 사용하는 문서 서식이다. 각 부문의 성과 검증 C(Check)와 기획 P(Planning)를 위한 발표용 서식이나 보고의 장인 회의를 준비할 때 사용하는 서식에서 그 수준이 확연히 드러난다. 이러한 서식을 큰 고민 없이 작성하여 배포하는 곳도 많다.

하지만 실제로 이런 불완전한 서식에 내용을 적다 보면 '사용하기에 불편하다', '기입란이 너무 대충 만들어져 있어서 뭘 써야 할지 모르겠다', '서식 내의 인과관계가 이상하다' 같은 불만이 터져 나오게 된다.

현장에서 서식의 개선을 요구하는 목소리가 나와도 이를 묵살하며 '나는 올바른 서식을 만들었다. 그걸 제대로 쓰지 못하는 건 매니저의 수준이 낮은 탓이다'처럼 현장 탓으로 돌리는 것은 '무류성(無謬性=나는 언제나 옳다. 따라서 어떤 안건에서도 자신은 잘못되지 않았다는 태도를 취하는 경향)'을 일으키는 전형적인 원인이 된다.

이때 참모의 임무는 '(나름대로 적합한) 서식을 만드는 것'이 아니라 '매니저가 서식을 이용해 PDCA를 돌리고, 조직 전체가 꾸준히 학습할 수 있는 상태를 만드는 것'이다.

서식은 결과에 해당하는 과거나 현 상황의 검증(C)을 다음 기획(P)으로 연결하는 사고의 흐름을 '가시화'하기 위한 도구다.

그곳에 표현해야 하는 사항은 다음과 같다.

- **결과가 예상대로 나왔는지 파악하여 사실을 적절히 '가시화' 하기**
- **예상과 결과의 차이를 파악하여 그 의의 도출하기**
- **필요에 따라 보다 자세한 분석과 판단하기**
- **검증(C)을 통한 학습 포인트의 명확화 및 수정 후 기획(P), 혹은 다음 기획(P)을 위한 요점 정리하기**

PDCA가 제대로 기능하게 하려면 매니저나 실무 담당자가 이것을 기입하는 과정에서 문제점을 의식할 수 있는 서식을 만든 후 해당 업무의 매니저와 함께 서식 수정 작업(PDCA의 A에 해당)을 반복해야 한다.

더불어 중요한 것은 마치 수학 공식 같은 서식을 만드는 것이 아닌 사업의 문제 해결에 필요한 '사고의 흐름'을 표현하는 서식을 만드는 일이다.

보고해 주었으면 하는 것, 의의를 도출해야 하는 사항일수록 그 가이드가 되는 서식이 정교하고 적절하지 않으면 기대한 대로 PDCA가 돌아가고 있는지 판단하기 쉽지 않다.

예를 들어 회사의 모든 부서에 배포하기 전에 테스트 삼아 대표 매니저 몇 명이 실제로 기입해 보도록 한 후 쓰기 편리한지를 확인하여 수정을 진행하는 일은 PDCA의 실천 정밀도를 높이기 위해 반드시 필요한 작업이다. 이런 테스트를 거치지 않은 채 무작정 서식을 배포하는 일은 그저 '무류성'을 일으킨 본부의 '강요'에 지나지 않는다.

제대로 현장을 생각하지 않고 만든 서식을 현장에 배포하면 기입하는 사람은 '잘 모르겠으니까 일단 대충 채워 넣자'고 생각하거나 '(자신의 평가를 올리기 위해, 또는 떨어뜨리지 않기 위해) 어필하고 싶은 것만 적으면 된다'고 생각하게 된다.

서식 위에 표현해야 할 사고 흐름을 '가시화'하는 것은 담당자의 편협한 판단이나 간과한 내용, 위에는 보고하기 꺼려지는 안 좋은 실태를 은폐하는 일을 최대한 막아 주는 견제 기능도 한다. 이것이 제대로 되지 않으면 조직 차원에서 PDCA가 제대로 기능하고 있는지를 확인하는 회의가 자칫 형식만 남기고 가치나 의미가 없게 될 수 있고, 기업이 건전하게 기능하고 학습해나가는 데 필요한 '신경 계통'의 건전한 발육이 멈추게 된다.

가령 아메바와 같은 원생동물에서 플랑크톤과 같은 단순한 생물, 포유류, 인간 순으로 고도의 유기체로 진화하기 위해서는 더욱 수준 높은

'신경 계통'이 발달해야 한다. 회사도 생물처럼 전사를 바라보는 시점을 지닌 이가 의지를 갖고 진화시켜야 한다. 그러려면 사내의 정보가 실제로 필요한 만큼 적확하게 전달되고, 각 부문장 위치에서 자율적인 판단을 내리며, 나아가 상하로 지시와 보고가 적절히 이루어지는 상태를 유지할 능력이 필수 조건인 것이다.

⋮ 사업 규모가 커지면 커질수록 의사 결정의 정밀도는 떨어진다

참모의 세 번째 역할은 '**과제에 우선순위 매기기와 과제 프로젝트에 대한 대응하기**'이다.

이는 신규 IT 시스템 도입이나 물류 대책 등 경영자 시점에서 파악하여 행동해야 할 다양한 경영 과제를 명확하게 파악하는 것, 필요에 따른 특명 프로젝트에 대한 대응을 말한다.

기업에서는 큰 사고로 이어지는 품질 문제 등 예상치 못한 돌발적인 사고에 대해 대처해야 할 때가 있다. 이때 경영자와 동일한 관점을 지닌 자가 대응해야 한다.

그 밖에도 인사 제도의 기획, 머천다이징 분석과 관리 등 본래 요구되는 업무 고도화를 실현하기 위한 새로운 정보 시스템의 구축과 도입, 대형 투자 안건이나 기업 매수, 물류 체제의 정비, 효율화 등 다양한 경영 과제에 대해서도 대응해야 한다.

도요타자동차의 강점도 경영자 곁에서 합리적인 생산 방식과 노하우 교육을 현장에 침투시킨 오노 다이치(大野耐一)라는 실천적인 참모의 활약 덕이라고 할 수 있으리라.

기업은 사업 규모가 커지면 커질수록 기존의 방식대로는 지금의 비즈니스에서 요구하는 고도의 정보 파악이 어려워진다. 또한 의사 결정의 정밀도가 낮아지게 된다.

사장 또한 사업 규모가 작은 창업기에는 현장만을 보는 것으로도 충분하지만 사업 규모가 커질수록 자신의 시야에 들어오는 정보만으로는 일의 인과관계를 파악하기 어려워진다.

각 부문 안에서도 같은 일이 벌어진다. 사업 하나만 보더라도 사업 규모가 확대하면 품목 수나 특성이 다른 채널이 늘어난다. 그것들의 실태를 적확하게 파악하여 인기 상품을 따라가기 위해서는, 각각을 올바른 의사 결정에 필요한 관점에서 파악할 수 있는 시스템이 필요하다.

이에 대응할 수 있는 정교한 IT 시스템을 구축하는 일을 현업 부문에만 맡기면 현업이 떠안는 짐이 너무 커지기 때문에, 특명 프로젝트로서 참모가 추진하는 경우가 많다.

◆POINT

특히, 사내 정례 업무의 PDCA에서 사용하는 문서 서식은 결과에 해당하는 과거나 현 상황의 검증(C)에서 다음 기획(P)으로 연결하는 사고의 흐름을 '가시화'하기 위한 도구다.

Part 3

확신을 배제하고 '논의의 공중전'을
지상전으로 끌어내린다

"우리 회사는 10년 비전을 세우기 위해 모든 임원이 참가하는 합숙을 몇 달간 계속해 왔습니다."

한 회사에서 이런 말을 하면서 '비전'이 적힌 자료를 보여준 적이 있다.

참가자의 마음을 하나로 모아서 토의한 내용을 바탕으로 자신들의 꿈과 소망, 즉 '되고 싶은 미래상'을 몇 개의 개념도와 문장으로 나타낸 것이었다.

순수한 마음이 담긴 자료였지만, 그곳에는 필요한 숫자나 현 상황 분석에 따른 근거 자료가 거의 없었다. 자신들의 뜨거운 '소망'만을 적어낸 이 '비전'은 예상대로 실제 업무에는 전혀 반영되지 못했고, 그저 책상에서 먼지만 뒤집어쓰게 되었다.

또한 '영업 목표에 미달한 이유를 확실히 알고자 한다'라는 명확한 목적이 있는 회의를 하더라도, 자료 작성을 포함하여 논의에 필요한 적절한 재료가 갖추어지지 않는다면 제대로 된 답을 찾기가 쉽지 않다.

애초에 회의는 제대로 중심이 잡히지 않으면 자칫 '꿍꿍이'와 말싸움이 난무하는 교착의 장이 되어 버린다.

기업 개혁 소설인 졸저 『전략 참모』(다이아몬드사) 2장에서도 언뜻 보면 활발하게 회의가 진행되는 것 같지만, 실은 아무런 문제 해결도 이루어지지 않는 전형적인 논의 모습을 주인공 상사의 시점에서 그린 바 있다.

- **자신이 인식하고 있는 것, 자신이 생각하고 있는 것, 현장에서 보고 들은 것을 그저 떠들어 댈 뿐이다**
- **일이 제대로 풀리지 않는 책임을 떠안지 않기 위해, 혹은 칼끝이 다른 사람을 향하게 하기 위한 발언이 난무한다**

위에서 제시한 상황이 그 전형적인 예다.

특히, 여러 부문에 공통으로 얽힌 과제에 대한 토의는 한 단계 위의 입장에서 제대로 중심을 잡고 진행하지 않으면 말싸움과 주관적인 의견, 주장만 가득할 뿐인 그야말로 **'논의의 공중전'**이 펼쳐지게 된다.

또한 서로 그저 가설만 제시하는 '논의의 공중전' 상태에서는 가령 그곳에서 참가자의 동의를 얻는다 해도, 실은 근거 없는 가설 위에 또다시 가설이 쌓이는 '사상누각' 상태에 빠지게 된다. 이런 상태에서는 예상대로 일이 풀리지 않았을 때, 어떤 부분에서 예상이 어긋났는지 특정할 수 없고 수정해야 할 포인트를 파악하기 어려우며, '어쨌든 이 건은 실패'로 인식된다. 결국 '우리에게는 신규 사업을 진행할 능력이 없다', '해외 진출은 포기해야 한다', '책임자에게 능력이 없었다' 식의 그야말로 막무가내식 결론에 도달하게 된다.

여기에서 중요한 점은 가설을 가설인 채로 방치하는 것이 아니라 팩트 기반, 즉 사실을 바탕으로 하여 어디에 문제가 있는지, 어디에 과제가 있는지, 그것이 왜 적절하다고 할 수 있는지, 어떤 조건이 따라붙게 되는지를 명확하게 하는 논의와 검토가 이루어지는 기업 문화를 만드는 것이다.

사실에 바탕을 둔 냉정한 논의가 이루어지는 상태를 만들기 위해 필요한 것은 다음과 같다.

- **필요한 팩트를 파악한다**(적절한 숫자 등을 취할 수 없는 경우 대체 지표를 본다)
- **적절한 형태, 단면에서 차트 등을 사용하여 팩트를 확실히 '가시화' 한다**
- **그것에서 표면화된 변화와 차이의 이유, 나아가 의미를 찾는다**
- **새로운 가설이 상정되었다면 그 진위에 관하여 팩트를 바탕으로 확인 한다**(가설의 증명)

• 과제의 참된 원인에 도달할 때까지 위 과정을 반복한다

각 과제에 대한 목표를 명확히 하고 진행의 책임자를 명확히 설정한 후 위와 같은 행동을 취함으로써 이야기가 맞물리지 않는 '논의의 공중전'을, 같은 높이의 '평면' 위에서 논의가 맞물리는 '지상전'으로 변모시킬 수 있다.

어지간히 인간관계가 뒤틀려 있지 않은 한, 사실을 알기 쉽게 '가시화'한 자료가 제시되면 '그런 거였군', '이런 식이었나. 몰랐네' 하며 받아들일 터이다. 그러면 길을 잘못 드는 일 없이 긍정적인 논의를 진행할 수 있다.

팩트 기반의 논의 문화를 만든다

영업이나 상품에 책임을 지는 부문에서는 일반적으로 책임자와 담당자 모두 자신의 업무를 해치우는 것만으로도 벅찬 상태에 빠지는 경우가 많다. 라인 업무(일본에서 라인이란 사장→부장→과장→사원처럼 직선적인 명령 체계나 직계 조직으로, 회사의 주요 업무를 직접적으로 담당하는 부문이나 그 라인 위에 있는 담당자를 가리킨다.)의 실태와 과제에 관하여 사실을 바탕으로 적절한 각도에서 '가시화'할 수 있는 상태를 만들어 주면 다들 환영하며 이를 받아들이게 된다.

각 계층마다 경영 판단 속도와 정밀도를 높이기 위해 팩트 기반의 논의를 할 수 있는 환경과 그 문화를 만든다.

단지 이것만으로도 조직 운영 속에 숨겨져 있는 막대한 시간 낭비를 없앨 수 있다.

의사 결정을 할 때는 적절한 형태로 사실을 바라보고 '이치'에 맞는 형태로 인과관계를 풀어내야 한다. 그리고 차트 등을 제대로 사용하여 '가시화'하는 약간의 기술을 습득하는 것만으로도 어떤 기업에서건 팩트에 기반한 논의를 할 수 있게 된다.

한편 침체 상태에 있는 기업에서는 사실과 그 인과관계를 들이밀더라도 그것을 인정하지 않거나 받아들이려 하지 않는 간부가 경영진에 포진하고 있을 때가 있다. 그럴 경우, 사업에 요구되는 변화를 일으키려면 경영자가 과감한 인사 단행을 해야 할 수도 있다.

어느 수백억 엔 규모의 소매 체인 상품 부문에서 숨겨진 기회 손실을 '가시화'함으로써 발주 정밀도를 높일 수 있는 새로운 발주 방식을 실제로 테스트해본 적이 있다. 그것에서 얻어낸 실험 결과를 통해 매출이 적어도 30% 이상 향상되는 효과가 있다는 점을 확실히 알 수 있었다.

그런데 자신의 부문에 손대고 싶지 않았던 해당 부문 책임자가 사내에서의 리더십이 약한 경영자에게 "방식은 이해했습니다. 지금부터는 저희가 직접 하겠습니다"라고 진언했다.

결국, 이 기업에서는 MD(머천다이징) 개혁 프로젝트가 시작되지 못했고, 신규 발주 방식도 관철되지 못했다. 그 결과, 그 후에도 변함없이 수치가 오르지 않는 변명을 반복하는 상태에서 헤어 나오지 못한 채, 지금껏 침체 상태에 빠져 있다.

⊘POINT ···

팩트 기반으로 '가시화'한 정보의 공유는 논의를 맞물리게 하며, 조직의 커밋(의사 확약)으로 이어진다. 그리고 그 커밋을 철저하게 지키도록 하는 것이 경영자의 역할이다.

전사의 과제와 그 우선순위를 정기적으로 경영자와 논의하고, 필요에 따라 자신도 과제에 착수한다

대학을 졸업하고 신규 채용으로 입사한지 얼마 지나지 않았을 무렵 '어째서 기업은 위로 가면 갈수록 현장의 인식과 차이가 벌어지는 걸까?' 하고 생각한 적이 있다.

사업이 제공하는 가치를 구체적인 형태로 만드는 최전선이 바로 현장이다. 그런 현장과 경영진 사이의 거리감은 당시 내 눈에 무척이나 답답하게 느껴졌다.

하지만 당시에는 이런 상태를 개선하기 위해 구체적으로 어떻게 하면 좋을지 알지 못했기에 위화감을 품은 채 지낼 수밖에 없었다.

한편, 내가 어느 회사에서 상무이사로 승진했을 때의 일이다. 임원 인사 발표 전날까지 나를 물고 늘어지던 한 영업부장이 다음 날이 되자

"상무님 말씀이 다 맞습니다"라며, 마치 손바닥을 뒤집듯 말투와 행동이 '돌변'하는 경험을 한 적도 있다.

조직 안에서는 직위나 입장이 달라지면 보이는 경치가 확 달라지기도 한다. 새롭게 보이는 것이 있는 한편, 자신도 모르는 사이에 보이지 않게 되는 것도 있다.

마찬가지로 내가 상무이사가 된 순간, 이전에는 들려오던 생생한 정보 중 일부는 내 귀에 들어오지 않게 되었을 터이다.

기업은 언제나 실로 많은 경영 과제를 품고 있으며, 기업 경영자의 중요한 일 중 하나는 그런 전사 과제에 관해 우선순위를 매기고 적절히 손을 쓰는 것이다.

하지만 사내 과제의 중요성에 대한 인식 면에서 경영자와 현장 사이에 커다란 틈이 벌어지는 경우가 적지 않다.

급성장 중인 기업이나 초기 성공 체험만으로 어느 정도 잘 해온 기업에서는 사내의 공식적인 '신경 계통' 역할을 하는 지시와 보고를 위한 계층적인 PDCA가 발달하지 못한 경우가 많다.

시장이 형성되는 급성장 단계의 초기에 다소 거친 톱다운 경영 방식을 지닌 회사라 하더라도 애초에 유니크한 제품이나 서비스가 시장에서 통할 때가 많다. 그리고 해당 사업 운영에 다소 '어려움'은 있더라도 시장은 얼마간 관용적인 태도를 보인다.

한편, 그 시장을 노리는 경쟁 기업은 시장이 존재하는 것을 증명해준 것에 대해 감사하면서 그 사업 영역에 관한 검토를 시작하게 된다.

그리고 흔히 말하는 '진입장벽'을 쌓지 않는 한, 그런 경쟁 기업은 제공하는 가치를 한 단계 높여서 조만간 강력한 후발 주자가 되어 시장에 출현한다.

2주에 한 번 정도는 전사 시점의 과제를 경영자와 함께 확인한다

오래된 이야기지만, 과거 세계 최초로 일안반사식 오토포커스 카메라 a시리즈를 히트시킨 미놀타는 뒤늦게 시장에 뛰어든 후속 주자인 캐논 EOS에 1위의 자리를 넘겨주게 된다. 결국 미놀타의 카메라 브랜드는 소멸하였고, 지금은 그 기술이 소니 브랜드로 흡수되고 말았다.

경영자의 업무를 보완하는 자리에 있는 참모는 경영자와 마찬가지로 경영 관점을 가지고 있으면서, 동시에 경영자보다 생생하게 실무상 문제를 파악할 수 있다.

당시의 미놀타도 앞으로 나타날 후속 주자의 경쟁을 상정한 대항책을 사전에 검토하고 준비했다면 카메라 브랜드로서 소멸하는 사태는 피할 수 있었으리라. 이는 경영자의 의사 결정을 보완하며 일하는 '참모' 역할이 안타깝게도 제대로 기능하지 않았으리라고 추측하는 일례다.

또한, 고금동서의 역사를 돌아봐도 조직의 정보는 넘버 투에게 모이는 법이다. 내가 친하게 지내는 사장의 오른팔 역할을 담당하는 참모 중 많은 수는 주 1회 혹은 2주에 1회 정도, 적어도 2~3시간은 시간을 확보하여 전사 과제를 사장과 함께 논의한다.

참모가 경영자와 공유하며 논의해야 할 내용은 가령 아래와 같다.

- 현 시점에서의 상위 과제에 대해 중요성, 긴급성 등의 우선순위(A, B, C) 매기기
- 그에 대한 재검토, 변경과 그 이유의 명확화
- 현재 대응 중인 과제의 추진 상황
- 새롭게 떠오른 과제와 그 긴급성
- 아직 잠재적인 과제이지만 중장기적으로 대응이 필요한 테마

이런 사안들을 논의해 나가다 보면 사장과 참모 사이인데도, 과제에 대한 인식이나 파악 방식에 차이가 있었다는 사실과 머릿속에 있는 이미지가 다른 사실에 놀라게 된다.

또한, 어느 한쪽에만 보이던 것, 그리고 어느 한쪽만이 깨닫고 있던 것이 있다는 사실을 알게 된다.

이러한 논의를 통해 참모는 사장의 경영에 관한 사고방식을 접할 수 있다.

또한, 사장은 자신보다도 현장의 목소리를 쉽게 들을 수 있는 참모라는 필터를 통해 사업의 실태나 과제 인식을 얻을 수 있다.

물론 대전제는 참모가 단순히 경영자의 업무를 대행하는 역할이 아닌 현장에서 신뢰를 얻는 존재가 되어야 한다는 점이다. 또한 그러한 자리

에서 논의하는 내용에는 향후 침체를 야기할 만한 위험요소에 대한 해결책으로 이어지는 과제가 반드시 포함되어야 한다.

성장기의 매우 바쁜 상태일 때야말로 이러한 논의의 장을 마련하는 것이 중요하다.

사장은 자신보다도 우수한 참모를 활용할 수 있는 역량을 지녀야 한다

본래 경영자의 시점에서 보면, 이 같은 논의가 가능한 참모 역할을 하는 간부 직원이 있다는 것은 매우 감사한 일이다.

그러나 사장 중에는 자신이 내키는 대로 회사를 쥐고 흔들며, 자사의 경영에 관해서는 다른 사람의 의견을 듣고 싶어 하지 않는 유형도 있다. 특히 창업자 유형의 '원맨' 사장이 자주 보이는 경향이다.

사장은 자신보다도 우수한 '참모'를 활용할 수 있는 역량을 지녀야 하는데, 우선은 성실한 '참모'와 일체화된 경영 체제가 경영자 자신의 퍼포먼스 향상에 가장 효과적이라는 사실을 깨닫는 것이 무엇보다 중요하다.

'참모'가 사장의 머릿속 구석구석까지 파고들 필요는 없다.

하지만 사장이라는 존재는 사업이 발전함에 따라 회사나 사원에 대한 영향력이 커지고 더욱 공적인 존재가 될 수밖에 없는 것이 현실이다.

그때 사장의 판단 정밀도를 높이고, 그 판단을 '이치'에 맞게끔 설명

가능한 상태로 만들어나가기 위해 경영자와 함께 머리를 짜내어 과제를 명확히 하고 이를 해결하는 존재가 바로 '참모' 이다.

✔**POINT** ···

전사 시점의 경영 과제는 경영자에게 보이는 것과 '참모'에게 보이는 것이 다른 경우가 많다. 적어도 2주에 한 번 정도는 경영자와 과제를 인식하고 우선순위를 매기는 논의 시간을 확보해야 한다.

가령 목덜미를 붙들리게 되더라도, 사실을 바탕으로 경영자와 현실 인식을 공유한다

수년 전, 어느 업계의 여러 기업 임원 후보와 젊은 간부 후보가 모인 연수 자리에서 퍼실리테이션을 담당한 적이 있다. 이 업계는 선두 기업 한 곳과 후속 기업 두 곳이 일본 시장의 과반수 점유율을 차지하고 있다. 따라서 그 밖의 기업으로서는 그 환경에 어떻게 도전하고 독자적인 포지션을 차지해 나가야 하는지가 중요한 과제로 여겨지고 있었다.

몇 회로 한정된 연수 도중, 우선 어떤 회사이건 지금까지는 하지 않았던 자사의 사업 실태에 관한 '가시화'부터 착수했다. 각 기업 모두 어떤 상품 카테고리가 잘 팔리고 어떤 카테고리가 실적이 크게 떨어지는지, 그 이유가 무엇인지, 어디에 활로가 있는지를 '이치'에 맞춘 형태로 정리해 나갔다.

마지막 날에는 각 기업의 경영자를 대상으로 연수를 받은 기업 간부와 간부 후보가 프레젠테이션을 진행했다. 한정된 시간 안에 낸 결과이기에 더욱 확실한 검증과 조사가 필요하다는 여지는 남아 있었다.

하지만 경영진도 전혀 깨닫지 못하던 문제점이 여럿 떠올랐고, 어떤 기업이건 아직 대처할 방법이 남아 있다는 점이 명확해졌다. 결국, 참여한 기업 모두 미래에 대한 희망을 느낄 수 있는 발표가 되었다.

자사 구성원의 발표 내용에 관해 많은 기업 경영자로부터 "그렇군, 그런 거였어"라는 반응도 나왔다. 침체 상태가 오랫동안 이어지고 있는 어느 회사의 2대 사장으로부터는 다음과 같은 코멘트를 받았다.

"더욱 획기적이고 대담한 플랜이 발표되리라 생각했는데, 기대에 못 미친다."

"지금 발표된 분석 결과는 내 인식과 다르다. 데이터를 재검토할 필요가 있겠다."

실은 이와 같은 일은 비단 연수에서뿐 아니라 침체에 빠진 기업에서는 종종 볼 수 있는 현상이다.

그 원인으로 경영진이 다음과 같은 상태에 빠졌음을 예상할 수 있다.

- **어딘가에 지금의 상태를 타개할 수 있는 꿈과 같은 비책, 마법이 있다고 기대하는 '파랑새 증후군'**

- 어디까지나 자신이 생각하고 있는 것이 올바르다고 주장하는 '자존심 고집 증후군'
- 사실로서의 수치의 의미를 적절히 추출할 수 없는 서식의 범람에 익숙해져서 수치를 적확하게 읽어내지 못하게 된 '숫자나 분석 차트를 낯설어 하는 증후군'

만약, 이 업계를 이끄는 톱 기업의 경영 간부층이 이 회의의 발표 내용을 봤다면 분명 이렇게 말했을 것이다.

"이 숫자를 보면 비즈니스 찬스가 있을 것 같다. 곧장 검증해 보고, 할 수 있는 것이라면 시도해 본 후에 어떻게 되는지 살펴보자."

참모에게는 경영자를 움직일 수단의 강구와 정열이 필요하다

'기업은 어차피 경영자 마음대로'라는 것은 틀림없는 사실이다.

어느 기업에서 재고 과다 상태를 해소해야겠다고 생각한 참모가 영업 기획 회의에서 창업 경영자에게 분석을 바탕으로 한 여름 세일 전략안을 말했다.

"올해 여름 세일에서는 작년보다 이익률을 낮추고, 증가하는 재고를 소화하는 방안을 도모해야 합니다. 이익률은 낮아도 총이익은 오르는 시뮬레이션을 만들었습니다."

이 말을 들은 경영자는 잠시 침묵하더니 "싫어!"라고 외쳐서 모두를 놀라게 했다. 출석자 모두가 아연실색하는 와중에 경영자의 장시간에 걸친 연설이 시작됐다.

아무래도 그가 하고 싶은 말은, 아직 자금에 여유가 있는 상태이므로 PL(손익계산서) 상의 보이는 수치를 크게 키우고 싶다. 그런 것도 모르는 너희는 경영자로서 갖춰야 할 센스가 없다는 취지인 듯했다.

실은 이익률을 낮춰서 재고의 환금을 촉진하는 것을 경영자가 싫어한다는 사실은 회의 전부터 모두가 알고 있었다. 주식 상장을 한 이상, PL의 외견에 집착하는 모습은 평소 모두가 느끼고 있었다.

"회의에서 이런 방향성의 제안을 하려고 하는데 어떠신가요?" 본래라면 회의 전에 이렇게 경영자에게 물어보는 편이 좋았으리라.

나도 회의 전에 참모에게 제안 내용을 듣고는 사전에 경영자에게 설명하기를 권고했지만, 그는 "시간이 없으니 실전에서 말하겠다"라며 웃으며 거절했었다.

어디까지나 추측이지만 그는 자신이 '참모'에 지나지 않기에 만약 사전에 이 플랜을 경영자에게 확인하면 회의에서 말조차 못 꺼내리라고 생각하지 않았을까?

그는 반대당할 것을 각오하고서 늘어나기만 하는 재고에 대처하는 것이 중요하다는 점을 모두의 앞에서 명확히 밝히고 싶었던 것이리라.

참모로 일하다 보면 경영자의 언행에 입을 못 다무는 일이 한두 번이 아니다. 웃으며 지낼 수 있는 동안은 괜찮지만 오래 가지는 않는다. 결국은 질리고 화가 난 나머지 자신의 마음이 식을 수 있다는 각오를 다져두는 것이 좋다.

하지만 남의 말을 쉽게 듣지 않는 경영자라고 하더라도 기업을 좋은 길로 이끄는 일에 관해서는 누구보다도 진지하게 생각하는 법이다.

참모는 현장의 사실을 적절히 이해하도록 만들고, 경영자의 마음을 움직여서 회사 전체의 행복 실현으로 이어지게 만드는 열의를 지녀야 한다.

'못 해 먹겠네.' 하며 포기하기 전에 시도할 수 있는 일도 많다. 아무리 애써도 경영진이 꼼짝하지 않는다 해도, 그때까지의 적극적인 노력과 행동은 분명 자신의 능력과 담력을 갈고닦아줄 테니까.

비즈니스퍼슨의 이상적인 자세는 갈고닦은 자신의 능력을 바탕으로 기업을 통해 세상에 공헌하는 것이다. 해야 할 일을 전부 다 해낸다면 결과를 막론하고 어쨌든 자신의 능력은 향상된다.

또한, 경영자에게 질리다가 결국 분노가 치밀어 오르기 전까지는 경영자와 같은 시선에서 사업과 회사에 관해 생각할 수 있다. 이는 경영자 유사 체험이라 할 수 있으리라.

갈고닦은 능력을 선보이는 장은 사외까지 시야를 넓히자면 무한히 많다. 그 능력은 본인의 인맥이나 일류 헤드헌터를 통해 높은 평가를 받을 터이다.

우리의 예상 수명은 점차 길어지고 있으며, 50대 후반 이후에 외부로부터 부름을 받을 수 있을지는 자신이 갈고닦은 '능력'에 달려 있다.

부디 안심하고 다양하게 도전해 보자. 그리고 시도할 수 있는 일은 전부 해 보자.

과거와 다르게 개혁을 추구했다는 이유로 목숨을 위협당하는 일도 없을뿐더러 기업 안에서의 개혁이라면 사회적으로 말살당할 정도로 함정에 빠지게 되는 일도 없기 때문이다.

⊘ POINT ···

경영자의 중요한 의사 결정을 서포트 할 때는 그의 심정을 살피되 과감하게 하자. 이때 갈고닦은 능력은 다른 많은 기업 등을 포함한 비즈니스 시장에서 높이 살 테니까.

실천으로 뒷받침된 기업의 '자신감'을 키우기 위해 조직의 PDCA 활용 능력을 높인다

사람과 기업, 나아가 경영자가 크게 성장해 나가는 데 필요한 것은 실천을 통한 리얼한 체험과 그로부터 학습하여 얻게 된 '자신감'이다.

'자신감'을 잃은 기업은 다양한 중요 의사 결정의 장에서 대담한 플랜을 실시하는 데 주저하게 된다.

이로써 더욱 침체 상태에서 헤어 나오기는 어려워지는 것이다.

'자신감'을 잃은 상태란 자신들의 강점과 약점이 도대체 뭔지를 파악하지 못하는 상태다.

정체 상태에 빠진 '원맨' 경영자들이 자주 보이는 행동 중에 어디에서 가져온 것인지 알기 어려운 즉흥적인 아이디어를 연달아 제시하는 일이 있다.

경영자가 '이걸 하면 큰돈을 벌 수 있다더라'라는 말을 꺼내며, 본업과는 전혀 관련이 없는 셀프형 우동집을 교외에 개업했으나 1년 만에 그만둔 상장 기업도 있었다.

지금의 회사가 지닌 노하우와 그 신규 사업에서 필요로 하는 노하우가 일치하지 않았거나, 혹은 소매업에서는 가장 어려운 과제인 입지 선정이 부적절했을지도 모른다.

이런 종류의 사업은 대체로 성과로 연결되지 않는다. 또한 후에도 사내에서는 '그건 도대체 뭐였지?'라는 말이 나오게 된다.

이는 경영자가 돌파구 찾기에 급급해진 나머지 지푸라기라도 잡는 심정으로 가능성에 도박을 건 채 발버둥 치는 상태다.

본래 여기에서 중요한 것은 설령 경영자가 즉흥적인 의견을 제기했다 하더라도, 어떤 필연성을 토대로 그런 의사 결정을 한 것인지에 임무를 맡겨 정확한 기획 방식(후술)에 따르는 형태로 참모가 정리해 나가야 한다는 점이다.

많은 경우, 주변의 부장급 직원 사이에서는 '이미 정해진 사안이니 기획서 따위 쓰지 않아도 된다. 시간 낭비일 뿐이다'라는 말이 나온다.

또한 신규 사업이 성공하지 못했을 때 그 총괄 마무리를 하려 하면 경영자가 '지난 일을 놓고 왈가왈부할 때가 아니다. 앞을 내다보며 일하라!'라며 으름장을 놓을 때도 있으리라.

하지만 그런 즉흥적인 기획이기에 더더욱 기획(P)의 체재를 정리해 두는 것, 그리고 실패한 포인트를 총괄(C) 해 두는 것이 중요하다.

조직이 '학습'하기 위해서는 '이치'에 맞는 형태로 '언어화'한 표현이 필수다.

정확한 방식에 따라 기획을 정리해 두면 실패했을 때 어디에서 예측이 어긋났는지 명확히 알 수 있다. 다만 그것이 언어화되어야 비로소 조직의 '학습'으로 이어진다.

어떤 사업이건 가령 그 근거가 희박하다고 해도, 어느 정도는 승산을 기대하고 뛰어드는 법이다.

당연히 크건 작건 예측이 벗어나는 일이 발생하고, 그것을 수정하면서 노력을 지속한다.

PDCA가 돌아가는 한, 예측이 벗어나거나 실패하더라도 그것은 기업의 '학습'이 되고, 경험으로서 축적된다.

만약 그 플랜이 경영자의 즉흥적인 생각에 의한 것이었다면 더더욱 기안 부서를 정해서 기획서를 사전에 정리해 두고, 조직 차원에서 PDCA를 돌려서 총괄이 가능한 형태로 만들어야만 한다.

'학습'이 이루어진다면 다음 PDCA 때는 '해야 할 일', '해서는 안 되는 일'이 더욱 명확해지므로 성공 확률 또한 높아진다.

바로 이것이 프로젝트를 성공시키기 위해 PDCA를 돌리고, 기업이 '학습'을 반복하는 상태다.

조직의 PDCA가 돌아가면 돌아갈수록, 성공의 법칙(실패의 법칙도)의 언어화와 '학습'은 진전된다. 이것에 따라 성공 확률이 높아지고, 언젠가 성공의 과실을 맛볼 수 있다.

나아가 근거가 명확한 건전한 '자신감'을 얻게 되고 이를 쌓아나갈 수 있다.

> ✅ POINT ···

사람과 기업, 그리고 '참모'는 정열을 가지고 겸허히 과제에 뛰어들어 PDCA를 돌림으로써 학습한다. 이것을 통해 재산이 되는 노하우를 축적하여 '자신감'을 쌓는다.

Part 7

사내의 '신경 계통'을 만들고
계속해서 진화시켜 나간다

애초에 아메바 같은 원생생물이었던 지구상의 생명체가 진화를 거듭하여 이윽고 고도의 복잡한 지적생물인 인류까지 진화를 이루었다.

인류처럼 고도로 진화한 생명체는 개체로서의 균형이 중요하다.

제아무리 근력이 뛰어나다고 해도, 혹은 심장이나 소화 기능이 아무리 튼튼해도, 뇌만 고도로 발달해 있다 해도, 하나의 개체로서의 균형이 잡혀 있지 않다면 그 움직임은 불안정할 터이다.

예를 들어 경차에 페라리의 엔진을 탑재하면 위험하기 짝이 없는 자동차가 될 뿐이며, 경차 엔진을 벤츠에 탑재했을 때 과연 제대로 된 주행이 될지 상당한 의문이 남는다.

여러분의 회사는 균형 잡힌 하나의 개체로 건전하게 기능하고 있는가?

인류에 이르기까지의 생물 진화 과정 속에는 아마도 균형이 잡히지 않았던 진화 형태도 다수 존재할 터이다.

하지만 종을 존속하고 번영할 수 있었던 것은 환경 변화에 대응하며 유연하고 강하게 살면서 건전하게 자손을 남겼던 개체뿐이었으리라.

이것을 기업체로 바꾸어 생각해 보자.

"그 이동통신업체, 어디에서든 잘 터진다고 텔레비전 광고에서 말했는데, 실제로는 금방 끊긴단 말이야."

"그 회사, 영업 능력은 뛰어나지만 제품 성능은 그저 그래."

상품의 질보다는 광고에만 힘을 쏟거나, 경영자 주변의 본부 기능이 뛰어나다고 해도 전체로서의 균형이 붕괴된 기업은, 시장 측에서 보면 그야말로 사업을 뒤죽박죽 전개하는 것으로밖에 비치지 않는다.

결국, 기업의 진화 과정에서 가장 중요한 것은 내부의 '신경 계통'이 건전하게 발달해 있는지다.

- 경영층과 현장 사이의 계층에서 지시와 보고 쌍방향의 정보 흐름이 상하로 적확하게 오가며, 계층마다 적절한 PDCA 사이클이 기능한다
- 문제나 과제를 팩트 기반으로 '가시화'하여 표면화하는 연구를 하고, 대처 판단을 제때 내리며 수정과 학습을 행한다
- 각 기능 조직이 자율적으로 움직이고 재빠르게 과제에 대처한다

참모는 경영자와 함께 위에서 나열한 상태를 만들어야 한다.

커져 버린 조직을 한 명이 전부 판단하여 통괄하는 것은 불가능하다

조직이라는 말을 들으면 누구나가 트리 형태로 그려진 '조직도'를 머릿속에 떠올린다.

다만 기업의 성장 과정에서 필수적으로 발달해야 하는 '신경 계통'에 관해서는, 조직 구성에 관련한 '지론'은 있어도 정작 실천적인 방법론은 논의의 장에 오르지 않는다.

특히 사업 초창기의 의욕이 넘치는 창업자는 과거 프랑스의 나폴레옹과 마찬가지로 '전부 나에게 들고 와. 내가 모든 것을 정하겠다'라는 한 개인의 중앙집중형 경영 자세를 취하기 쉽다.

하지만 이런 방식은 한정된 규모까지만 통용된다.

과거 일본 최대 소매업자였던 다이에 그룹을 일군, 지금은 세상을 뜬 나카우치 이사오(中内功) 사장도 "안건은 전부 나한테 가지고 오도록"이라며, 나폴레옹 스타일로 경영했다.

다이에 경영기획실에 있던 경험이 있는 내 옛 부하는, 한때 나카우치 사장에게 불려가 "태국 진출을 검토하게나"라는 지시를 받았다.

그는 상사와 함께 출장 전에 일본 국내에서 태국 시장의 정보 수집과 분석 작업을 전부 마치고 '시기상조'라는 결론의 자료 작성을 마친 후 태국으로 향했다.

너무 빠르게 귀국하면 나카우치 사장에게 혼이 나기 때문에, 일단 일주일간 태국에 머무르면서 사전에 만들어 두었던 자료에 현지에서 찍은 사진을 곁들여 약간의 수정을 더한 후 예정대로 '조사 결과, 시기상조입니다'라고 보고했다고 한다.

당시 다이에에서는, 그 밖에도 조직 운영의 시점에서 볼 때 적절하다고는 할 수 없는 형태로 나카우치 사장의 마음을 미루어 짐작한다든지 나카우치 사장의 아들을 특별 취급하기도 하고, 사내 인사에서 중요한 공정성을 붕괴시키는 인사부의 움직임도 있었다.

커진 조직을 한 명이 모두 판단하여 통괄하는 일은 불가능하다.

무척이나 뛰어나게 단순화된 보고 루트를 만들 수 있는 천재적인 '조직 설계 엔지니어'가 참모로서 측근에 있고, 모든 것을 적절하게 파악할 수 있는 상태를 만들어내기라도 하지 않는 한, 그것은 그저 소망이자 환상에 불과하다.

✅ POINT

조직이 커지게 되면 '지력', '근력'에 더하여, 커진 몸집을 적절하고 기민하게 움직이기 위해 조직 분업을 전체적으로 최적화시키는 적확한 정보의 흐름을 만들고, 부서마다 자율성이 기능하는 '신경 계통'의 발달이 필요하다.

경영자의 리더십이란 사원이 적극적으로 일할 수 있는 무대와 토양을 만드는 것

다양한 장면에서 리더십이라는 말은 듣지만, 이 말은 사용하는 사람이 그리는 이미지에 따라 그 의미에 약간씩 차이가 있다.

경영 컨설턴트의 대가들이 쓴 글에도 '일본 기업의 경영자에게는 리더십이 없다'고 책과 논문에 밝힌 것을 꽤 많이 찾아볼 수 있다.

한편으로는 '내가 리더다. 너희는 내가 말하는 것을 듣기만 하면 된다'는 식으로 매스컴에도 얼굴을 내미는 원맨 경영자도 있다.

앞서 말했듯, 애초에 우리가 아는 경영 논리 대부분은 미국에서 태어났다.

몇몇 예외는 있지만, 미국에서 경영은 유능한 상위자가 명확히 지시하여 조직을 움직인다는 '인치'를 전제로 하는 톱다운식의 지시형 경영이다.

이 경영 스타일 아래에서 부하들은 자신의 상위자가 내린 지시에 따라 움직이며, 경영자가 자신의 재량으로 경영 레벨의 PDCA를 돌린다.

따라서 우리가 접하는 경영 이론 대부분이 전제로 삼는 것은 부하가 'Yes, Sir'라고 외치는 지시형 경영인 것이다.

하지만 일본 기업에서는 상급자가 자신의 조직을 하나하나 직접 지시하여 움직이는 미국과 같은 지시형 경영은 일반적이지 않다.

공포 정치 스타일도 불사하며 자신의 의지대로 조직을 움직이는 원맨 유형의 경영이 바로 리더십이라고 믿은 나머지, 자신을 정당화하는 경영자나 매니저도 있다.

그렇다면 현실적으로 그런 조직이 본래 가지고 있는 힘을 120% 발휘할 수 있을까? 아쉽지만 다소 의문이 남는 질문이다.

기본적으로는 경영자가 가진 능력의 한계가 그 조직의 한계가 되며, 그 경영자가 은퇴한 후에는 사고 정지 상태를 강요당하여 스스로 생각하여 실천하는 훈련을 할 수 없게 된 조직만이 남게 될 뿐이다.

일본 리테일링 센터의 고(故) 아쓰미 슌이치(渥美俊一) 선생이 '**리더십이란 탄복하는 상태를 말한다**'라고 말했는데, 나는 이 빼어난 표현에 감탄한 적이 있다. **리더십이란 탄복하며, 신뢰감을 지닌 상태**라고 생각하는 것이 좋을 것 같다.

사원이 적극적으로 힘을 발휘할 수 있는 환경을 만든다

현재, 50대 후반 이후의 사람 중에는 일본에서 TQC(전사적 품질 관리) 활동이 유행했던 1980년대를 기억하는 사람이 많으리라.

그때 전개된 것 중 하나로 회사나 사업부의 방침에 따라서 자부문(自部門)의 방침(P)으로서 전개하는 '방침 관리'가 있었다. 이것이 사내의 움직임 전체를 '이치'에 맞게끔 하는 데 공헌했다.

안타깝게도 그 유행 후기에 TQC 활동을 도입한 기업 중 일부는, 기업의 체질 강화보다는 데밍상(Deming賞, 일본에서 품질 관리 연구나 보급에 뛰어난 업적을 보인 기업과 개인에게 수여하는 상)을 수상하는 것 자체를 최우선으로 여기는, 일의 처음과 나중이 뒤바뀌는 사례도 나왔다.

그런 기업에서는 이 활동에 많은 시간을 할애하는 것을 꺼린 매니저층이 자료를 위조하는 등 '잘못된' 창의 연구가 횡행하여 결국 TQC 활동은 형해화되었다.

당시 TQC 활동을 지도하던 이들은 대부분 대학교수였다.

TQC 활동이 유행함에 따라 지도 교수의 수도 필요해졌고, 교수에 따라서는 기업의 실무 실태에 정통하지 못한 채 지도에 나서는 사람도 있었기에 그것이 진짜 기업 내부에서 실시되고 있는지 어떤지를 간파하지 못하는 일도 일어나곤 했다. 분명 '이치'를 바탕으로 각 부문의 방침을 전개하고 액션 플랜(실행 계획)을 책정하며 총괄하는 사이클을 기동하는 것은, 당시 그 기본 동작을 게을리 행하던 모든 기업에 큰 부하를 주는 일이었다.

그럼에도 이러한 TQC 활동 덕에 자신들이 해야 할 일은 현장에 책임을 지는 자신들 스스로가 기안하고, 그것을 P로써 PDCA를 돌린다는 스타일이 일본 기업 문화에 침투하는 계기가 된 것은 분명하다.

TQC 유행의 초기 단계에서 데밍상을 수상한 기업에서 보인 실제 '비포&애프터'의 상태 변화는 실로 훌륭한 수준이었다.

나도 내 눈으로 직접 본 적이 있는데, 수상 전의 상태와 비교하면 각 부문이 무엇을 과제로 생각하고 어떤 행동을 취하고 있는지 매우 알기 쉬운 상태가 되었고, 경영 시점이나 현장 시점에서도 사내를 한눈에 파악할 수 있게 되었다.

'참모' 역할이 경영자와 함께 목표로 삼아야 하는 것은 과거 TQC 활동이 목표로 삼던 것과 같이, 각 계층의 상하 간에 적절하게 대화를 나누며 문제 해결에 뛰어듦으로써 각 사원이 **충분히 힘을 발휘하여 학습할 수 있는 토양** 다지기라고 할 수 있다.

이것이 이루어진 상황이야말로 기업 활동에서 리더십이 존재하는 상태라고 말할 수 있으리라. 이렇게 리더십이 있는 기업에서는 경영자의 의사가 곡해되지 않은 채 사내에 전해지게 되며, 구심력이 발휘하게 된다.

✔ POINT

사원이 적극적으로 힘을 발휘할 수 있는 무대와 환경을 만듦으로써 경영자를 '탄복하는 상태'가 가능해진다. 이것이 일본 기업에서 가장 효과적인 경영자의 리더십의 자세다.

왜 참모 기능이
필요한가?

Part 1

기업의 성장 둔화나 침체의 원인은 조직의 '기능 부전'에 있다

기업의 매출 등의 추이를 그래프로 만들어 보면 대부분 도표 2-1처럼 S자 곡선을 그린다. 일반적으로 사업은 유니크한 비즈니스 아이디어를 개화하고자 초기 멤버들이 다양한 시도를 반복하는 **'여명기'**에서 시작된다.

우선 이 시기는 한정된 돈과 일손을 귀중한 자원으로 삼아 성공하는 비즈니스를 구현하기 위해 다양한 도전을 한다. 인건비와 월세도 하루하루 발생하므로, 사업을 성공시키기 위하여 PDCA를 정밀하고 재빠르게 돌리면서 성공에 이르는 길을 모색한다.

그리고 이윽고 시장을 '사로잡는 방법'을 찾아내어 사업이 훌륭히 개화하면 과실을 맺고 나무도 크게 자라는 **'성장기'**를 맞이한다.

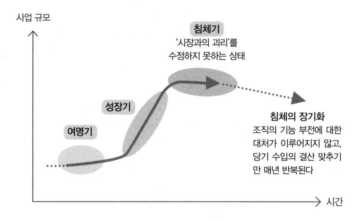

도표 2-1 기업 성장의 일반적인 형태

기업 성장의 S자 곡선

사업 규모

침체기
'시장과의 괴리'를
수정하지 못하는 상태

성장기

여명기

침체의 장기화
조직의 기능 부전에 대한
대처가 이루어지지 않고,
당기 수입의 결산 맞추기
만 매년 반복된다

시간

성장기의 초기 단계로 규모가 작은 회사는 고양감이 넘치기에 적극적인 시도를 반복한다. 작은 조직 내에서는 여명기에 '학습'한 경험칙이 공유되기 쉬우며, 그것을 바탕으로 도전하기에 성공 확률이 높다.

또한 '실패'가 발생한다고 해도 그것이 치명적인 것이 아닌 이상 '실패'에서 얻는 것에 커다란 가치가 있다는 사실도 '암묵지(暗默知, 말로는 다뤄지지 않지만 지식이나 지혜로서 이해, 침투되는 것)'로서 모두가 이해하고 있다. 무엇보다도 성장 자체가 '실패'의 임팩트를 좋게든 나쁘게든 덮어준다.

다이에 그룹의 창업자인 고(故) 나카우치 이사오 사장도 그것을 '**매출은 모든 것을 치유한다**'라고 표현했다.

이윽고 사업이 크게 성장하고, 그에 따라 조직의 규모도 커지며 조직의 분업화가 진행된다.

경영학에서 말하는 '조직론'이란, 요컨대 기업의 성장에 동반하여, 혹은 시장이나 사업의 경쟁 상황의 변화에 따라 사내 업무를 어떤 식으로 적절하게 분업하는지에 관한 방법론이다. 그리고 그 운영의 사고방식은 경영자의 경영 스타일에 따라서도 달라진다.

일반적으로는 영업이나 상품 개발, 매입 등의 온갖 라인 계통의 기능, 그리고 경리나 인사 등의 관리 계통의 기능을 전문화하고 분업하며, 더욱 큰 사업을 운영할 수 있도록 나아가는 것이다.

'시장과의 괴리'는 조직의 '기능 부전'에 의해 발생한다

한편, 사업이 성장하면 할수록 전사 시점에서 생각하여 손을 써야 하는 일, 즉 사장의 업무와 과제가 크게 늘어난다.

사장은 사업이 계속하여 건전하게 발전할 수 있도록 적절하게 판단한 후 조직에 필요한 지시를 내린다.

앞서 말했듯, 세상에 나와 있는 경영 이론의 대부분은 지시형 미국식 경영을 전제로 한다. 우리가 일반적으로 접하는 조직도는 사람의 능력에 의존하는 '인치'형 조직 경영을 전제로, 각 부문장의 책임 범위를 명시하기 위한 서식이다. 그리고 사장은 사업 운영의 실태뿐 아니라 조직 전체가 건전하게 기능하고 있는지를 파악하기 위한 '신경 계통'을 구축해야 하는 상황에 놓이게 된다.

사장은 실시한 시책이 낳은 결과를 확인하고, 그것을 통해 얻은 '학습'을 바탕으로 더욱 갈고닦은 후 사업을 키울 수 있는 수단을 계속해서 강구해야 한다.

이는 사장 자신이 경영 관점에서의 PDCA를 계속해서 돌리는 상태다.

하지만 만약 사업이나 시장의 반응 및 사정을 적확하게 파악하지 못하고, 대응이 제대로 이루어졌는지에 관한 인과관계도 보이지 않게 된다면 사업의 대응 정밀도는 점차 떨어진다.

따라서 사장의 업무가 어느 정도 정밀도를 유지하고 하루 24시간 안에 해결할 수 있을 때, 사업을 적절히 분업하여 사업 책임자 관점의 PDCA가 자율적으로 돌아갈 수 있도록 조직의 운영 방법을 진화해 나가야 한다.

만약 이를 게을리한다면, 다음과 같은 상황을 적확하게 파악할 수 없게 된다.

- 고객은 무엇에 만족하고 있고, 무엇에 불만을 느끼고 있는가?
- 신제품 투입 등의 시책이 제대로 이루어졌는가? 제품 개선은 적절하게 진행되고 있는가?

부문별로는 열심히 노력한다고 하더라도 때때로 조직 전체로서는 '기능 부전'이 일어나며, 이른바 '시장과의 괴리'가 시작된다.

이렇게 조직의 '기능 부전'이 일어나고 있다는 사실을 경영자가 깨닫지 못하는 경우도 많다. 현장의 실태 변화에 관하여 경영자보다도 빠르게 깨달을 수 있는 위치에 있는 '참모'는 경영자와 그 현실을 공유하고 손을 써야만 한다.

하지만 이 '기능 부전'에 대한 대응의 중요성을 깨닫지 못한 채, 사업의 방향을 잘못 설정하여 결과적으로 실패하는 경영자도 적지 않다.

사업의 씨앗이 비로소 발아되는 시점에 공중으로 붕 떠올라 땅에 발이 닿지 않게 된 사장이나 '권한 이양'이라는 그럴듯하게 내세운 명목 하에 과제나 업무, 방향성이나 책임까지 '전부 던져버리고' 마는 2세 경영자도 있었다.

객관적으로 보면 모처럼 눈앞에 있는 큰 기회를 성공의 꽃으로 피워내지 못한 사장이 현실에는 무수히 많다.

✔ POINT

기업의 침체와 몰락은 경영진이 현 상황을 적확하게 파악하는 능력과 각 기능의 자율적 의사 결정력의 저하 등으로 '기능 부전'에 빠져 자멸하는 경우가 대부분이다.

Part 2

경영자 관점에서 경영 과제의 우선순위를
명확하게 설정하고 대응한다

기업이라는 것은 침체기뿐만 아니라 창업기나 급성장기 등 모든 국면에서 실로 다양한 과제를 품고 있다.

장기적으로 치명적인 사태를 불러일으킬 수 있는 심각한 문제가 자사의 사업에서 일어나고 있다는 사실을 경영자 자신이 깨닫지 못하는 기업은 놀랄 만큼 많다. 그뿐 아니라 사업이 기세를 타고 있을 때는 문제의 존재를 인정조차 하지 않을 때도 있다.

본래 기업의 경영자는 사업을 활성화시켜서 성장 궤도에 올려놓고 발전시키고 싶기에 밤낮으로 머리를 싸매고 온 신경을 집중한다.

특히 창업자는 떠오른 아이디어를 실천하고 시행착오를 통해 자신의 능력을 갈고닦으며, 사업을 성공시키고자 밤낮으로 노력한다.

그리고 그 안에서 나타나기 시작하는 '성공한 창업자'는 사업의 발전에 필요한 공략법, 경쟁 기업에 대한 대응, 조직을 움직이는 법 등의 기본을 알게 되며, 사내의 누구보다도 그 비즈니스의 성공 법칙에 정통하게 된다.

사업이 성장하면 기존의 방식만으로는 '정밀도 높은 판단'이 어려워진다

유니클로를 보유한 패스트리테일링도 처음에는 교외에 노면 점포를 세우는 일부터 사업을 전개했다.

땅값이 저렴한 대신, 오가는 사람이 거의 없는 교외에서 점포를 열 때는 어떻게 고객을 불러들이는가가 사업의 성패를 가른다. 따라서 당시에는 신문 전단지를 어떻게 효과적으로 이용할까가 모객을 위한 최고 중요 과제였다. 교외형 체인점의 전단지 기획에 종사하는 '프로'들에게도 '유니클로의 전단지는 완성도가 높다'고 평가받기 시작했다.

상품의 종류가 달라도, 교외 점포를 출점한 기업의 전단지 담당자 중 많은 수가 유니클로의 전단지를 꼼꼼히 확인하고, 심지어 자사 전단지의 기획에 참고하기 위해 모아 두는 사람도 있었다.

패스트리테일링에서 창업 이래 꾸준히 전단지를 기획하고 감수한 인물은 야나이 다다시(柳井正) 회장 본인이다. 사업 규모가 커진 이후에도 손을 떼지 않았다고 한다.

이런 경영자는 사업의 성장을 위해 한정된 시간과 아이디어를 집중적으로 쏟아내어 사업의 확립을 향하여 다양한 과제에 대처하며 시장에서 자사의 강점을 만들어 낸다.

한편으로 기업이 맞이하는 다양한 국면에서 그때마다 경영 판단이나 대응이 필요하다. 하지만 자신에게는 명확하지 않은 분야, 혹은 깨닫지 못하는 과제가 발생하는 것은 어쩔 수 없는 일이다.

또한, 사장이 전사 시점으로 대처해야 하는 과제나 하루하루 판단해야 하는 일의 난이도가 높아지며 안건 수 자체도 늘어나기 마련이다. 이윽고 사장의 하루는 24시간으로는 부족하게 된다.

결과적으로 과거 규모가 작았을 때 경영자 스스로가 현지 및 현품을 확인하고, 과제를 간파하며, 사업 시책을 실시한 결과도 실제 현장에서 빠짐없이 살펴봄으로써 실현할 수 있었던 '정밀도 높은 판단'이 더는 불가능해진다.

지난 파트에서도 말했듯 기업의 성장에 따라 몸집이 커졌을 경우 사업을 건전하게 발전시키려면 자율성을 동반한 조직의 분업이 필수적이다.

이때 다양한 문제 해결에 필요한 조직의 '지력'이나 적극적인 판매 등을 행하는 '근력' 향상에 더하여, 사업 전체가 균형 잡힌 움직임을 실현하기 위한 전달, 의사소통, 실태의 확인, 조정의 판단과 실시로 이어지는 자율적인 '신경 계통'도 필요한 수준만큼 발달시켜야만 한다.

하지만 고양이 손이라도 빌리고 싶은 급성장기에는 애당초 최우선해야 할 근본적인 과제 대응에 좀처럼 손길이 미치지 않는다.

결과적으로 빈번하고 비정기적인 과제 대응에 우수한 인재의 시간도 빼앗기며, 심한 경우에는 모든 조직이 '두더지 잡기'에 정신없는 상태에 빠지기도 한다.

어느 수백억 엔 규모의 식품을 다루는 상장 기업에서는 영업 매니저 전원이 업무 시간 대부분을 고객이 건 클레임 대응에 소요하는 것이 거의 상식화되어 있었다. 비정기적인 사태에 대응할 때는 어느 정도 능력 있는 인물이 필요하다.

이처럼 우수한 인재의 능력을 허투루 쓰는 상태는 누군가 경영 관점에서 바라보며 근본적인 원인을 해결하지 못하면 정상화할 수 없다.

﹕ '참모'는 경영자와 같은 관점에서 생각하고 자율적으로 움직인다

창업 무렵에는 사원수도 적고, 사업 운영의 과제나 노하우 등을 간부나 사원과 공유하는 것은 어렵지 않다.

하지만 조직이 커지면 그것은 쉽게 이루어지지 않게 된다. 따라서 이를 제대로 언어화하는 기술, 사실을 지시하고 납득하는 커뮤니케이션의 기술과 이에 관한 연구가 필요하다.

나아가 그때까지 경영자가 스스로 해 오던 경영 관점에서의 과제에 대한 대응을 비롯하여 현 상황을 적확하게 파악하기 위한 정보 수집이나 분석 작업 등에 관해서도 조만간 분업이 필요해진다.

사업 규모가 커지면 그때까지의 본사 부문, 관리 부문에 더하여 '경영 기획', '인사 관리', '영업 기획' 등 '기획'과 '관리'가 붙은 네 글자로 된 부문의 수가 늘어나기 시작한다. 그때까지 경영자가 스스로 행하던 기획, 관리 업무에 대해서도 전문화하고 분업하여 보강할 필요성이 생기기 때문이다.

애초에 경영 관점의 과제는 여러 부문에 걸쳐 있는 테마가 중심을 이루기에 개별 부서에 맡기기 어렵다.

예를 들어 상품 구성의 최적화를 진행하여 상품의 개발, 발주, 판매 시점의 판단 정밀도를 높이는 데 필요한 머천다이징 시스템의 구축이나 새로운 인사 제도의 구축, 부문별 관리 시스템 만들기와 같은 별도로 현행 조직 외에서 체제를 갖추지 않으면 도저히 대응할 수 없는 과제도 늘어나게 된다.

이러한 과제는 경영자가 단순히 "알아서 해!", "어떻게 됐어?"라며 '통으로 던지는' 지시만으로 해결되지 않는다.

분업화된 조직 내에서는 대응하기 어려운 전사 관점의 과제는, 우선 그 과제를 적확하게 정의하고 우선순위나 긴급성을 명확하게 하는 것이 필수다.

그리고 경영 관점에서의 기획, 관리, 그리고 판단 업무뿐만 아니라 필요에 따라서 자신 스스로 그 과제를 추진하는 것까지 요구된다.

지시를 받고 움직이는 것뿐만이 아닌 자율적인 의사를 지닌 채 스스

도표 2-2 조직은 이렇게 진화한다

1인이 창업

창업자

창업자 혼자서 머리[생각한다=기획], 몸[매입한다(만든다), 판매한다(판다)], 손[관리한다]을 사용하여 모든 일을 한다

창업자 혼자서

경리 담당 인사 담당

매입 담당 영업 담당

사장(창업자)

[몸]을 움직이는 현장의 실무 [매입한다, 만든다, 판매한다], [손] 움직이는 관리 업무 등 정의하기 쉬운 업무부터 분업이 진행된다

'머리'를 쓰는 기획 일부를 분업

사장(창업자)

경리 담당 인사 담당

상품 기획 판매 기획 │ 매입 담당 영업 담당

[머리]를 써서 생각하는 [기획] 업무도, 인재가 자라거나 적절한 인재를 찾으면 담당을 놓고 분업한다

사장 업무의 보전, 분업화

사장(창업자) **+**
참모 역할

경리 담당 인사 담당

상품 기획 판매 기획
매입 담당 영업 담당

하루 24시간으로는 부족하거나 혹은 정밀도가 낮아지는 사장 업무를 '참모'가 전사 관점에서 보좌한다

로 생각하고 경영자 관점의 과제를 담당하는 것이 기업에서 '참모'가 해야 할 역할이다.

Part 3

사장 업무의 정밀도를
현재 사업에 필요한 수준까지 끌어올린다

'많이 팔아서 매출을 키운다.'

'팔리는 상품을 매입하여 최종 이익, 환금액을 최대화한다.'

'각 직원에게 의욕을 불어넣어 인건 비율을 관리한다.'

이처럼 영업이나 상품 매입, 개발 등 라인 계통의 업무, 그리고 인사나 경리 등 관리 계통의 업무는 각 직책에 따라 업무가 명확하기에 비교적 분업이 쉽다.

각각의 업무에서 전문적이고 확실하게 분업이 이루어지고, 이에 대한 매니지먼트(=부서 내의 PDCA)가 제대로 행해진다면, 인원이 늘어도 업무의 정밀도는 더욱 향상될 것이다.

하지만 각 부서가 제대로 기능하고 업무 능력이 향상된다고 해서 사장이 편해지지는 않는다. 사업의 성장, 발전 및 경쟁의 격화와 함께, 경영 시점에서 내리는 판단이나 경영 과제는 양뿐만 아니라 그 내용이나 질도 점점 다음 단계로 높아지게 된다.

사장의 업무를 분업하는 것이 필연적으로 가장 중요한 과제가 되지만, 애석하게도 이는 그렇게 간단한 일이 아니다.

애초에 바쁘다는 것은 마약과도 같은 일이다. 일반적인 비즈니스퍼슨뿐만 아니라 원맨 경영자에게서도 자신의 바쁨에 취한 사람들을 종종 본다. 표면적인 결과가 좋을 때는 뒤를 돌아보려고도 하지 않는다. 누군가에게 무언가를 지적받기를 꺼리기에 객관성을 잃고 독선을 향해 치닫는 경우도 있다. 그런 원맨 경영자 중에서는 논리를 비틀어서라도 자신이 하고 싶은 것을 정당화하는 기획을 만드는 사람도 있다.

어느 회사의 무척 개성이 강한 창업 경영자로부터 "우리 경영기획실장인 ○○은 좋은 학교도 나왔고 머리도 좋긴 한데 뭔가 이상하다네. ○○과 함께 다음 판매 플랜을 짜주지 않겠나?"라고 부탁받은 적이 있다.

그 경영기획실장과 함께 작업하며 플랜을 짜다 보니, 그 실장의 문제를 명확히 알 수 있었다.

"이 플랜, 엄청 잘 만들었다고 생각하네. '이치'에 맞고 나무랄 데가 없어. 하지만 우리 사장님이 생각하는 건 이건 아닐 거야."

그는 오랜 기간 경영자의 측근으로서 총애를 받으며 회사에 제출하는 플랜을 정리하는 역할을 담당했다. 그러면서 그는 '이치'에 맞는 플랜을 정리하는 능력보다는 경영자가 바라는 바, 즉 눈치를 살피는 능력부터 갈고닦은 것이다.

결국 나는 그의 주장을 물리치고 그 플랜을 경영자에게 보고했다. 따라서 플랜이 실행되었고 일은 제대로 풀렸지만, 만약 이 플랜을 그가 혼자서 사장에게 가지고 갔다면 과연 제대로 통고되었을까?

사장의 업무를 분담하는 참모는 사장과의 상호 신뢰가 필수적이다.

이 회사의 원맨 경영자에게 그는 자신에게 꼬리를 흔드는 반려견처럼 귀여운 예스맨이자 절대 배신하지 않는 존재로서 신뢰를 얻고 있었다.

하지만 실제로 그 일에 필요한 능력 면에서는 경영을 지탱할 만한 수준에는 조금도 도달하지 못했다.

후일담이지만, 그 경영자로부터 다시 부름을 받아 "ㅇㅇ은 왜 지금도 이상하지? 어떻게 하면 개선될 수 있을까?"라는 질문을 받았다.

"답은 간단합니다. '앞으로는 사장인 내가 아니라 시장, 조직, 그리고 현장만을 바라보며 일을 하라'라고 전하면 됩니다."

이렇게 답하자, 경영자는 잠시 생각한 후에 "흠. 그건 불가능하네"라고 답했다. 이 한 마디로 이야기는 끝났고, 그는 두 번 다시 내게 이런 의논을 하지 않았다.

⁞ 참모는 경영자의 예스맨이 아니다

기업이라는 배를 조종하는 선장인 사장의 의사 결정은 무거운 책임을 동반한다.

여객선 앞에 커다란 빙산이 나타나 충돌할 위험에 닥쳤다고 해도 선장을 비롯하여 누군가 그것을 확인하지 않으면 승무원과 승객은 즐겁게 선상 파티만 즐기다 목숨을 잃게 될지도 모른다. 가령 레이더에 빙산이 잡히더라도 아무도 레이더를 보지 않거나 그 표시를 해독하지 못해서 선장이나 조타수가 그 의미를 파악하지 못한다면 우회를 위한 방향 설정은 불가능하다.

조만간 대참사로 이어지는 위기 상황이 벌어졌음에도 이를 깨닫지 못한다면 실천(A)으로는 이어지지 않는다.

사업 규모의 확대나 경합 상황의 변화 등으로 인하여 사업 스테이지가 변화하고, 시간이 지남에 따라 요구되는 사업 운영 능력, 즉 '실천력'의 수준은 필연적으로 고도화된다.

특히 사업이 급속도로 확대될 때는 그 기세 아래 매출 추이만을 살피면 표면상으로는 순조롭더라도 수면 밑에는 커다란 과제가 존재하고 있을 때가 많다.

현장에서 황색 신호와 적색 신호가 점멸하고 있는 위험한 상태에 빠져 있음에도, 사업 책임자가 이것을 신경 쓰지 않았기에 이후 참극으로 이어지고 만 예는 손으로 꼽을 수 없을 정도로 많다.

장기적으로 제대로 운영되는 기업은 사업 환경을 제대로 파악하고 시장이 바라는 것을 파악하는 절차나 사고방식을 갖추고 있으며, 계속하여 그 개선을 도모한다.

만약 이것이 제대로 되지 않는다면 **사업 운영의 기능 부전, 혹은 사장**

업무의 기능 부전이 벌어지는 중이라고 생각해야 한다.

조직의 발전 과정에서는 분업이 가장 어려운 일이지만, 본래 이러한 일에 미리 대처하는 것, 그리고 전체를 바라보는 시선으로 올바르게 방향을 설정하는 것이 사장의 업무다.

또한 두말할 필요 없이 참모에게 요구되는 자질은 경영자의 예스맨 역할이 아니다.

경영자와의 관계를 악화시켜서는 안 되기에 사장의 마음을 고려하며 행동해야 하는 것은 맞다. 그러나 그것과 예스맨은 전혀 다른 문제다.

참모의 존재 의의는 기업, 사업의 운영을 최적화하기 위해 경영 판단까지 포함하여 사장 업무의 정밀도를 현재 요구되는 수준까지 높이는 것이다.

이는 자율적으로 생각하고 스스로 움직이는 '참모' 체제가 기능하는지에 따라 전적으로 모든 것이 달려 있다고 봐도 좋으리라.

✓POINT ··

참모란 회사의 장래도 제대로 바라보면서, 사업의 최적화를 진행하는 시점에서 스스로 생각하고 스스로 움직이며 사장 업무를 커버하는 역할이다.

Part 4

많은 기업은
이슈 정의에 실패한다

"자신의 회사가 시장 장악력이 약하다는 생각에 신설 마케팅 부문의 책임자를 찾는 기업이 있습니다."

"외국계 패션 브랜드가 머천다이징 부문의 디렉터를 찾고 있습니다. 아시는 분 없나요?"

"전병을 만드는 오래된 과자 회사가 공장장을 찾는데요."

헤드헌팅 업계 사람으로부터 이와 같은 상담을 받은 적이 있다.

이야기를 들어보니 각각 의뢰를 한 회사의 경영자에게는 다음과 같은 문제의식이 있었다고 한다.

"우리 회사의 상품부나 판촉부는 마케팅 마인드가 부족하다."

"우리 브랜드의 상품 구성은 좋지 않다. 능력이 좋은 MD(상품책임자)

가 있다면 다른 브랜드에 비해 경쟁력을 갖출 수 있을 것이다."

"제품의 납기 지체가 자주 발생한다. 제조 책임자인 공장장이 제대로 관리하지 못하는 것이 문제다."

이미 경영자의 '인치' 능력이 약해진 기업에서, 문제가 발생하는 부서의 책임자를 바꿔 새롭게 경력직을 채용하는 것만으로 과연 이런 문제를 해결할 수 있는지는 상당히 의문이다.

예를 들어 사장이 '우리 회사는 시장 장악력이 약하다'라고 느낄 때의 해결책이 마케팅 부문의 신설과 마케팅 경험자의 채용이어도 문제없는 걸까?

마케팅 활동이란 크게 보아 시장이 필요로 하는 상품 개발과 상품 매입 업무, 그리고 그 가치를 어떻게 효과적으로 시장을 향해 알릴 수 있는가 하는 판촉 업무로 구성된다.

만약 영업, 상품 등 주요 부서의 마케팅 능력이 떨어진다면 그것에는 하려 해도 되지 않는 어떤 이유가 숨어 있을 수 있다.

가령 아래와 같은 이유를 들 수 있으리라.

• 1인당 업무 부담이 너무 크다
• 고객의 움직임이나 반응에 관한 정보를 간단히 파악할 수 있는 시스템 투자가 이루어지고 있지 않다
• 지금의 시스템 아래에서 필요한 분석을 하려면 시간과 품이 너무 많이 든다

실제로 이 같은 이유로 대기업 광고 회사의 마케팅 부서에서 마케팅 전문가라 칭하는 사람을 마케팅 부서의 부장으로 초빙한 기업을 몇 곳 알고 있다.

입사 초기에 예산을 써서 시장 조사를 한다고 해도, 그것을 적절한 대책으로 연결하는 전략 시나리오의 입안 능력에 대해서는 그들도 대부분 초보자와 마찬가지다.

결국 조사 결과를 실무 개선에 활용하지 못하고 과거에 익힌 능력을 발휘하여 TV 광고 등의 제안을 하는가 싶더니, 어느샌가 회사에서 사라져 버리곤 하는 일이 벌어지는 곳이 한두 곳이 아니다.

자사의 상품 부문에서 고객에게 사랑받는 상품 매입이 실현되지 않고 있다면, 우선 '왜 그것이 되지 않는지'에 대한 이유를 찾아내는 것이 먼저 해야 할 일이다.

만약 지금 유행하는 제품을 특정하고 거기에서 시장이 바라는 '키워드'를 발견하기 위한 '가시화'를 적절히 행할 수 있는 머천다이징 시스템이 구축되지 않았다면, 앞선 예와 마찬가지로 상품 기획, 상품 구성의 최적화가 충분히 이루어지지 않는 것은 당연하다.

또한 공장의 납기 지체가 자주 발생하는 경우, 그것은 공장 책임자만의 문제는 아닐 것이다.

상품의 발주에 연동하는 생산 계획이 제대로 판매 계획과 연동되어 있는지, 물류 부서와의 정보 교환이 어떻게 되고 있는지 등 문제점의 특정을 포함한 실태 확인은 제대로 이루어진 상태일까?

외국계 기업처럼 '인치' 색이 짙은 기업이라면 새롭게 채용한 책임자가 판매 계획을 입안하는 부서와 교섭하여 절차를 수정할 수도 있겠지만, 애초에 이런 문제점은 업무 프로세스 개선이 선행되어야 한다.

이런 상담을 받을 때마다 나는 우수한 외부 인재 채용이라는 수단을 강구하기 전에 문제점의 근원에 있는 부분을 명확히 밝히고, 일의 인과관계를 '이치'에 맞게끔 조정하는 데 최선을 다했는지가 신경 쓰이곤 한다.

⁞ 적절한 사실 파악과 '가시화'가 이루어지지 않는다

기업의 각종 문제 해결의 현장에 관여하다 보면 기업의 규모와 관계없이 경영자 레벨에 가까우면 가까울수록 '여기에 우리 회사의 문제가 있다'라는 애초의 이슈(문제) 정의에서부터 잘못된 경우를 자주 맞닥뜨린다. 근거가 불충분한 채 이슈를 논하거나 혹은 완전히 잘못된 이슈를 세우는 것이다.

표면화된 일부 사실만을 보고 세운 '가설', 혹은 목소리가 큰 사람의 의견을 바탕으로 검증이 불충분한 '가설'을 그대로 받아들여 중요 안건의 의사 결정까지 해버리곤 한다.

이럴 때 문제는 그 '가설'이 진짜로 적확한 것인가에 관하여 사실을 적절한 각도에서 들여다보고 문제의 인과관계를 명확히 하는 행위를 소홀히 했다는 점이다.

즉 간부의 보고나 논의를 듣고 대책을 검토할 때, 적절한 사실 파악과

'가시화'가 이루어지지 않는 것이다.

또한, 독재적인 원맨 경영자에게서 자주 볼 수 있는 경우인데, 본인이 현장을 보거나 현장의 의견을 듣고 '이것이 문제다!'라고 성급히 결론을 내리는 일도 있다. 그러다가 진짜 원인이 따로 있다는 것을 알게 되더라도 '이미 칼을 뽑았으니 무라도 베야지!' 하는 상태가 되거나, 혹은 '꿍꿍이'를 품고 있는 측근의 의견을 '있는 그대로' 받아들여서 사태를 판단하고, 그대로 돌진하기도 한다.

사실의 뒷받침이 불충분한 '논의의 공중전'이 일상화되고 '감으로만 수를 던지는' 일이 횡행하는 기업에서는 결국 문제 해결보다는 개인의 체면을 내건 승부 같은 양상을 보이기도 한다.

과제의 핵심을 파악하고 문제 해결을 진행하기 위해서는 우선 사실을 바탕으로 과제를 정확하게 정의하는 것이 필수다. 사업 재정비와 관련한 많은 경험을 쌓고 능력을 갈고닦은 '프로'가 침체 상태에 있는 기업에 대하여 처음으로 행하는 것이 바로 이슈 정의다.

과거나 현재의 실태에 관한 '가시화'와 분석을 통해 현 상황에 이르게 된 이유와 원인을 명확하게 밝히고, 해결 방향을 내다보기 위해 '여기가 문제'라고 판단을 내리는 것이다.

그들은 기업이 품고 있는 문제점의 인과관계를 파헤치고, 해결 방향을 찾아 나간다.

많은 경우, 팩트 기반으로 행해진 분석에 따라 '가시화'된 결과를 보여주면 경영층은 충격을 받는다.

예를 들어 '**시대 분석**(Era Analysis)'을 통해 과거의 시책과 그 결과를 연결 짓다 보면 다음과 같은 실태가 백일하에 드러나게 마련이다.

'그때의 방침 전환이 이렇게 큰 효과가 있었나?'

'당시의 조직 변경은 현장에 이렇게 큰 혼란을 부른 것인가?'

또한 꼼꼼하게 준비한 후에 마케팅 조사를 통해 시장 상황을 살펴보면 다음과 같은 사실이 명확해질 때도 있다.

'우리 회사의 고객은 전혀 생각도 하지 않았던 타사 제품과 우리 회사의 제품을 비교 구매하고 있었던 건가?'

'우리 회사의 고객 규모가 옛날과 비교하면 반으로 줄어든 상태였다.'

'회사로서는 전혀 의식하지 않았던, 매출 규모가 작은 신규 카테고리 제품이 실제 시장에서 가장 활약하고 있다.'

등이 명확해질 때도 있다.

만약 규모가 이전의 반 토막 나 버린 시장에서 자사의 매출이 약간 감소하는 수준으로 선방하고 있는 것이었다면, 매일 경영자로부터 질책을 받던 각 부문은 점유율 획득이라는 커다란 성과를 올리고 있었다는 얘기가 된다.

경영자를 지지하는 참모의 미션(사명)은 사내 이곳저곳에서 수군거리는 현 상황, 현장에서 벌어지는 문제점을 깨닫고 진정한 과제가 어떤 것인지 재빨리 찾아내는 것이다.

그러기 위해서는 '참모'에게 사내의 양질의 정보가 들어오는 상태, 즉 참모가 '신뢰'를 받아야 한다는 대전제가 필요하다.

그런 대전제 아래에서 사실을 정확히 파악하고, 필요에 따라 '가시화'와 분석을 통해 과제가 미칠 영향력의 크기를 등을 적확하게 특정하는 것에서 이슈 정의를 시작해야 한다.

❷POINT

기업의 경영 판단의 정밀도를 높이기 위해서는 먼저 사실을 바탕으로 한 적확한 이슈 정의가 필요하다.

Part 5

'꿍꿍이'를 방치한 기업은 서서히, 그러나 확실히 쇠퇴한다

예전에 정밀 기계를 판매하는 어느 대기업 제조 회사에서 이와 같은 상담을 받았다.

"해외에서 신제품 판매 프로젝트가 좌초될 것 같습니다. 어떻게 하면 좋을까요?"

사내의 상황에 관해 핵심 구성원에게 전해 들은 내용은 다음과 같았다.

- 제품 개발 부문은 자신들이 신규로 개발한 제품을 해외 특정 국가에서 출시하고 싶어 한다
- 하지만 해당 국가의 판매 자회사는 '이런 저렴한 상품은 자사의 브랜드로 판매하고 싶지 않다'라며 비협조적이다

- 경영자의 의사에 따라 신규 사업을 지원해야 하는 본부 멤버는 '조직도에 따라 움직이도록', '그런 비용을 어디에서 낸단 말인가'와 같은 조직의 '지론'을 말할 뿐이다. 새로운 과제가 속속 나타나는 이 신규 사업 프로젝트에 대해 협력하지 않는다
- 경영자는 '성장을 위해 신규 사업 프로젝트가 필요'하다고 말하면서 '왜 우리는 새로운 프로젝트가 진행되지 않는가?'라며 고개를 갸웃거린다

개발자는 직접 경영자에게 의논하러 갔지만, 경영자는 '사업의 추진 책임자가 어떻게든 스스로 무리해서라도 진행해야 하는 법'이라는 말만 들었다. 물론, 틀린 말은 아니다.

하지만 미지의 시장을 개척하고, 움직이지 않는 사내 조직을 끌어당기는 데 있어 그는 역량이 부족하다기보다는 경험이 부족해 보였다. 옆에서 보기에도 안타까운 상황이었다.

이 회사의 경영자는 회사의 기둥이 되는 사업을 이룩해 낸 위대한 공적이 있는 사람이었다. 우두머리 기질이 있으며, 열정이 넘치는 엔지니어 출신 경영자로, 사내 파워도 상당하다. 딱히 공포 정치가 이루어지지도 않았다. 개개인을 한 명씩 떼어 놓고 봐도 착한 사람들만 모여 있는 집단이었다.

그런데 모두 껍질 속에 틀어박혀 있을 뿐, 새로운 도전을 하려 들지 않았다.

우선, 눈앞에 있는 벽을 뛰어넘기 위해 몇몇 수단을 강구하여 앞으로 나아갈 수 있는 상태를 만들어도 금방 프로젝트가 멈추어 버리고 만다.

⁝ 그 조직에서 무슨 일이 일어나고 있는지를 '프로파일링' 한다

마케팅에 있어서 가장 중요한 능력은 **시장, 즉 고객에 대한 프로파일링**이다. 이것은 조직의 진단에서도 마찬가지다.

그 조직에서 무슨 일이 일어나고 있는지, 그 조직은 무엇을 중시하며 움직이고 있는지를 프로파일링 하는 것에서부터 시작해야 한다.

모두가 나쁘지 않은 사람들로 구성된 이와 같은 조직은, 보통 제대로 불이 붙고 적극적으로 대처해도 문제가 없다고 확신할 수 있으면 움직이기 시작한다.

이번 경우에서는 체제를 변경하거나 하면서 움직이기 시작한 것처럼 보였지만, 어째선지 곧장 멈춰 버리고 말았다.

자, 여기까지 제시한 정보를 볼 때 독자 여러분은 이 조직에 어떤 힘이 작용하고 있다고 생각하는가?

현실의 문제 해결에 있어서, 특히 초기 단계에서는 정보가 부족한 가운데 적절히 실태를 프로파일링 할 수 있는지가 성패를 가른다.

이 프로젝트의 킥오프 미팅 회의록을 읽고 나서야 겨우 이유를 알게 되었다.

이 프로젝트는 애초에 긴 시간 동안 경영자의 측근으로서 일해 온 '어떤 분'의 프로젝트로 경영자의 승인을 얻고 시작한 것이었다.

하지만 얼마 되지 않아 프로젝트는 엉뚱한 방향으로 나아가더니 갈피를 못 잡기 시작했다. 외부 조직에서 파견 나와 있던 한 사람이 그 모습을 보고는 순수하게 선의로 해당 국가의 시장 전개에서 국영 대기업에 영향력 있는 조력자를 데리고 와서 업무 지원 계약을 체결했다.

이로써 프로젝트가 진행되기 시작했지만, 이것에 대해 좋지 않게 생각한 것이 바로 '어떤 분'이었다.

이 '어떤 분'은 눈앞의 것에는 전념하며 행동하지만, 공교롭게도 시야가 매우 좁고 머리도 유연하지 않았다.

다른 사람이 대신 일을 추진하여 프로젝트를 성공시키면 자신의 공로가 되지 않으리라는 생각에 프로젝트의 진행에 관해 조직 내에서 영향력을 발휘하기 시작했다.

결국, 새로운 방향으로 프로젝트가 나아가기 시작하자 그 길을 막으며 다양하게 간섭하기 시작했다. 그 결과, 프로젝트의 책임자가 몇 번이나 바뀌었고, 그때마다 책임 소재도 모호해졌다.

지원을 맡은 사람들은 개인으로서는 모두 착한 사람들이었지만, 경영자가 신뢰하는 이 '어떤 분'의 괴롭힘이나 시샘의 대상이 되기를 경계하며 이 프로젝트에 관여하기를 꺼리게 된 것이었다.

자, 그렇다면 여기까지 알게 된 시점에서, 여러분은 이 뿌리 깊은 문제를 어떤 식으로 진단할 것인가?

이 회사는 지금까지 긴 세월에 걸쳐 큰돈을 들여서 대형 컨설팅 회사를 여럿 이용해 왔다. 그런데도 실적이 오르지 않았고, 장기 침체 상태가 이어졌다.

조직을 바꾸고 성과주의 지표를 도입하고 마케팅 부문을 신설하는 등 제안에 따라 다양한 시도를 해 왔지만, 조직의 힘은 강화되지 않고 오히려 현장에서는 경영진에 대한 불신감이 팽배하여 사기가 떨어질 뿐이었다.

제안이 제대로 작용하지 않았던 데는, 컨설팅 회사의 제안이 지시형인 '인치' 색이 강한 미국식 경영을 전제로 하고 있던 점도 큰 이유로 작용했다. 결과적으로 실적을 올린 개인에게 경영을 맡기는 실적주의 인사가 단행되었지만, 정작 중요한 '경영을 위한 능력'을 키우는 시스템은 사내에 존재하지 않았던 것이다.

그런 상태에서 이 회사의 경영자는 신규 사업에 관해서는 본인의 책임하에 이것을 일궈내지 않으면 아무것도 움직이지 않는다고 생각했다. 그리고 다소 문제가 있다는 것은 알고 있지만, 자신에게는 절대적으로 충성하는 이 '어떤 분'에게 프로젝트를 맡기고자 했다.

하지만 이 '어떤 분'의 문제는 결코 사소하지 않았다. 프로젝트는 제대로 나아가지 않았고, 주변에서도 이 프로젝트에 대해서는 "역시 그 '어떤 분'이 리더로 있는 한은 불가능해", "가능하면 관여하지 말자"라는 암묵의 동의가 퍼져 있었던 것이다.

- 어떻게든 사업의 돌파구를 만들고 싶다고 순수하게 생각한 경영자
- 이 찬스에서 공적을 세워서 임원이 되고 싶은, 현재 경영자의 측근으로 일을 해온 '어떤 분'
- '관여하지 않는 것이 최선'이라는 암묵의 동의에 따라 움직이지 않는 본부 조직

그리고, 여기에 아래와 같은 새로운 플레이어 두 명이 추가됐다.

- 잘 되기를 바라는 마음에 조력자를 데리고 오는 행동, 즉 쓸데없는 참견을 한 외부 조직에서 파견 나온 사람
- 프로젝트를 성공시킬 만한 능력을 지닌 업무 지원으로 계약을 한 사람

하지만 결국 이 새로운 플레이어 두 명은 회사 내에서 '이상한 사람', '나쁜 사람'이라는 낙인이 찍히게 되었고, 차례로 프로젝트에서 떨어져 나가게 되었다.

어떻게 생각하는가?

이 사례에서는 드라마나 영화에 나오는 것 같은 '거대한 악'은 어디에도 등장하지 않는다. 유일하게 자신의 공적이 필요하지만 명백하게 능력이 부족하고 시야가 좁은 '어떤 분'이 이기주의자로 비칠 뿐이다.

경영자는 그 '어떤 분'을 신뢰하기에 '어떤 분'이 팥으로 메주를 쑨다고 해도 그것을 믿는다. 말하자면 지금의 그는 자신의 이기주의가 그대로

통하는 보증서를 손에 든 채, 회사라는 '정글'을 자기 것인 양 구는 특권을 얻은 상태인 것이다.

그리고 본사 구성원은 자신을 지키기 위해 암묵의 저항을 하면서도 '인치' 전제인 위의 지시에 순종하면서 '제대로는 풀리지 않으리라'라는 속마음을 지닌 채 절대로 자율적으로는 움직이지 않았다. 이러한 소극적인 이기주의도 만연하여, 이 회사에는 '욕심과 보신의 이기주의'로 가득 차고 말았다.

그리고 그들의 동기가 어떻게 프로젝트에 작용하고 있는지를 알지도 못한 채, 자신이 떠올릴 수 있는 범위에서 생각하여 어떻게든 해결해야 한다고 생각하는 경영자가 그 근본에 있다.

프로젝트의 총책임자인 경영자는, 지금 벌어지고 있는 것의 인과관계, 그리고 자신의 판단으로 인해 파급될 효과나 작용은 전혀 깨닫지 못하고 있을뿐더러, 이 거대한 사업체에서 급여가 높은 사람들을 중심으로 거대한 로스가 발생하는 것도 알지 못하고 있다.

일본 기업의 조직 비효율성을 논할 때가 많다. 그 원인은 제조 현장의 생산성이 높은 한편, 이런 '꿍꿍이'를 방치하는 것에서 발단이 된, 시급이 높은 사람들의 막대한 인건비 낭비가 근간에 있다고 말해도 좋으리라.

⚇ 권력이 있는 곳은 반드시 '꿍꿍이'의 온상이 된다

각 부문의 책임자들은 다음 사장 인사에도 가장 큰 영향력을 지닌 현 경영자의 안색을 살피고는 자신에 대한 평가를 의식하며 움직인다.

경영자는 측근인 '어떤 분'을 비롯하여 자신에게 충성을 다하는 간부를 '좋은 직원'으로 생각하기 쉽지만, 바로 이때 '이치'가 맞지 않는 사업 판단이 이루어지므로 이른바 '꿍꿍이'의 온상이 되고 만다.

이 회사는 이와 같은 '꿍꿍이'가 만연한 상태가 된 지 꽤 오래되었고, 사업 침체가 장기간 이어졌다.

많은 사람은 '현명한 선택'이라는 변명을 하며 자신의 자리를 지킨다.

또한 '꿍꿍이'를 품은 채 권력의 측근에 붙어있는 자는 경영자 주변의 정보를 장악하여 조작하며 자신에게 유리한 상태를 만들려고 한다.

그리고 권력을 가진 경영자도, 경영자가 알지 못하는 사이에 경영자의 주위에서 이런 일이 벌어질 수 있다는 것을 책에는 본 적이 있더라도 막상 이것이 진짜로 자기 주위에서 일어나고 있다는 점, 그리고 그것이 조직의 기능 부전, 그리고 사업 침체의 뿌리가 되고 있다는 점은 깨닫지 못한다.

이 회사에서는 올바르게 회사를 지휘해야 할 경영자에게 현재의 상태를 해설하고 알리는 역할이 없다는 것이 문제였다. 즉 바꿔 말하자면, 프로젝트가 건전하게 기능하지 않는 현실과 그 이유를 경영자에게 진언하고 대책을 협의할 수 있는 '참모' 역할이 이 회사에 빠진 조각이었다고도 할 수 있으리라.

결국 내가 그 역할을 맡아 이러한 상황을 사실로써 경영자에게 이해시키고자 움직이게 되었다.

많은 경우 경영자가 '깨달을' 수만 있다면 개선의 시나리오는 얼마든지 쓸 수 있다.

미국의 상장 기업은 부진 상태에 빠지게 되면 사업 가치의 향상이라는 대의명분하에 가령 창업주라 해도 대주주로부터 경영자 교체를 강요당하기에 좋든 나쁘든 혁신이 이루어진다. 이른바 숫자라는 절대 척도를 바탕으로, 실력을 보이지 못하는 인재는 그 뿌리와 함께 배제당하는 '인치' 전제의 인사가 행해지는 것이다.

하지만 일본 기업은 주주가 그렇게까지 목소리를 드높이지 않기 때문에 M&A로 우수한 기업에 매수당하거나 펀드에 매수당하거나 하지 않는 이상, 체제가 완전히 리셋되는 일은 없다. 가령 싹 갈아엎을 수 있다고 해도, 대신하여 경영자로 세울 만한 인재가 길러져 있는지, 능력을 갈고닦을 토양이 만들어져 있는지와 같은 다음 과제에 직면하게 된다.

권력이 있는 곳 주위에는 어떻게든 자의적인 '꿍꿍이'이 얽히기 쉬운 환경이 만들어진다.

파나소닉의 창업자인 마쓰시타 고노스케(松下幸之助) 회장의 사위인 마쓰시타 마사하루(松下正治)의 힘이 작용함으로써 회사가 엉뚱한 길로 빠져든 예는 널리 알려져 있다.

이것도 따지고 보면 위대한 창업자인 마쓰시타 고노스케 회장이 부인인 무메노(むめの) 씨에 앞서 마사하루 사장을 경영에서 제외하지 않았

던 것이, 장기적인 곤경을 부르는 불씨를 남기게 된 것이다.

결국, 기업으로서는 이와 같은 상태에 빠지기 전에 '이치'에 맞게 판단하는 문화를 만들고 유지할 수 있는지가 가장 중요한 문제가 된다.

'꿍꿍이'가 얽히고설켜 소용돌이치는 상태가 되고, 그것이 제대로 밝혀지지도 않은 기업에서는 마치 상층부가 '사업 로스 생성 장치'를 품고 사업을 전개하는 것과 마찬가지다.

사업이 잘 풀리는 동안에는 PL 등으로 표면화되지는 않더라도 기업의 성장력이 줄어들면 조만간 하강 기조에 빠져들게 된다. 우선 경영자가 올바르게 조직의 인과관계를 이해하는 것. '올바른 깨달음' 후에 대책을 세우고 '이치'에 맞는 의사 결정이 이루어지는 환경을 만드는 것. 이것은 경영자 혼자서는 좀처럼 할 수 없는 일이다.

사업 규모의 확대, 경쟁 상황의 격화에 동반하여 사업의 스테이지가 변화하기 시작할 때 '참모' 역할이 필요해지는 가장 큰 근본적인 이유가 여기에 있다.

⊘ POINT ·······································

매니지먼트는 조직에서 '꿍꿍이의 만연'과 싸우는 일이라는 중요한 측면을 지닌다. 경영진이 사업이나 자사 내의 실태를 파악하기 위해서는, 지금 벌어지고 있는 일의 실태와 그 인과관계를 '적확하게' 파악할 수 있는 체제를 만드는 것이 필수다.

Part 6

건전한 '참모' 기능을 얻은 기업은
성장 궤도에 들어가는 길을 연다

"발전한 기업을 보면 무언가 회사를 잘못 들어온 것 같은 우수한 인재가 기업의 성장을 이끌고 있다."

이미 세상을 뜬 일본 리테일링 센터의 아쓰미 슌이치 사장이 자주 이런 말을 하고는 했다.

아쓰미 사장이 외부에서 채용한 간부 인재의 대표 격으로 손꼽은 사람은 얼마 전에 퇴임한 세븐&아이 홀딩스의 스즈키 도시후미(鈴木敏文) 전 회장이다.

스즈키 도시후미 씨만큼 유명하지는 않더라도 경영자를 지탱하는 보좌 역할, 참모 역할로서 기업의 발전에 공헌한 사람은 수없이 많다.

또한 사내 인재도 영업, 상품부 등의 주요 부문을 경험하고 다양한 개혁을 추진해 온 사람이라면, 사내에서의 리더십을 발휘하여 기업의 변혁을 추진하여 발전시키는 힘을 갖추어 나갈 수 있다.

이 대표적인 예로는 현재 주식회사 니토리, 니토리 HD의 시라이 도시유키(白井俊之) 사장을 꼽을 수 있다. 시라이 사장은 스스로 '사내에서 시말서 수가 가장 많았다'라고 말할 정도로, 참모 역할로서 언제나 전사 과제에 뛰어들어 다양한 도전을 통해 누구보다도 많은 실패를 겪으면서 능력을 갈고닦아왔다.

'넘버 투가 기업을 키운다'라는 말도 자주 듣는다.

일정한 규모를 넘어선 기업, 혹은 경쟁 상황이 격화되는 사업에서는 이른바 그때까지의 방식으로 '사장 업무'를 사장 혼자서 전부 해내기란 현실적으로 불가능하다.

사장은 다양한 국면에서 자신과 같은 시점을 가진 사람과 상담하고 싶을 테고, 자신과 같은 관점에서 사업을 파악하고 문제를 발견하고 해결해 줄 인재를 절실히 필요로 한다.

사내에 없는 지혜나 노하우에 대해서는 사외에서 찾을 수밖에 없지만, 간부가 되고 참모 역할이 되는 인재는 사내에서도 육성해야만 한다.

어떤 회사이건 그저 기합으로 매출을 키우거나 기묘한 계책에 치우치지 않고 사업 운영 방식을 진화시킨다는 제대로 된 수단으로 더욱 많은 물건을 판매하고, 보다 고객 수를 늘리는 개혁을 선도하는 리더십을 갖춘 인재는 희소할뿐더러 보물 같은 존재다.

젊더라도 그런 '싹'이 있는 인재에게는 점점 더 많은 기회를 부여한다.

또한 경영 관점에서 생각하고 판단하며 실제로 스스로 움직여서, 결과로부터 배울 기회를 얻는 '참모'로서의 직무로 성장의 기회를 만들어야 한다.

찰나적으로 단년도의 숫자를 높이는 '약삭빠른' 수법을 취하지 않고, 시장에서 회사의 가치를 더욱 높이는 변혁을 추진하는 인재를 회사는 리더로서 인정하게 된다.

경영자의 측근으로 활약할 수 있게 된다면 경영자에 더욱 가까운 입장에서

'경영자는 매일 무엇을 생각할까?'

'내가 경영자라면 어떻게 판단할까?'

'왜 경영자는 나와 다른 판단을 내리는 걸까?'

같은 것을 생각하면서 참모로서의 능력을 갈고닦으며, 나아가 경영자로서의 시점과 사고방식을 몸에 익히게 된다.

일본의 조직에서는 이것이 경영자로서 가장 고마운 참모 기능이자, 최고의 경영자 인재 육성 방법이라고도 할 수 있다.

다만, 그 참모 기능이 건전하면 건전할수록 이미 둥지를 틀고 있는 '꿍꿍이'를 품은 자들로서는 참모는 최우선적으로 배제해야 할 대상이 된다.

만약 경영자가 사내에 적절한 참모 체제가 자라나지 않는다고 느꼈다면, 우선 그러한 '꿍꿍이'를 품은 자들의 존재와 움직임을 의심해 볼 필요가 있다.

다만 그런 '꿍꿍이'를 품은 자들이 경영자에 대한 올바른 정보를 차단하는 수완에 있어서는 놀라우리만치 뛰어난 것이 문제가 되는 법이지만.

⊘POINT

경영자보다도 업무 현장에 가까운 생생한 목소리와 정보를 지니며, 경영자와 함께 전사 시점에서 공정하게 과제를 생각하고 과제에 대응할 수 있는 역할을 가진 인재나 체제를 '참모'로서 경영자 주위에 배치하는 것이 중요하다.

적절한 '가시화'를 진행하는 것만으로도
경영 판단의 정밀도를 높일 수 있다

예전 일이지만 상장 기업인 오쓰카 가구(大塚家具)의 경영 주도권을 둘러싸고 창업자인 회장과 그 장녀인 사장의 대립이 매스컴에 크게 다뤄진 적이 있다.

권력이나 돈을 목적으로 노골적인 욕심이 드러난 진흙탕 같은 싸움이 아니라, 사업을 다시금 성장 궤도로 올리고 싶다는 극히 순수한 마음을 가진 아버지와 딸.

그 둘 사이에서 왜 이 같은 주도권 싸움이 벌어지게 된 것일까.

오쓰카 가구의 창업자인 아버지 오쓰카 가쓰히사(大塚勝久) 씨는 고객을 대상으로 가구를 제안하는 컨시어지 형태의 판매 방침을 추구하며, 개별 고객의 가구에 관한 '문제 해결'을 행하고 객단가와 만족도를 높이는 업태를 만들어냈다.

이후 가구 업계에는 '저가'라는 가장 강력한 차별화 포지션을 앞세워 성공을 거둔 니토리와 이케아라는 두 세력이 나타났다.

'손쉽게 살 수 있다', '질리면 버리면 그만'이라는 부담 없는 마음으로 물건을 살 수 있는, 편안함에 끌린 고객층이 이 두 회사로 흘러 들어갔다.

이렇게 시장 구조가 변화함에 따라 당시에도 오쓰카 가구는 한창때와 비교하면 매출이 이미 30% 정도 하락한 상태였다. 사장 포지션을 물려받은 장녀 구미코(久美子) 씨는 '더욱 캐주얼하게 쇼핑할 수 있도록'이라며 고액 상품 외의 제품 전개는 물론, 부담 없이 가구를 하나씩 구입할 수 있는 신업태 전개에도 뛰어들었다.

하지만 이런 방향 전환이 창업자인 아버지는 내키지 않았던 것이다.

아버지와 딸 모두 오쓰카 가구를 다시금 성장 궤도로 진입시키고 싶다는 마음은 같았다.

또한 사업을 성장 궤도에 올리기 위한 시나리오는 다양하게 존재하는 법이고, 모든 의사 결정은 결국 의사 결정자의 주관에 따라 행해진다.

창업자인 회장은 자기 자신이 오쓰카 가구의 사업 PDCA를 돌려 왔기에 다른 누구보다도 현재 방식에 따른 사업 이미지를 머릿속에 구축한 상태였고, 누구보다도 자신이 이룩한 실태에 자부심, 즉 '자신감'을 갖고 있었다.

하지만 새롭게 사장이 된 딸은 경쟁 상황이 달라짐에 따라 시장 구조가 변했다고 인식했다. 이렇게 각각이 '오쓰카 가구의 재부상 시나리오'를 다르게 구상한 채 서로의 생각을 공개 석상에서 주장하게 된 것이 이 소동의 원인이었다.

이것을 '후계자 선정'에 실패했다거나, 혹은 원맨 체제를 부정하는 '집단 지도 체제'가 나쁘다는 등의 논의로 끌고 가는 것은 잘못됐다.

조직의 상위에 서는 사람은 이미 에너지 레벨이 높은 데다가 자신의 의지를 제대로 지니고 있다. 이런 에너지를 올바른 방향으로 이끌 수 있는 '가시화'된 판단 환경을 정비해야 한다.

시장의 실태를 제대로 '가시화'하지 않으면 전략적인 방향성을 잃어버리게 된다.

또한 문제를 '가시화'하였다고 해도 아버지와 딸로서는 그 살아온 경험에 따라 떠올릴 수 있는 대책도 다르다. 따라서 다시금 성장 궤도에 올리기 위해 그리는 시나리오의 선택은 결국 방향 설정을 담당하는 책임자에 의한 주관적인 것이 되기에 필연적으로 달라진다.

어느 길을 고르더라도 PDCA를 적확히 돌려서 '무엇을 잘못 읽고 있는가?', '그 이유는 무엇인가?'를 재빠르고 정밀하게 추구하고 방향성을 수정하고 전략을 정밀하게 짜낼 수 있다면, 실행의 난이도에는 차이가 있더라도 결국 길은 열리는 법이다.

⋮ 현 상황의 문제를 '가시화'하고 그 의미를 언어화한다

아버지 쪽의 기존 방향성인 접객형 업태도 그 수준을 높여서 타깃에 합치한 적절한 가격 설정에 성공하고, 타깃의 기호성을 찾아 PDCA를 돌려서 업태를 진화시켜 나간다면 틀림없이 시장을 파고들 수 있다.

의사 등 고소득층뿐 아니라 앞으로 더욱더 그 수가 늘어날 것이 분명한 일정 이상의 금융 자산을 가진 고령자, 나이를 먹음과 동시에 잠이 얕아지고 수면 장애로 힘들어하는 사람 수도 늘어난다. 침구에 대한 적극적인 문제 해결을 제안하며 시장을 파고들 여지가 크다.

나아가 앞으로 더욱 늘어날 IT를 사용한 새로운 비즈니스 아이디어로 성공한 창업가층, 그리고 이미 안정적으로 존재해 온 50대 중반 무렵에 집행 임원이 되어 당분간 안정된 고소득이 예상되는 상태에 도달한 대기업 직원들도 있다. 그들은 젊은 시절 교외에 세운 집을 팔고 도심부로 이사하는 경향이 있으며, 이때 가구를 바꾸며 발생하는 새로운 수요를 확실히 잡을 수 있다면 그 시장도 틀림없이 노려볼 수 있으리라.

또한 딸의 시나리오가 노리는, 더욱 캐주얼하게 쇼핑하고 싶어 하는 층도 포지셔닝 맵 상에 분명히 존재한다. 다만 가격대가 낮아지면 시장 규모는 커지기는 하지만 거기에서 사업을 전개하는 플레이어 수도 증가한다. 그 층의 시장 규모를 제대로 판단한 후에 구매 능력, 기호성을 파악하고 현존하는 경합 플레이어의 틈을 뚫고 이겨낼 수 있는 차별화 이미지를 명확히 그릴 수 있다면 파고들 가치는 충분히 있으리라.

결국, 아버지가 사업의 주도권을 잡는다면 이쪽 시나리오, 딸이 주도권을 잡는다면 저쪽 시나리오로 귀결되는 것이 당연하다.

- 사업 규모가 어느 정도 커진 기업에서는 시장과 사업의 현 상황을 사실을 바탕으로 '가시화'하지 않으면 취해야 할 전략의 논의를 수습할 수 없게 되어 '논의의 공중전'이 벌어진다
- 특히 창업자는 자신이 가진 성공 법칙을 충분히 언어화하지 못하는 경우가 많으며, 시장이 변화했을 때 새로운 시장과 경쟁 상황을 머릿속으로 제대로 구체화하지 못할 때가 있다
- 한편, 원맨 체제 아래에서 스스로 생각해서 행동하지 않고 로봇처럼 변해 긴 시간을 보낸 간부는 모든 책임을 뒤집어쓰고 지시하는 원맨 경영자의 말을 따르는 편이 비즈니스에서 여생을 편하게 지내는 방법이라고 생각한다
- 나아가 컨설턴트 회사도 운영한 바가 있는 인재, 구미코 사장의 '이치'에 맞는 플랜이라면 변화한 시장에도 당연히 유효할 것이라고 확신하는 층도 있다

이 같은 다양한 여건과 꿍꿍이 속에서, 주주로서는 부녀의 각 방향성에 관하여 본인들이 가진 이미지를 팩트와 그 의미를 알기 쉽게 '가시화'해서 설명해 주는 편이, 어느 시나리오를 골라야 할지 판단하는 데 도움이 될 것이다.

사업 실태의 '가시화'는 꽤 높은 수준까지 정밀도를 높여서 행할 수 있

지만 최종적인 의사 결정은 책임자에 의한 주관적인 것이 되는 것이 현실이다.

결국 둘의 싸움은 구미코 사장에 주주들이 손을 들어 줌으로써 마무리되었다. 둘은 갈라서서 가쓰히사 씨는 스스로 생각하는 승산의 이미지를 구현코자 가격대도 최고 수준으로 특화한 '다쿠미오쓰카'라는 회사를 만들었다.

구미코 사장은 광고·IR 계의 컨설팅 회사를 경영한 적이 있다.

하지만 사내 회의 때 제시한 자료가 사실을 바탕으로 한 '가시화'로 창업자를 납득시킬 만큼 상황 분석이 이루어졌을까?

나아가 창업자가 그것을 제대로 봐 주거나 들어 주지도 않을 정도로 둘의 관계가 어긋난 상태였는지는 당사자가 아니면 알 수 없는 일이다.

사업 운영의 PDCA 능력이 성패를 가른다

오쓰카 가구만큼 커져 버린 조직, 그리고 경쟁 상황이 격해져 버린 시장에서는 우선 현 상황의 문제를 차트 등으로 '가시화'하고 그 의의를 언어화하여, 정밀도 높은 의사 결정의 재료로서 제시한 후에 논의하는 환경을 정비하는 것이 무엇보다 앞서서 해야 할 일이다.

이것이 이루어지는 상태를 만드는 참모와 스태프 체제는 정말로 그것이 필요한 시점에 즉각 만들 수 있는 것이 아니다.

사업이 성장하기 시작했다면 이른 단계부터 그런 체제를 만들어서 사실을 바탕으로 논의가 행해지도록 해야 한다.

일단 발목을 잡혀 길을 잘못 들어 거기에서 빠져나오지 못하게 된 기업은 이것을 게을리한 기업이다. 그리고 깨달은 시점에는 왜 지금 자신들의 사업이 발목이 잡혔는지, 무엇이 그 진짜 원인인지를 적확하게 파악하지도 못하고 손도 쓰지 못하는 '시장과의 괴리'가 일어난 상태다.

지금 현재에 이르러서는 아버지와 딸 쌍방이 각각의 시나리오, 즉 전략으로 사업을 전개하고 있다. 현시점에는 가격대를 낮춘 노선을 취한 오쓰카 가구는 2016년도에 매출 463억 엔(전년 대비 마이너스 20%), 영업이익은 46억 엔의 적자로 고전을 면치 못하고 있다.

노리던 시장은 니토리에 의해 저가 제품 시장이 침공당해 예상보다도 축소되었던 것이다. 또한, 이 가격대의 시장은 경쟁사가 많으며, 싸워야 하는 대상을 구체적으로 떠올리며 그리기에는 아직 경험이 부족했다. 이 시장에서 벌어지는 경쟁에서 우위성을 발휘하는 강점을 손에 쥐기까지는 시간이 걸릴 것으로 보인다.

또한, 아버지 측의 '다쿠미오쓰카'는 상당한 고가 가구 중심으로 전개하여, 극히 좁은 타깃을 노리고 있다.

조만간 이런 상황을 보고 '전략이 잘못되었다'라고 비난하는 컨설턴트나 비평가도 나올 것이다.

하지만 결과를 안 후에 내리는 평론은 '늦게 내는 가위바위보'라고 하지 않을 수 없다.

지금부터는 처음의 가설 중 어느 것이 올바르고 어느 것이 잘못되었는지를 검증하면서 쓸모없는 '유치한 자존심'에 사로잡히지 않고, 겸허하게 방향 설정을 계속하며 사업 운영의 시야를 넓혀 나가는 PDCA 능력이 각각의 진짜 성패를 가르게 될 것이다.

✅**POINT** ···

다음 세대의 경영층에 대한 최고의 선물은 사장 주변에 의사 결정의 정밀도를 높일 수 있는 참모 체제, 즉 기동력이 있고 신뢰하며 탈 수 있는 '가마'를 마련해 놓는 것이다.

참모의 기본자세와
마인드 셋

Part 1

'불속의 밤'은
내 손으로 집자

'화중취율(火中取栗, 불 속의 밤을 집다)'은 본래 프랑스 작가, 라 퐁테의 우화에서 나온 말이다.

약삭빠른 원숭이에게 속아 넘어간 고양이가 불 속에 있는 밤을 대신 집어 준 후 화상을 입었고, 그 밤도 결국 원숭이가 먹어 버렸다는 이야기다.

이 옛 우화는 본래 '위험한 것은 다른 사람에게 맡겨라' 혹은 '속아서 다른 사람에게 이용되어서는 안 된다'라는 의미가 있다.

하지만 일본에서는 내용이 약간 바뀌어 '타인의 이익을 위하여 위험을 무릅쓴다'는 의미로 사용되고 있다.

참모 역할에는 본래 일본에서 사용되는 '화중취율' 의미의 측면이 있다.

숯가마 앞에 있던 고양이가 '꿍꿍이'를 가진 단 한 마리의 원숭이를 위해 화상을 입는 것은 지나치게 헌신적인 행위이며 현명한 행동이라고는 할 수 없으리라.

하지만 기업에서 참모에게 주어지는 역할은 이 고양이와는 꽤 다르다.

참모가 짊어진 임무는 시장에서 지지받는 사업을 전개하고 그것을 잘 운영하는 것, 그리고 그것을 발전시켜 회사 직원의 인생을 충실하게 만들어 주는 것이다.

코미디언 하기모토 긴이치(萩本欽一) 씨는 성공하기 위해서는 '모두가 알기 쉽게 노력하는 것'이 중요하다고 했다.

참모는 경영자나 사원들에게 신뢰받아야 하는 포지션이며, 그 신뢰에 응하기 위하여 모두가 손대고 싶어 하지 않는 어려운 과제에 착수할 것을 기대받는다.

나는 일의 특성상 기업의 사장과 이야기를 나눌 기회가 많은데, 일반 직원이 생각하는 것 이상으로 경영자는 사내 직원 중 누가 미래의 간부 후보 인재인지, 늘 최신 정보를 파악하고 있다.

내가 개혁의 디렉터 역할로 기업에 들어가 V자 회복이나 기업 활성화 프로젝트를 개시할 때는, 사장에게 그 프로젝트 멤버로 30~40대의 미래 간부 후보 중에 적당한 사람을 뽑아 달라고 요청한다.

이때 언제나 놀라는 것은 어떤 기업에 가더라도 사장, 혹은 사업 책임자가 간부 후보 인재의 이름을 곧바로 댄다는 점, 나아가 각각의 특성, 강점, 약점 등을 적확하게 소개한다는 점이다.

'해님'은 우리를 보고 있지 않은 것 같지만, 실은 매우 제대로 보고 있는 법이다. 스스로 생각하고 자신의 의지로 '불속의 밤'을 집으러 가자.

이때 엄청난 중압감이 느껴지는 건 당연하다. 때로는 목욕재계하고 기도해야 할 것만 같은 기분이 들 때도 있다.

하지만 결국, 이것이 다른 사람은 할 수 없는 귀중한 경험이 되어 자신의 능력으로 이어질 것이다. 기업 내에서 뛰어난 능력자가 된 사람 중에는 40대까지 역경에 몰린 경험이 있는 이들이 많다.

고대나 중세 무렵과는 다르게, 지금 시대에는 조직에서 개혁을 추진해도 목숨을 위협받지는 않는다. 특히 기업 안의 개혁이라면 사회적으로 매장당하는 일도 절대 없다.

가령 불똥을 뒤집어쓰고 화상을 입는다고 해도, 그 상처가 나은 뒤에는 결과적으로 얻는 것 쪽이 더 많다.

우리가 사는 현대 사회에서는 도전 때문에 목숨을 잃을 일은 없다.

'도전할지 말지를 생각하기에 앞서 행동으로 옮기는 자가 승리한다'는 말은 아무래도 진실인 듯하다.

✔ POINT

'모두가 알기 쉽게 노력한다(하기모토 긴이치)'.
아무도 보지 않는 것 같아도 '해님은 보고 있다'.

Part 2

아트를 사이언스하고,
엔지니어링한다

'아트와 사이언스'라는 표현이 있다.

직역하면 '예술과 과학'이 되는데, 그것이 의미하는 바는 인위적이기는 하지만 '아직 충분히 언어화되지 않은 아트와 언어화함으로써 재현성을 띠게 한 사이언스'라는 두 개념을 대비시킨 말이다.

애초에 이 세상의 모든 사상을 언어로 설명할 수는 없다.

사이언스란 무언가를 언어를 통해 설명할 수 있는 상태로 만들어 재현성을 띠게 하고 법칙성을 찾아내는 도전이라고 말할 수 있다.

언어화할 수 있기에 자신이 알게 된 좋은 방식을 다른 사람에게 전하고, 타인도 재현할 수 있도록 한 것이 우리 호모사피엔스 특유의 능력이자 인류 발전의 열쇠가 된 사이언스(=과학)를 행하는 능력인 것이다.

그리고 나아가 사이언스를 통해 언어화가 이루어진 후 그것을 더욱 좋은 것으로 개선하여 만들어 낸 것이 엔지니어링이다.

대학 이공학부의 영어 명칭은 일반적으로는 'Department of Science and Engineering'이다. 즉 이것은 '언어화하여 사상의 인과관계를 명확히 한다. 그리고 그것을 보다 좋은 것으로 만든다'라는 테마를 추구하는 학부라는 것을 의미한다.

이 사이언스와 엔지니어링이라는 사고방식은 사업 활동에서도 완전히 동일하다.

만약 여러분이 혼자서 장사를 한다고 자신이 생각한 것을 실행하고 결과를 확인하여 담담히 수정해 나가면 그만이고, 필요하다면 자신이 알 수 있는 수준으로 메모라도 남겨놓으면 충분하다.

하지만 만약 조직이라면 다른 사람에게 전하여 그들이 이해하고 움직일 수 있도록 해야 한다.

기업 내에서 생겨난 과제가 무엇인지, 왜 생겨났는지, 어떻게 대응하는지를 언어화하고, 대책을 강구해야만 한다.

다만, 이 언어화와 법칙성을 찾아낼 때는 주의할 점이 있다.

예를 들어 전략은 기업이 더욱더 큰 성장을 실현하기 위한 시나리오라 할 수 있다. 그러한 전략 구축에 관한 사고방식이나 방법론을 정리한 '전략론'을 책에서 읽으면, 사람에 따라서는 흡사 그것이 사업의 성공에 관한 모든 것을 말하고 있는 것으로 착각하는 경우가 있다.

하지만 이 '전략론'을 포함한 세상의 경영 이론은 각각이 경영에 유효한 기술론, 혹은 기업의 방향성을 명확히 해주기 위한 방법론 중 어떤 일부를 언어화하고 설명한 것에 불과하다.

경영학도 과학(=사이언스)의 분야 중 하나이자 경영에 유용한 다양한 법칙성을 사상에서 이끌어 나가는 학문이다. 이것이 과학이라는 전제 하에, 아직 '언어화'되거나 그때까지 설명되지 않은 사상에 '인과관계의 해명'이라는 스포트라이트를 비추어 이론화를 진행시켜 나간다.

진실(Truth)과 사실(Fact), 그리고 '인과관계'와 '상관관계'

여기에서 우선 첫 번째로 중요한 시점을 꼽아 둔다. 그것은 비교적 역사가 얕은 경영학 분야에서는 이론화되지 않은, 설명되지 않은 것이 아직 '무한의 저편'에까지 존재한다는 점이다.

실증주의가 전제되는 '과학' 분야에서는 사실을 바탕으로 '언어화'가 이루어지며, 그 인과관계가 올바르다고 입증해 나간다.

영화 〈인디아나 존스〉 시리즈에도 인디아나 교수가 교실에서 고고학 교편을 잡는 장면이 있다. 그는 "우리는 진실(Truth)이 아니라 사실(Fact)을 추구한다"라고 말하며, 그가 가르치는 고고학이 실증주의를 기본으로 한다는 점을 언급한다.

이런 방법론을 취하기에 문헌을 발견하거나 발굴 조사를 통해 새로운 발견이 이루어지면 우리가 학교에서 배운 역사가 뒤바뀌는 일이 벌어지고 만다.

경영 이론의 역사를 봐도, 어느 이론이 제창되어 실천되면 현실에는 수많은 과제가 표면화된다. 그리고 다음 이론이 나타나서 결과적으로는 여기저기 길을 잘못 들면서 진화가 이루어지는 것이 현실이다.

또한 두 번째 시점은, 이런 접근법의 숙명으로서 그 '이론'이 확립해나가는 과정에 있어서 때로는 **'인과관계'가 아니라 '상관관계'에 있는 것이 '인과관계'인 것처럼 취급되어 세상에 나오고 마는** 일이 있다.

지금부터 35년 정도 전의 일이다. 기삿거리가 많지 않던 연초, 주요 4대 신문 중 하나에 '된장국을 먹으면 암에 걸리지 않는다'라는 논문이 발표되었다는 기사가 실린 적이 있다.

'매일 아침, 된장국을 먹는 사람은 암의 발병률이 낮다'라는 사실에서 도출된 논문이었다. 된장국 안에 있는 성분이 실제로 암을 억제할지도 모른다. 하지만 당시의 고도성장기 일본에서는 아침 식사의 균형을 지금처럼 의식하지 않았고, 나아가 밤늦도록 일하거나 술자리가 잦은 사원이 많던 시대다.

아침에 된장국을 먹을 정도로 시간적 여유가 있는 생활을 할 수 있는 사람은 영양 균형이 좋은 식생활을 실현하고 있다는 점을 무시할 수 없으리라. 이것이 **'인과관계'인지 '상관관계'인지** 그 점을 명확히 하지 않으면 안 된다는 이야기다.

⦂ 모든 이론에는 전제 조건이 있다

나아가 세 번째 시점으로 꼽을 수 있는 것은 모든 이론에는 언제나 그것이 유효하다고 결론을 내렸을 때의 전제가 있지만, 그 전제가 반드시 명문화되지는 않는다는 점이다.

『역설의 일본사』 시리즈로 알려진 이자와 모토히코(井沢元彦) 씨도 역사학에서는 서면에 남겨진 것을 사실로써 취급하는 실증주의를 취하기 때문에, 그 시대에는 **상식이자 당연한 것이어서 서면에 적히지 않은 배경이나 속사정 등 사건의 전제에 있는 것이 무시되고 간과되기 쉽다**는 점을 지적하고 있다.

앞서 말했듯 미국과 일본은 경영 스타일이 다르지만 미국발 조직론 책에서는 굳이 그에 대해 다루지 않는다.

경영 컨설턴트나 경영학자도 이렇게 서로의 경영 스타일이 다르다는 점을 머릿속으로는 알고 있지만, 미국과 일본 양쪽의 경영을 실제 체험한 사람은 거의 없다. 바로 이것이 전제가 다르다는 점의 중요성이 활발히 논의되지 않은 이유 중 하나이리라.

이러한 실증주의의 과학적인 접근법을 취하기에, 경영학도 '의학의 진보'와 마찬가지로, 앞에 놓인 정설이라고 여겨지는 가설을 덮어씌우며 진보해 나간다.

아직 역사가 짧은 경영학 분야에서 우리가 눈에 접하는 경영 이론과 수법에서도 같은 일이 벌어진다.

경영 이론의 역사를 봐도 많은 경우 과거에 발표된 이론의 불비(不備)

를 지적하면서 새로운 경영 이론이 등장한다. 본래 문제가 되는 부분만을 조금씩 수정해나가는 것이 더 좋은 방법이 아닐까 싶지만, 지금의 경영 이론의 세계에서는 스크랩 앤 빌드(Scrap and Build) 식으로 새로운 이론이 발표되는 것이 일반적이다.

예를 들어 과거에는 '차별화'라고 부르던 것이, '그렇다면 플레이어가 없는 시장 부문에서 판매하는 편이 효과도 높고 효율도 좋다'라고 유럽과 미국에서 '블루오션 전략'으로 진화한 것은 '엔지니어링'적인 접근법이 성공한 진귀한 예라고도 하겠다.

경영학자는 새로운 콘셉트를 학설로써 발표해서 평가를 받고, 족적을 남기고 싶어 한다.

또한, 컨설턴트는 일을 따기 위해 기업이 흥미를 보일 법한 새로운 이름을 붙인 콘셉트나 기법의 패키지를 차례차례 개발한다. 경영학자의 경우는 둘째치고, 컨설턴트가 새로운 콘셉트를 내세우는 그 배경에는, 언제나 '파랑새'를 쫓고 '마법'에 기대하는 기업의 존재가 있다.

'브랜드의 신뢰성으로 일을 딴다'라는 브랜드 비즈니스의 측면을 지니는 컨설팅 비즈니스를 제대로 이용하기 위해서는, 회사 측도 자사에 무엇이 필요한지, 그것이 정말로 유효한지를 제대로 판별할 수 있는 능력이 필수라 할 것이다.

또한, 새로운 방법론을 취할 때는 신제품은 초기 불량의 발생 확률이 높은 것과 마찬가지의 이유로 새로운 방법론에도 위험이 내재한다는 점을 의식해야만 한다.

나아가 컨설팅 서비스나 경영을 위한 시스템 패키지를 판매하는 기업이 상당히 큰 대가를 요구하고 있다는 점은 사태를 더욱 복잡하게 만든다.

그렇기에 거기에서 적용한 이론, 사고방식의 문제점에 관하여 앞서 말한 '무류성'을 일으켜 '그것은 잘못됐습니다. 죄송합니다. 수정이 필요합니다'라고 말하기 어려운 상황이 펼쳐진다.

물론 글로벌 수준에서 보면 최첨단을 달리는 컨설팅 회사는 자사의 진화도 계속하여 실시한다. 컨설팅 회사 전부가 이런 상황에 있다고는 할 수 없다.

우리가 취해야 하는 기본자세는 컨설턴트가 새로운 방법이나 접근법을 설명하러 왔을 때, 만약 카탈로그 언어로 개념적인 설명이 이어진다면 폼을 잡지 말고 이렇게 말해 보자.

"이야기가 추상적이어서 아직 잘 모르겠습니다. 보다 구체적으로 알기 쉽게 이야기해 주세요."

컨설턴트가 제시한 수법이 현장에서 올바르게 기능하는 이미지가 떠오를 때까지 타협하지 말고 계속 물어봐야 한다.

비싼 쇼핑에는 뛰어난 판매 테크닉이 언제나 동반되는 법이다.

언젠가 어느 가구점에서 페르시아 양탄자 페어를 구경할 때의 일이다. 무척 아름다운 양탄자를 들여다보는데 숙련된 판매원이 다가와서,

"어떤가요. 저렴하죠? 자주 보시던 가격이지 않나요?"

이런 영업 멘트가 시작되었다. 그때 내가 보던 양탄자는 500만 엔(!),

나아가 그 뒤에 걸려 있던 대형 상품은 2,000만 엔이었다.

이 판매원은 고급 수입차의 가격과 비교하며 이야기를 진행하는 것이었다.

"5년이 지나면 반드시 가격이 오릅니다. 값어치를 하는 놈이에요."

처음에 이것은 싸다는 말을 던지더니, 사면 가치가 오르는 투자 목적으로도 가치가 있다는 꽤 뛰어난 영업을 하는구나 하고 감탄했다.

참모에게는 새로운 기법이 자사에 정말로 효과적인지를 판별하는 눈과 그것을 가려내기 위한 집념이 필수다. 그리고 도입 후에는 적절하게 기능하고 있는지를 실제 현장에서 확인하고, 주눅 들지 말고 필요한 조정을 행한다는 기본 동작이 필요하다.

◆ POINT

❶ 세상에는 언어화되지 않은 것이 압도적으로 많으며, 애초에 사이언스는 언어화에 대한 도전이다.

❷ 인과관계와 상관관계는 혼동될 때가 있다.

❸ 이론의 전제 부분 전부가 명문화되는 것은 아니라는 점을 잊어서는 안 된다.

참모 체제는 인망이 두터운 리더와 분석력, 그리고 커뮤니케이션 능력이 뛰어난 스태프로 구성된다

참모 역할이라는 말을 들었을 때 많은 사람이 우선 머릿속에 떠올리는 것은 경영기획실과 같은 스태프 부문일 것이다.

예를 들어 경영기획실 하면 파워포인트와 엑셀을 완벽히 다루거나, 기획 입안이나 분석이 뛰어나거나 마케팅이 특기라는 등 이른바 '지적인 작업'에 특화된 인재가 있는 곳, 혹은 경영 계획의 정리와 같은 경영진의 다양한 이벤트의 사무국 역할 등을 담당한다는 이미지를 떠올린다.

하지만 참모의 우선 요건은 경영자와 마찬가지로 경영자 관점을 지니는 것이다. 이는 사내 각 부문의 주장에 사로잡히지 않고 어디까지나 회사 전체의 시점에서 공정하게 생각할 수 있는 사고 습관을 갖췄는지에 관한 것이다.

그것을 기본으로 경영자의 의사 결정의 정밀도를 높일 것뿐만이 아니라 사내의 특정 부문이 대응할 수 없는 전사 시점의 과제에는 필요에 따라 스스로 그 임무도 맡는다.

세간의 '참모'론에는 문제 해결 능력을 통해 경영에 공헌하는 능력이 주목받는 일이 많다.

하지만 조직 내의 효과적인 커뮤니케이션이 요구되는 '화합'을 전제로 조직을 움직이는 일본 기업에서는 '참모'의 역할은 책상 위에서 숫자를 분석하거나 기획을 입안하여 경영자에게 보고하는 것만으로는 충분하지 않다.

그 때문에 단순히 비즈니스 스쿨을 나왔다거나 경영학을 전공했다는 것만으로 참모로서 일부 역할은 감당하더라도 전체적으로 기업을 이끄는 임무에는 이르지 못한다.

스태프와 참모 기능 중에서도 리더 격인 인재는 경영 관점에서 매사를 파악하고, 경영자의 판단 업무에까지 그 일부를 분업하여 정밀도를 높이는 지원자 역할을 담당한다.

사업을 본질적으로 이해하고 있으며, 사내에서도 인정받고, 나아가 필요에 따라 전사적인 프로젝트를 이끌어 가는 통솔력도 요구받는다.

물론 경영자 측근의 업무로서 다양한 경영 수치를 '가시화'하고 경영 판단의 정밀도를 높이는 중요한 역할도 한다.

특히, 이 스태프와 참모 기능이 필요로 인해 신설될 때, 혹은 기업이 침체 상태에 있을 때는 판단에 필요한 많은 경영 수치가 충분히는 보이지 않는 법이다. 그런 국면에 있을 때는 사업 실태의 '가시화'가 필요하다.

이처럼 참모는 경영자와 같은 관점을 가진 간부 레벨, 혹은 간부 후보인 인재와 '가시화'를 추진하는 분석 작업 등에도 뛰어난 스태프 멤버로 구성하는 것이 이상적이다.

하지만 그런 그들이라고 하더라도 수치 데이터를 취급하는 것만이 아니라 직접 현장으로 발을 옮겨 정보를 수집하고 스스로 가설을 입안하여 검증해야 한다.

당연하지만 현장과의 접점이 많아지므로, 거기에서 쌍방이 긍정적인 논의를 할 수 있는, 즉 의의가 있는 커뮤니케이션을 할 수 있는 능력인 EQ(Emotional Inteligence Quotient, 감정지수, 마음의 지능지수라고도 한다) 능력을 갖추는 것이 필수다.

> ❷ POINT
> 참모 역할은 분석력과 문제 해결 능력이 뛰어난 것만으로 수행할 수 있는 것이 아니다. 경영자와 같은 관점, 같은 가치관을 갖춘 후 보다 현장에 가까운 위치에서 사업을 파악하고 판단하고 움직여야 한다.

Part 4

지금 직면한 문제의 해결법은
이미 세상 어딘가에 존재한다

기업은 그 발전의 각 스테이지에서 필요한 경영 노하우를 습득하고 사업 운영 능력을 키워나간다. 예를 들어 도요타의 경우 시장이나 현장을 곁에서 살펴보면 조직의 위에서 아래까지 '우직하게' 계속하여 PDCA를 돌리는 기업 문화를 지니고 있다.

도요타의 직원과 이야기를 나누다가 재미있다고 느끼는 점은, 본인들은 진지하게 "우직한 게 아니다. 크리에이티브하게 하고 있다"라고 말한다는 점이다. 하지만 옆에서 바라보기에는 역시 다른 어디보다도 '우직하게' 매사를 대처하고 있다. 이것은 자신들의 의식이 개선해야 하는 점 쪽으로 자연적으로 향하고 있다는 것을 상징하는 발언이라고 할 수 있으리라.

이처럼 이미 문화가 되어 뿌리내렸다는 것이 반드시 사외 사람에게 알기 쉽게 언어화되어 있는 것은 아니라는 점은, 기업 연구를 할 때 꽤 중요한 시점이라 할 것이다.

도요타는 제조 분야에서 코스트, 품질, 딜리버리(납기)를 개선하여 자사업의 운영 시스템을 철저하게 강화해 나가는 PDCA의 A(Action)를 지속하고 있으며, 그를 통해 중간 재고를 극단적으로 줄이며 시장의 요구와 변동에도 유연하게 대응할 수 있는 체제를 갖추고, 그것을 더욱 갈고 닦으며 나아가고 있다.

도요타는 자사에서 다양한 사업에 필요한 방법론을 독자적으로 개발하여 실천하고 있지만 다른 많은 기업은 이와 같은 절대적인 우위성을 쌓는 레벨에까지는 이르지 못했다. 앞서 말한 일본 리테일링 센터의 고아쓰미 슌이치 선생은 '인류의 경험칙에서 배운다'라는 표현을 자주 사용하고는 했다.

지금 많은 기업이 직면한 과제는 기업이라는 것이 이 세상에 등장한 이래 살아남아 온 발전 과정에서 벽에 부딪혀 무언가의 해결책을 찾아서 극복해 온 것이 대부분이다.

즉, 지금 여러분의 회사를 포함하여 모든 기업이 품고 있는 문제의 해결책은 틀림없이 이미 이 세상에 존재하고 있다는 말이다.

맥킨지 출신자에게는 1년 이상 몸담은 자를 대상으로 한 알럼나이(Alumni, 동문) 네트워크가 있으며, 거기에서는 다양한 양질의 정보가 오간다.

동일본대지진, 그리고 원전 사고가 일어난 것은 2011년 3월 11일의 금요일이었다.

그 이틀 후 13일의 일요일 아침에는 이미 MIT(매사추세츠 공과 대학)의 교수가 쓴 A4 여러 장분의 리포트가 일본어로 번역되어 알럼나이 네트워크에 퍼졌다.

거기에는 사고의 상세한 해설에 이어 '체르노빌 때와 같은 대재해가 될 가능성은 없다. 다만 이후 긴 시간에 걸쳐 대량의 오염수 문제가 고민거리가 될 것이다'라고 결론지어져 있었다.

당시에는 도대체 어떻게 될 것인지, 특히 동일본에 사는 일본 국민이 모두 불안으로 가득한 채 보도되는 정보를 잡아먹듯 바라보았지만 이 리포트를 나중이 되어 다시 읽어보니 벌어진 사실에 대한 해설과 그 후의 전망이 모두 적확하게 그려져 있었다.

당시에도 행정 기관은 질 좋은 정보를 파악하고 있었다고 상정할 수 있다.

다만, 당시의 정권 책임자들이 올바르고 적확한 정보를 바탕으로 의사 결정을 한 건지 아닌지는 우리로서는 알 수 없다. 본래 국가의 의사 결정의 정밀도를 높이기 위해 기능해야 하는 참모 역할인 각 관청과 정권과의 관계, 즉 '신경 계통'이 적절하게 기능했다고는 말하기 어려울지 모른다.

• 질 좋은 '인류의 경험칙'을 끌어모을 수 있는 양질의 정보 경로와 인맥

- 얻은 단서나 아이디어가 진짜로 적절한지 어떤지를 확인할 수 있는 자신의 사업관과 감성, 논리적 사고
- 자신이 판별한 '인류의 경험칙'을 조직에 납득시키고 움직이게 한 후 상황을 보며 조정하는 힘

참모는 자고로 이것들을 스스로 개척, 강화해 나가야 한다.

⊘ POINT

'인류의 경험칙'을 사내외에서 구한다. 신뢰할 수 있는 네트워크 만들기를 항상 의식한다.

Part 5

항상 양질의 어드바이저,
멘토를 얻을 수 있는 '나'를 목표로 한다

미지의 과제에 대처할 때, 자기 생각 안에서는 막다른 골목을 느끼고 다른 어딘가에서 돌파구를 찾게 되는 국면이 있다.

또한, 일반적인 일을 한다고 해도 문장 쓰는 법이나 도표를 그리는 법부터 시작해, 일을 진행하는 법, 신규 프로젝트 설계 방법, 과제를 뽑는 법까지 다양한 부분에서 '어떻게 하면 좋을까'하며 혼란에 빠지는 일이 많다.

이 경우, 단순히 지식 차원의 이야기라면 인터넷에서 조사하여 해결하기도 하고, 편한 사람에게 물어서 문제를 해결하면 그만이다.

하지만 지금 직면한 과제의 방향성이 보이지 않을 때, 자신이 구하는 정보나 아이디어를 얻기 위해서는 우선 **'곤란할 때는 누군가에게 물어**

라. 다만 적절한 사람에게 물어라'가 일의 철칙이다.

일에 한정하지 않고 사소한 고민거리가 있을 때는 무심결에 가까운 곳에 있는 편한 사람에게 묻고 싶어지는 법이지만, 본질적인 해결이 요구될 때의 철칙은 다음과 같다.

'편한 사람이 아니라 (가령 무섭더라도) 물어야만 하는 사람에게 물어라'

나아가 '인류의 경험칙'을 구할 때는 더욱더 이 원칙을 따라야만 한다.

문제의 구조를 파악하지 못하는 사람, 앞을 내다보지 못하는 사람, 실은 알지 못하면서도 그럴싸한 이야기를 하는 사람, 혹은 일견 그렇게 보이지 않더라도 현실에서는 사고 정지를 일으키고 있는 사람도 있다.

특히, 참모라는 포지션에 있는 사람이나 참모를 목표로 하는 사람에게는 양질의 정보를 확보하는 것은 필수적이며, 그것이 자신이 사내에서 발휘할 수 있는 가치를 높이는 것으로도 이어진다.

사내의 인물이라면 이야기를 들으러 가는 것은 그리 어렵지 않지만, 사외의 경우 강연 장소 등에서 인사를 나누고 질문하는 것에서 시작하거나 혹은 누군가로부터 소개를 받거나 본인에게 직접 약속을 잡아 만나러 감으로써 멘토나 어드바이저의 네트워크를 만드는 것이 첫걸음이다.

하지만 여기서 중요한 것은 처음 만났을 때, 다시 만날 가치가 있는 사람이라는 점을 상대에게 느끼게 하는 것이다.

우수한 경영자, 능력이 좋은 컨설턴트, 변호사 등의 '사'자 달린 직업, 그리고 상급 레벨의 비즈니스퍼슨 등 특정 레벨에 이른 사람 중에는 가령 까다롭게 보이더라도 대체로 사람에 대한 호기심도 강한 사람이 많다.

그리고 이런 사람들은 시간의 가치도 다른 사람보다 강하게 느낀다.

따라서 자신의 인생의 제한된 시간을 사용해 이야기할 가치가 없다고 간주되면 두 번째 이후의 찬스는 없어지게 되며 네트워크로 이어지지 않는다.

여기에서 말하는 가치란 반드시 그들에게 있어서 비즈니스상의 이점만을 의미하지 않는다.

비즈니스 경험이 적은 사람들 중에서도 만나보면 흥미로운 사람이 있다.

그런 한편 행동력은 있지만 이야기하는 대상의 의미를 헤아려 판단하는 안테나나 회로가 움직이지 않는 사람도 있다.

이런 사람은 적어도 지금 시점에서는 다시 만날 가치가 없다고 판단하게 된다.

다만, 열심히 듣는 자세를 보이고 "지금 말씀은 즉 이런 것인가요?"라고 확인하며, 그것을 점점 정곡을 찌르는 이야기로 끌고 갈 수 있는 사람에게는, 이야기를 하는 측도 의의를 느끼고 때로는 새로운 것을 발견할 때도 있다.

즉, 겸허함과 안테나의 감도, 그리고 열심히 한 발씩이라도 앞으로 나가려고 하는 진지한 태도가 전해진다면 네트워크는 자연적으로 늘어나게 된다.

2016년에 일본에서 대히트한 영화 〈신 고질라〉 초반에 생물학의 권위자라고 불리는 학자를 모아 의견을 구하는 장면이 있다.

미지의 생물에 대한 대응이라는 문제 해결을 위해서는 아무런 가치도 없는 발언만을 하며 끝나는 회의의 모습이 어용학자의 '보신과 책임 회피 발언이 난무하는 우스운 장면'으로 그려지고 있다.

반드시 매스컴 등에서 이름을 떨치고 권위자처럼 여겨지는 사람이 좋은 견해를 낸다고는 할 수 없다.

그런가 하면 좋은 어드바이저가 될 사람을 언제 갑자기 만나게 될지도 알 수 없다.

언제나 이것에 관해 생각하며 진짜를 구별하는 안목을 키우는 연습을 해야 한다.

그리고 말할 필요도 없이 인간의 기량을 넓히기 위해서는 일상 업무의 자신의 토양 위에서 언제나 자기 자신을 갈고닦는 노력이 필요하다.

그렇게 노력하면서 진지하게 '파이팅 자세를 취하고 있는' 한, 가령 여러분에게 미숙한 부분이 있더라도 당신의 마음은 어느 정도 상대에게 전해질 것이며, 인맥의 폭이 자연히 넓어지게 될 것이다.

'굳게 먹은 마음은 바위도 뚫는다'

개인적으로 좋아하는 말이다. 누구든 처음에는 초보다.

겸허하고 진지하게 마주한다면 감각의 유무나 배움의 속도 차이는 있더라도 확실히 힘은 쌓여 나간다.

◉ POINT

곤란할 때는 편한 사람이 아니라 허들이 높더라도 가장 적절한 답을 줄 만한 사람에게 묻는다. 그리고 그런 뛰어난 사람들이 상대해 줄 만한 '자신'을 만들고자 노력한다.

'겸허'하게 자신의 잘못을 인정하고, 재빨리 다음 액션으로 이어가는 습관을 강하게 의식한다

동서고금을 막론하고 '공부를 잘하는 사람'이면서 '자존심이 센 사람'은 자신의 잘못을 인정하고 싶어 하지 않는 경향이 있다. 입학 성적이 높은 학교를 나온 고학력의 인재가 조직에 들어가면 엘리트 취급을 받으며 본부 조직에 배속될 때가 많다. 다만 이 조직 배속법에는 다른 전제에서 기인하는 약간의 '생각 차이'가 있다.

미국 기업의 경우라면 기업의 전략 담당이 클라이언트, 즉 고객으로 섬기는 상대는 경영자다. 경영자가 자신의 의지하에 '사용하고', '생각하게 하고', '움직이는' 조직이자 그와 같은 지시형 조직 운영의 전제가 되는 것이 전략 스태프다. 경영자가 만족하는 기획이나 전략을 짜내는 뛰어난 대응력, 분석력, 문제 해결 능력이 전략 담당에게 요구되며, 그것을 경영자 직속이라는 환경하에서 갈고닦게 된다.

하지만 일본 기업에서는 컨설팅 회사 등으로부터 제안을 받아 사내에 전략 담당을 배치하더라도 전략 담당을 그런 식으로 취급하는 경영자는 현실에 거의 존재하지 않는다.

미국 기업에서 경영자 측근의 전략 담당은 외부 스태프를 포함하여 큰 플랜을 경영자와 함께 짜내며, 경영자에 꽤 가까운 위치에서 본인 일 이라는 감각으로 사업에 관한 PDCA를 돌려 나간다.

하지만 자신의 강한 주도권을 발휘하는 일이 적은 일본 기업에서 경 영자 밑의 전략 담당은 경영자의 권위하에 있기는 하지만, 대처 방법에 따라서는 책임을 지는 일 없이 지낼 수 있는 그저 평온한 포지션이 되어 버린다.

'**관료의 무류성**'이라는 말이 있다. 이것은 '관료는 (애초에 뛰어나기에) 잘못을 범하지 않는다(라고 자신을 정당화하는 경향이 있다)'라는 의미다. PDCA의 P, 즉 기획한 것이 제대로 풀리면 좋은 일이지만 일반적으로는 아이디어가 획기적이면 획기적일수록, 혹은 경험이 없는 것에 대처하 는 경우는 필연적으로 예측이 틀리는 부분도 늘어난다. 또한 방향 설정 과 조정이 필수가 된다.

하지만 가령 행정부의 정책을 돌아보면 '실패였다'라고 평가가 내려 진 것은 눈을 씻고 찾아봐도 찾을 수 없다. 인류의 역사를 봐도 대국이 멸망의 길을 달릴 때 공통되는 점은, 시책의 잘못을 인정하지 않고 현장 이나 시장의 실태와는 괴리된 채로 올바른 판단이 이루어지지 않는 상태다.

스태프의 기능에는 경영 관리처럼 경영자에 대해 서비스를 제공하는 경영자 대상의 스태프와 영업 기획처럼 크리에이티브 기능도 포함한 사업 계통에 대한 서비스를 제공하는 라인 대상의 스태프가 있다.

앞서 말한 것처럼 전략 담당의 참모 기능의 경우, 본래 그 클라이언트(가치를 제공하는 대상)는 경영자다. 하지만 일본 조직의 경영자 중 대부분은 본래 지시형으로 지시를 내리고 조직을 움직이기 위해 만들어진 전략 담당이라는 포지션을 '최대한 이용'하는 것이 아니라, 좋든 나쁘든 '화합'을 의식하여 조직을 운영한다. 이 예외가 되는 것은 독자의 사업관을 스스로 그리고 있는 창업자 등의 원맨 경영자 정도일 것이다.

그러한 조직 문화 속에서 '나는 머리를 쓰는 사람, 당신들은 몸을 쓰는 사람'이라는 위치에 놓인 전략 담당은, 때때로 경영자의 권위 아래에서 '실질적인 권한은 나에게, 다만 (제대로 풀리지 않았을 때의) 책임은 경영자(의 승인 사항이니까 제대로 풀리지 않았을 때는 모르는 척)'에게 전가하며, 결과적으로 '지혜가 있는 자의 소심함'을 드러내게 된다.

이리하여 '과감하고 실천적이자 적극적인 플래닝'을 해야 한다는 본래 요구되는 사명과는 동떨어진 채 '좋은 평가를 받지 못하는 엘리트 취급'을 받으며 정년까지 버틴다.

한편, 실제로 비즈니스의 본질을 추구하는 문화를 지닌 기업에 눈을 돌려 보면 아래 두 개를 가장 중요하게 여기며, 여기에서 퍼포먼스를 최대한 발휘하는 것을 가장 우선시한다.

- 창조한 가치를 제공하는 대상인 시장이 바라는 것
- 가치의 원천을 만들어내는 현장의 힘

예를 들어 자동차나 가전제품 등의 제조 회사는, 신규 채용한 직원이 대학원을 졸업했다고 하더라도 기본적으로 모두 현장의 작업원으로서 연수를 특정 기간 경험하게 한다.

또한 전철 계통의 기업도 그 후의 정규 배속처가 어디이건 간에 모두가 역의 플랫폼에 서서 직접 업무를 보는 것에서부터 커리어를 시작하는 문화가 남아 있다.

모든 것은 시장을 출발점으로 삼으며, 가치를 빚어내는 현장을 가장 중요시한다

PDCA에서 기획(P)의 예측 실패에 관해서는 책임을 추궁하는 것만이 목적인 '야만적'인 C, 혹은 숫자를 결과가 아니라 목적으로 삼아 버리는 뒤틀어진 C가 아니라, 어디에서 예측이 틀렸는지에 대해 명확히 하기 위한 겸허한 태도가 필요하다.

만약 기획(P)의 예측 실패에 따라 상정한 결과가 나오지 않았을 때, C를 시행하기 전에 우선 책임을 추궁하게 된다면 어떻게 될까? 평가를 낮추는 것만을 선행하고 일어설 기회가 사라져 버리는 기업이라면, '사람은 실패에서만 배울 수 있다'는 전제하에서 PDCA의 본래 목적인 학습이 기능하지 않게 된다.

참고로 잭 웰치 시대부터 GE에는 '실패는 두 번까지'라는 규칙이 있었다고 한다. 극단적으로 말하자면, 그저 떨어뜨리는 것만을 목적으로 사람을 평가하는 기업에 미래 따위는 없다. 짧은 인생의 귀중한 시간을 사용해 일하는 것으로 이에 관해 잘 생각해 보았으면 한다.

◉POINT ···

예측 실패는 전혀 부끄러운 것이 아니다. 예측이 틀렸다는 점을 깨달았다면, 어디에 문제가 있었는지를 곧장 특정하여 대응한다. 모두가 이것을 할 수 있는 기업 문화를 만드는 것도 참모가 삼아야 하는 목표 중 하나다.

Part 7

조직도의 트리를 건너뛰는 일을
주저하지 마라

과거 SBI 사장인 기타오 요시타카(北尾吉孝) 씨가 매스컴에서 다음과 같은 질문을 받은 적이 있다.

"기타오 씨는 만약 글러 먹은 상사 밑에 배속된다면 어떻게 하시겠습니까?"

기타오 씨는 이렇게 답했다.

"답은 정해져 있습니다. 그 상사를 건너 뛰고 사장에게 말을 하러 갈 겁니다. 그래도 이야기가 통하지 않으면요? 그런 회사에는 남아 있을 이유가 없지요."

'자신감'으로 가득 찬 명료한 답변이었다.

회사에서 근무하다 보면 때로는 질이 좋지 않은 상사 밑에서 일을 하게 될 때도 있을 것이다. 그저 다정한 상사가 좋은 상사는 아니다. 특히 젊은 시절에는 어떤 상사가 진짜 좋은 상사인지 스스로 판단하기란 쉽지 않다.

하지만 급성장으로 커진 회사에는 그 기세에 올라타 잘나가게 된 매니저, 혹은 성장이 멈춰 있음에도 그저 그런 사람들 사이에서 아주 약간 뛰어날 뿐인, 명백하게 물음표가 따라붙는 매니저도 있다.

- **자존심이나 자아만 강하고 상식이 전혀 통하지 않는다**
- **합리적인 의견을 이해하려는 생각이 없다**
- **자기 자리 지키기에만 급급하다**

우리는 모두, 자신의 인생이라는 제한된 시간을 사용하여 세상이나 회사에 가치를 제공하는 일을 하고 있다. 거기에서 의의를 느끼지 못하거나 혹은 '이치'에 맞지 않아 스트레스를 느끼는 상태에 자신의 몸을 놓아두는 것은, 단기간이라면 몰라도 장기에 걸쳐서는 옳지 않으리라.

때로는 자신의 보신만을 중요시하는 상사가 윗자리로 올 때도 있을 것이다. 그 자리에 있음으로써 자신의 약점을 극복하는 경험을 쌓을 수 있는 등의 의미가 있다면 아직 의의는 있다.

하지만 그렇게라도 생각하기 어려운 상황이라면, 기업에 있어서 가장 중요한 '조직 개발'이 기능하지 않는다는 말이 된다.

애초에 현 상황의 조직도가 적절하다는 보증은 어디에도 없다.

조직도는 책임 범위의 상하 관계를 그린 서식이지만 그 조직 구조가 '이치'에 맞는지, 나아가 그 포지션에 배치된 매니저가 그 임무에 제격인지 아닌지는 보증해주지 않는다.

조직은 시스템 중 하나지만 시스템이란 때때로 불완전하며, 따라서 지속적으로 개선이 필요한 대상이다.

참모를 목표로 하거나 참모 임무를 맡는 한, 그 관점은 조직의 총책임자인 경영자와 동일해야 한다. 불합리한 일이 벌어지고 이에 대한 대처가 필요한 상태라면, 조직도에 사로잡혀 있을 필요가 없다.

애초에 '참모부'라는 부서가 그려진 조직도는 한 번도 본 적이 없다.

그렇다. 참모는 일반적으로는 조직도에 나타나지 않는 비공식적인 역할인 것이다. 비공식적이기 때문에 자기 자신의 주도적인 움직임이 중요하며, 경영자와 조직에 인정받을 수만 있다면 뭐든지 가능하다고 생각해야 한다.

기타오 씨처럼 자기에 대한 '자신감'이 있다면 그 위에 직접 보고하는 방법도 있을 것이다.

하지만 이런 말을 듣고 '그렇다면 나도' 하고 행동으로 옮길 수 있는가?

대부분 '말하는 건 쉽지만, 현실에서는…….' 하고 생각할 터이다.

물론, 이것을 행동으로 옮기기 위해서는 여러분 자신도 철저하게 이론으로 무장해야만 한다.

또한 이 내용을 읽은 인사부 직원은 '쓸데없는 말은 하지 말아 주세요. 모두가 그런 이야기를 하러 찾아오면 힘들어져요'라고 생각할 것이다.

하지만 걱정할 필요 없다. 아무리 하라고 해도 대부분은 움직이지 않기 때문이다.

이것을 읽고 행동으로 옮기는 사람은 상당히 경박한 사람이거나 진짜로 자신의 경력을 진지하게 생각하는 행동력을 지닌 인재 둘 중 하나다.

이 두 유형은 자신이 지내기 불편하고 미래가 내다보이지 않는다고 생각하면 이 책을 읽든 읽지 않든 언젠가 회사를 나가게 된다.

세상에서 두각을 나타내며 활약하는 사람은 대부분 어린 시절부터 무슨 일이든 열심히 노력하는 성실함을 갖추고 있다. 동시에, 한편으로는 옆에서 보기에는 유달리 경박해 보일 정도로 행동력이 있다. 무서운 것이 없는 사람처럼 보이며, 그리고 누구보다도 진지하게 생각한 후에 과감한 행동을 할 수 있는 사람이다.

만약 자기 자신을 유효하게 이용하는 방법을 인사 책임자에게 논리정연하게 설명하러 가는 담력과 프레젠테이션 능력을 갖춘 인재가 회사에 많이 있다면, 그 회사는 장래가 유망하다고 볼 수 있으리라.

⁝ 제대로 된 성과를 얻기 위해서는 그러기 위한 절차가 필요

수많은 회사에서 최근 들어 '건강 경영'이라는 말이 들려오고, 종업원의 정신 건강 확인도 의무화되었다.

하지만 중간관리층의 정신 건강 문제의 원인 중 많은 수는 조직도의 위쪽인 경영층이 요구하는 근거와 절차가 없는 수치 목표, KPI(Key Performance Indicator) 달성에 대한 무리한 강요, 문제 해결을 위한 지도의 부재, 이른바 경영층에 의한 '통으로 던지기'가 현장의 실정과 모순을 일으키기에 발생한다.

사업 활동에서 제대로 된 성과를 얻기 위해서는 그러기 위한 절차를 세우는 것이 필수다. 대체로 현 사업이 안정 성장의 궤도에 들어가기까지 어느 정도의 시간이 걸리는지를 돌아보면, 제대로 된 대처법이 하룻밤 만에 나오지 않는다는 것은 명백하다.

만약 그것이 가능하다면 단순히 전임자가 커다란 기회를 놓치고 있었다는 말이 될 뿐이다.

그렇게 필요한 절차를 세우지도 않고 성과만을 내라는 것은 무모한 이야기다.

기업 활동, 즉 조직 운영을 건전하게 만드는 것도 '참모'의 역할이다.

만약 중간관리층의 '정신 건강'에 과제가 있다는 '깨달음'이 있었다면, 그 중간관리층의 상사의 문제라기보다는 조직 운영의 시스템을 과제로 삼고 액션으로 이어가야 할 것이다.

'이 녀석이 말하는 것은 이치에도 맞고, 틀을 뛰어넘는 것도 꺼리지 않는다'라고 생각되면 남의 눈에 띄게 되고, 동시에 좋은 의미로 경계당하게 된다.

'이 녀석의 이야기는 들어두어야만 한다(무시하면 나중에 꺼림칙한 일이

벌어질지도 모른다)'

그렇다. 제대로 대우해야 한다고 생각하게 만드는 인재가 된다는 것은 이런 것이다.

만약 바로 위 상사나 더욱 위 상사와 이야기를 해 봐도 이야기가 정곡을 찌르지 못한다는 생각이 들 때는 어떻게 해야 할까?

'이치'에 맞게 움직이지 않는 상사 밑에서 일을 계속하는 것은 좋지 않은 스트레스가 쌓이는 일이고, 건강 면에서도 무척 해롭다.

참모 포지션에 있는 사람이라면 그것을 시정하기 위한 '행동'에 나서야 한다.

참모가 아니라고 해도 과감하게 더욱 위쪽의 상사에게 말을 걸어 보는 등 개선을 향한 행동에 나서야 한다. 거기까지 해보고도 해결되지 않는다면 자기 자신을 활용할 다른 길을 생각하는 것도 방법이 될 것이다.

인생에는 여러분을 두근거리게 하는 선택지가 아직 많이 남아 있음이 분명하니까.

✔ POINT

참모는 전사의 조직 운영의 건전화라는 시점에서, 조직이라는 틀에 사로잡히지 말고 인사 제도나 매니저의 경영 문제도 과제로써 받아들인다.

'이치'에 맞는 경영을 실현하기 위해서는 '이치'에 맞는 논의가 이루어지는 토양부터 만들어야 한다

미국에서는 상장 기업의 경우 사업을 발전시키지 못하고 수익 증대를 실현하지 못하는 CEO는 가령 그것이 위대한 '성공한 창업자'라고 하더라도 주주의 대표로 구성된 이사회에서 교체 요구를 받는다.

과거 미국 어패럴 업계에서도 세계 최대의 어패럴 체인인 더 리미티드(The Limited)를 만든 레슬리 웩스너(Leslie Wexner) 회장, 고객 만족도가 높은 접객형 남성형 의류 업태의 체인점 멘스웨어하우스(Men's Wearhouse)를 만든 조지 짐머(George Zimmer) 회장 등도 주식 시장에서 퇴임을 요구받고 물러났다.

사업을 마음속 깊이 사랑하는 창업자가 해임된 후 어떻게 그 사업을 발전시켜 나갈 수 있을까. 미국의 상장 기업의 경우는 다음 사업 책임자를 선정하는 주주의 대표인 이사회의 '사람을 보는 힘'에 의존하게 된다.

일단 주식 시장에 상장한 후에는 고배당과 주가의 상승을 요구하는 주주의 존재가 전제되는 미국 같은 경영 환경은, 그런 방식에 대한 논의가 분분하다.

이사회에서 지명된 CEO는 가능한 한 단기간에 사업을 성장 궤도에 올리고, 수익을 늘리고자 자신이 집행하기 쉬운 체제를 만들고 강력한 리더십을 발휘한다.

하지만 일본 기업에서는 창업자에게 자주 보이는 원맨 유형을 제외하면 지시형의 리더십을 발휘하는 경영자는 희귀한 존재다.

애초에 일본에서는 고도성장기부터 지금에 이르기까지, 사내에서 계속 자라온 인재가 사장으로 승격해 나가는 인사가 주류이기 때문에 미국 같은 프로페셔널한 경영자가 능력을 갈고닦으며 자라는 토양은 만들어져 있지 않다.

물론 예외는 있지만, 지금 일본에서 헤드헌터로부터 사장 자리에 대한 오퍼 이야기가 나오는 것은 사업의 건전한 성장성보다도 당면의 숫자를 높이는 것만을 최우선으로 요구하는 외국계 기업, 혹은 자신의 의지에 따라 사용할 수 있는 인재인지 아닌지로 판단하는 창업가 오너 등의 원맨 경영자 밑에 있는 이름뿐인 고용 사장 격의 포지션이 많은 것이 현실이다.

프로페셔널 경영자라고 부를 수 있는 능력을 갖춘 경영자는 현실에는 많지 많다

특히 외국계 기업의 경영자 중에는 매스컴 등을 통해 그 존재가 눈에 띈다고 하더라도, 자신이 높은 평가를 받기 위해 기묘한 대책을 전개하거나 수단을 가리지 않고 당기의 숫자 만들기에 대한 아이디어나 기술에 특화되어 있으며, 그런 능력만을 갈고닦은 사람도 없지 않다.

매스컴에도 때때로 등장하는 어느 외국계 기업의 일본인 경영자는 분명 행동력 있는 사람이었다. 개인적인 호불호에 크게 좌우되는 미국 본사의 관리하에서 그는 우선 본국에서 좋아할 만한 퍼포먼스를 철저히 선보인 후에 매년 새로운 테마를 여러 개 내세우며 행동에 나섰다.

당연히 제대로 풀리지 않는 테마도 있다. 그럴 때는 해당 프로젝트의 책임자가 능력이 부족했다고 본국에 보고한 후 그 책임자를 강등이나 좌천의 대상으로 삼고 마무리 짓는다.

테마는 여러 개이므로, 그중 몇 개인가는 성공하고 개화하여 PL 상의 수치는 채울 수 있기에, 결과적으로 본국에서 그에 대한 평가는 높아진다.

요컨대 그는 자신을 중심으로 한 포트폴리오형 프로젝트 관리를 행한 것이다.

프로젝트가 제대로 풀리지 않아 희생양이 된 책임자로서는 참기 어려운 일이지만, 사업체를 그저 돈벌이의 수단으로 생각하고 '인치'형 경영을 중심으로 하는 그야말로 미국식 경영하에 벌어질 법한 일 중 하나다.

특히 본국에 있는 본사와의 물리적인 거리가 있는 경우는 이와 비슷한 일이 벌어지기 쉽다.

참고로 일본 기업에서도 해외의 자회사에 대해서는 자칫 숫자만을 보는 경향이 강해지기 쉽기에 이런 유의 난폭한 경영이 벌어지는 일도 있다.

이렇게 일본의 경영 인재 시장의 실태를 살펴보다 보면 사업을 건전화시켜서 성장 궤도에 올릴 수 있는 제대로 된 경영 수완을 갈고닦은, 명실공히 프로페셔널 경영자라 부를 수 있는 인재는 현실에는 그다지 많지 않은 듯 보인다.

⸭ 일본의 경영자는 리더십이 부족하다?

한편, 많은 일본 기업의 경영자는 좋든 나쁘든 '화합을 중시한다'라는 기본을 지키며, 합의를 바탕으로 의사를 결정하고 사업을 운행한다.

종종 '일본 기업의 경영자는 화합만을 의식하며, 리더십이 부족하다'고 말하는 사람이 있다.

과거, 브리태니커 대백과사전의 초대 편집장이자 역대 총리의 외교 고문을 역임해 온 가세 히데아키(加瀬英明) 씨로부터, 일본에는 예부터 영어의 '리더십'에 상응하는 개념이 존재하지 않으며, 조직 운영의 전제에는 '화합'이 있다고 들은 적이 있다.

지시형의 경영 스타일이 일반적이지 않은 일본 기업에서는, 시책에 '이치'가 통하는 상태를 만들고 사내의 방향성을 정리하는 단계가 무척 중요하다.

앞에서 말한 쇼토쿠 태자의 '17개조 헌법' 안에도 논의의 중요성이 특별히 강조되어 있다.

그럼에도 개혁을 진행하려고 할 때, 그것을 부정하는 상층부의 간부가 반드시 나타나는 법이다.

그 의견은 많은 경우 '경영자가 이리저리 휘두르니까', 혹은 '인건비만 잔뜩 드니까'라며 자신에게는 잘못이 없다는 이유를 방패로 내세워 '애초에 지금 해야 할 것을 다 하지 못하고 있다. 우선 그것을 해보는 게 어떤가'라는 취지의 이야기가 된다.

하지만 겉으로는 그 아무리 '이치'에 맞는 것처럼 들리더라도 그 동기는 아래와 같이, 단순히 변화 그 자체에 대한 불안에서 발단한 경우가 대다수다.

'지금 자신이 하는 일의 방식을 바꾸고 싶지 않다'

'그런 개혁을 하게 된다면 자신이 해야 할 일을 하지 않았다는 것이 증명되는 것과 마찬가지다'

'지금 가지고 있는 다양한 기득권을 잃게 되지는 않을까?'

실은 이런 사람들에게 있어 경영자나 경영층, 혹은 인사부는 흥정의 대상은 되더라도 신용할 수 있는 대상은 되지 않는다.

따라서 개혁이 일어나면 자신의 자리를 보전할 수 없을지도 모른다고 생각하고, 자기 자리 지키기에 급급한 것이다.

그런 상태에서 시작되는 개혁은, 특히 일본 기업의 경우는 우선 '이치'를 바탕으로 기업에 개혁이 필요하다는 점을 설명하는 것에서부터 시작하게 된다.

주변에 대한 존중이 중요하다

새로운 플랜을 전개할 때는 현장에 정통하며 업의 본질을 간파하는 힘이 있는 사람과의 논의에서 시작하는 것이 하나의 진행 방법이다.

커다란 개혁이라면 분과회 등의 토의를 거치는 등 스텝을 밟아서 사고방식과 구체적인 시책의 정밀도를 높이면서 침투를 도모하고, 단계적으로 '여론'을 형성해 나가는 것도 중요한 절차다.

예를 들어 일반적으로 일본에서는 적대적인 기업 매수는 그다지 행해지지 않는다. 매수 후에 제대로 기능하지 않게 되기 때문이라는 이유에서다.

지금의 많은 일본 기업에서 개혁을 도모할 때나 그 관리에 있어서는 미국식의 상명 하달, 이른바 일방적인 톱다운 방식으로는 조용하지만 무거워서 움직이지 않는 저항이 일어나기 쉽다는 점을 염두에 두어야 한다.

또한, 특히 경영자 주변에서 자주 보이는, 지금 자신의 지위 보전을 우선시하는 기득권층을 대처할 때는 주의가 필요하다.

무엇보다도 앞서 경영자에게 그런 저항이 일어나게 될 것이라는 점을 이해시킬 필요가 있다.

어느 쪽이든, 어떤 진행 방법을 택한다고 해도 중요한 것은 사람에 대한 '존중'이다.

많은 사람이 지금까지 회사에 공헌해 준 것은 틀림없는 사실이고, 지금도 많은 노력을 해주고 있다는 점도 분명하다.

다만 회사의 방향성을 재검토하고 바꾸지 않으면 안 되는 상황에 처한 경우, 즉 개혁이 필요한 국면에 들어선 경우에는 그 필연성을, 현 상황을 긍정적으로 생각하는 이들에게도 우선 진지하게 설명해야 한다.

이것은 설득해야 한다기보다는 납득시킬 수 있는지에 관한 이야기다.

히토쓰바시 대학의 구스노키 겐(楠木健) 선생이 『스토리 경영』이라는 책을 쓰며 비즈니스 서적으로서는 이례적인 베스트셀러가 됐다.

사업 전략은 정적인 논리의 축적이 아니다. 그 사업 경영자가 해당 성공의 이미지를 가질 수 있는지, 그리고 그것을 조직에 뜨겁게 호소할 수 있는지에 달려 있다.

구스노키 선생은 이것을 '스토리'라고 표현했는데, 그것에 많은 비즈니스퍼슨이 공감했다.

사장은 장래 기업이 어떤 모습이 될 것인지에 대해 떠올릴 수 있어야 하며, 개혁을 이룩했을 때의 상태를 머릿속에 그림으로써 우선 자기 자신이 납득할 필요가 있다.

자기 자신이 납득한 후에 스스로 열정을 가지고 말로써 조직 내에 전해야 한다. 그것을 떠받치는 것이 바로 '참모'의 역할이다.

경영자 주변의 경영 PDCA가 건전하게 기능하고, 공정한 경영 판단이 이루어지는 상태를 만든다

하루하루의 일에 몰두하는 비즈니스퍼슨 중에는 강렬한 악당, 즉 '순수한 에고이스트'는 일반적으로는 그렇게 많지 않다. 윗선에서 제대로 관리하지 못해서 발생하는, 해봐야 자신의 보신을 위해 타인에게 책임을 전가하거나 자아(에고)가 강한 정도다.

다만 앞선 사례처럼 경영자가 '자신에게 충성을 다하기 때문에'라는 이유로 그 본심은 에고이즘만으로 움직이는 자를 측근 포지션에 배치한다. 그런 사람들이 하부 조직을 썩게 만드는 사례는 동서고금 통틀어 셀 수 없을 정도로 많다. 내가 관여해 온 기업에서도 자주 볼 수 있는 광경이었다.

- '자신은 경영자에게 신뢰받고 있으니까'라는 말을 내세우며, 사내에서의 자신의 존재감을 어필하는 예
- 자신이 실패했을 때 경영자에게 울며 다가가서 동정을 호소하거나, 혹은 실패 책임을 부하 직원에게 떠넘기고 자신은 반성하지 않는 예

결국에는 회사의 돈으로 먹고 마시며, 거래할 때 자신의 개인 회사를 경유시켜서 이익을 남기는 등 '들키지 않으면 된다. 자신은 경영자에게 총애를 받으며 특별 취급받고 있으니까'라고, 경영자의 측근이 활개 치며 사리사욕을 채우는 예도 있었다. 컴플라이언스가 크게 요구되는 요즘에도 이런 이야기는 자주 들려온다.

또한, 그렇게까지 노골적이진 않더라도 최고 권력자인 경영자의 측근이라는 위치를 보전하기 위해, 자신의 포지션에 도전장을 던지거나 자신을 대체할 만한 위협을 감춘 인재를 밀어내는 움직임을 취하는 간부는 질릴 정도로 많이 본다.

이런 인물이 있는 것은 경영자 자신이 정에 휘말린 탓에 사람의 '번뇌'를 묶어두지 않고 방치하여 결국 조직에 악영향을 끼친다는 사실에 대한 느슨한 인식이 원인이다.

여기에서는 이런 사태를 어떻게 예방하는지를 생각해 보고자 한다.

⫶ 경영자 주변의 다양한 의사 결정을 '가시화'한다

과거 '패션 센터 시마무라'가 200~300억 정도의 매출로 약진하던 무렵 당시의 고토(後藤) 전무를 만나 몇 번인가 이야기를 들었던 적이 있다.

그때 '현금을 취급하는 비즈니스이기도 하므로 중요한 사원이 잘못을 일으키지 않도록 만드는 시스템 투자에는 돈을 아끼지 않는다'라는 이야기가 있었다. 현금을 취급하는 비즈니스이므로 '가시화' 및 이상 수치를 쉽게 발견할 수 있도록 하는 연구를 통해 개개인의 '번뇌'가 고개를 들지 않도록 지혜를 쏟고 있다는 것이었다.

경영자의 주변에는 개인의 이익을 위해 이용할 수 있는 특권도 집중된다. 따라서 '시마무라'에서의 이야기와 마찬가지로 경영자 주변의 다양한 의사 결정은, 그것이 '이치'에 맞는지 '가시화'하는 것이 가장 중요하다. 물론 경영자의 측근에 가령 그 자리에 이르기까지 힘써 온 공로자라고 하더라도 에고이스트를 배치하는 것은 절대 금물이다.

더욱이 경영자 주변이나 측근의 기안과 판단에 관하여 PDCA의 P가 '이치'에 맞는 형태로, 제대로 '가시화'되는 상태로 만드는 것이 기본이다.

⊘POINT ··

사업 활동 중에는 개인의 욕망이 폭주하는 '번뇌'가 만연할 여지가 크다. '번뇌'가 고개를 들지 않도록 경영자 주변을 포함하여 다양한 의사 결정이나 움직임이 적절히 '가시화'되는 상태를 만든다.

Part 10

참모는 미움을 받는 사람이나
이기주의자는 도맡을 수 없다

사내의 흔히 말하는 '엘리트' 중에는 현장에서 '악취가 진동해서 참을 수 없다'는 말을 듣는 사람이 있다.

기업에 따라서는 고학벌 출신자는 '자네는 엘리트니까'라며 입사 단계부터 특별 취급하는 경우도 있지만 그런 동기 부여가 정말로 적절한지, 경영층이나 인사부가 그들에 대해 어떤 육성 플랜을 생각하고 있는지가 신경 쓰인다.

IQ가 높아 보이는 고학력자가 원맨 사장으로부터 중용되는 일도 자주 보인다. 하지만 능력을 충분히 갈고닦지 않은 인재가 등용되었다면 오래 지나지 않아 '가치 없음'이라는 판단을 받고 떨어져 나가는 것은 시간문제다.

다만, 그런 가운데서도 약간의 지혜를 갖춘 인재는 가령 오너 경영자의 개인 자산의 관리 역할 등 경영자 개인에게 필수적인 역할을 맡고 자신의 지위 보전을 하는 경우가 있다. 그들은 기업의 우선도가 높은 문제해결은 제쳐두고, 경영자 개인의 마음에 드는 것을 최우선으로 생각하며 행동한다. 경영자도 자신의 머릿속에 있는 문제를 편안히 상담할 수 있다는 이유로 인격적으로 다소 문제가 있더라도 못 본 척하며 계속 측근으로 남겨둔다. 이런 인물이 권력 구조의 중추에 있는 것은 건전하다고 할 수 없다.

본래 경영자의 스태프인 참모는 경영자 가까이에서 경영자 관점의 과제나 업무 일부를 담당해야 한다.

기업은 언제나 사내에 많은 과제를 품고 있으며, 그 기업이 건전하다면 각 부문의 책임자는 경영자와 상담하고 싶은 다양한 과제를 가지고 있는 것이 본래 모습이다.

⁞ 참모는 사내 '신뢰'가 가장 중요하다

말은 그렇게 하지만 모든 권한을 가지고 있는 사장이나 사업부장처럼 경영자에 가까운 상급자와 이야기를 하기에는 벽이 높다.

때로는 강경한 경영 판단을 내릴 수밖에 없는 경영자는, 고독한 면이 없지 않다.

그렇기에 사내의 주요 부서로부터 들어오는 의논에 응하는 역할은 넘버 투 위치에 있는 스태프나 참모가 담당하게 된다.

앞서 말했듯, 동서고금의 역사를 봐도 '정보는 넘버 투에게 모여든다'.

업무를 집행하는 측에서는 다음과 같은 고민거리를 안고 있을 때가
있다.

'경영자는 이 건을 어떻게 생각하고 있을까?'

'이 문제는 경영자가 이해해 주었으면 한다'

'경영 판단을 통해 이 건을 서둘러 손쓰지 않으면 조만간 큰일이 벌어
진다'

이와 같은 상담은 스태프와 참모 역할이 있어야만 비로소 현장으로부
터 생생하게 전해들을 수 있다.

이런 상태를 만들기 위해서라도 스태프와 참모는 사내에서 의논하기
쉬운, 즉 공정하고 전사적인 시점을 가진 인재이자 자기 자리 지키기에
만 급급하지 않고 나서야 할 곳에는 나서 주는 인재라고 인정받아야만
한다.

☑**POINT** ···

참모는 상하 쌍방향의 상담 상대이자 완충 기능도 하기에, 조직에서의 '신뢰'
가 가장 중요하다. 나아가 참모는 함부로 조직 안에 적을 만들어서는 안 된
다. 한편, 가령 적을 만든다 하더라도 뒤에는 제대로 된 생각을 품은 '침묵하
는 다수(Silent Majority)'가 있다는 사실을 잊어서는 안 된다.

전략이란 무엇인가

Part 1

'전략'도 C에서 시작하는
PDCA의 P

전략'이라는 말은 기업 내에서도 일반적으로 사용하는 말이 됐다.

매년 경영기획실 등의 주도로 정리하는 연도 방침을 본 연도의 '전략'
이라고 부르는 기업도 늘어났다.

이 일반적으로 '전략'이라고 불리는 것은 크게는 **전사 전략**'과 '**사업 전략**'으로 구분된다. 나아가 사업 전략은 **출점 전략, 제품 전략, 영업 전략**
등으로 세분화된다.

또한, 이 '전사 전략'은 '경영 전략'이라 불릴 때도 있으며, 복수 사업을
보유한 기업이라면 포트폴리오(다양한 투자 대상에 분산하여 자금을 투입
하여 운용하는 일)의 시점에서 바라보게 된다.

한편, 좁은 의미로 파악했을 때 '전략'은 현 상황을 타개하고 싶은, 혹

은 해외 시장에 대한 전개 등의 새로운 성장 커브를 만드는 등 **새로운 성장 궤도에 들어서는 것을 노리는, 현업의 성장을 끌어올리기 위한 시나리오**를 가리킨다.

보통 '전략'이라는 말을 입에 담지 않는 경영층이 "우리 회사도 전략을……"이라고 말을 꺼낼 때는, 많은 경우 기존 사업이 막다른 곳에 몰린 느낌이라, 현 상황에서 벗어나기를 희망할 때다.

또한, 절박함은 없더라도 장래를 향한 지침이 필요한 때 '비전'이라고 칭하며 자사가 나아갈 방향성의 명문화에 뛰어들 때도 있다.

어느 쪽이든, 이런 '전략'이나 '비전'은 '되고 싶은' 모습을 일방적으로 떠올려 그리는 것만으로는 충분하지 않다.

우선 사실로서의 과거를 돌아보고 현 상황의 실태를 있는 사실 그대로 파악하며, 거기에서 의의를 추출하는 것에서 시작해야 한다.

즉 **사실을 토대로 그 의의를 명백하게 만드는 것이 대전제**라는 것을 잊어서는 안 된다.

이때 갖추어야 하는 시점은 다음과 같다.

'애초에 무엇이 강점이 되어 시장에 지금 비즈니스를 만들어낼 수 있었던가?'

'무엇이 지금의 (침체) 상태를 불렀는가?'

'현재, 각 경쟁사는 무엇을 강점으로 삼은 포지션을 취하고, 매출을 늘리고 있는가? 혹은 매출이 떨어지고 있는 이유는 무엇인가?'

'이 사업의 고객은 무엇을 바라고 어디에서 불만을 느끼고 있는가?'

'당사의 고객은 당사 제품이나 서비스의 어디에 만족하고 어디에 불만을 느끼고 있는가?'

등이다.

이로써 시장이나 사업의 실태 파악과 지금 상황에 이르게 된 이유를 명백하게 판단하는 것이다.

이처럼 시장의 실태를 파악한 후 자사와 경쟁 기업의 강점, 약점을 명확화하는, 즉 사업에 관한 과거와 현 상황의 검증(C)을 행해야 한다.

⦙ 과거를 돌아보고 이를 통해 '학습'한다

사업의 여명기에 창업 멤버들은 하루하루 현장의 실태를 살피고 '지금, 무엇이 최우선으로 해야 할 일인지'를 생각하고 실천한 후 그 결과를 확인하여 수정하는 PDCA(Plan, Do, Check, Action)를 돌리면서 사업의 방향성 수정을 반복하며 사업을 성공 궤도에 올린다.

하지만 사업 규모의 확대에 동반하여 이런 사업의 운영상 가장 중요한 기본 동작인 PDCA가 그때의 사업 운영에 요구되는 정밀도로 돌아가지 않게 되면 시장과의 괴리가 생겨나기 시작한다. 시장과의 괴리가 진행되어 시장의 상황을 이해하지 못한 채 침체 상태에서 빠져나오지 못하게 되었을 때, 다시금 기업을 성장 궤도에 올리기 위한 시나리오가 바로 '전략'이다.

결국 PDCA 사이클이 기능하지 않게 되었기에 벌어지게 된 것이 현재

도표 4-1 협의의 전략은 PDCA의 기능 부전 시 필요하다

전략 입안과 PDCA 사이클

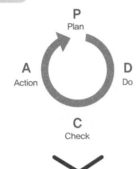

건전하게 조직이 기능하는 상태

P
Plan

A
Action

D
Do

C
Check

기능 부전이 일어난 상태

P(Plan)
- 플래닝 정밀도 저하
- 시장과의 괴리 진행, 시장의 의향을 파악하지 못하게 된다

D(Do)
- 끝없이 같은 업무를 반복하는 상태

사업은 침체 상태에서 빠져나가지 못하게 된다

A

D

C(Check)
- 겸허함을 잃고 바쁘다는 것이 변명이 되며, 결과의 검증이 소홀해진다

A(Action)
- 인해전술로 업무의 진화와 개선이 이루어지지 않는다

일반적으로는 여기가 최초의 트리거가 된다

V자 회복 시 해야 할 것

스텝❸ P
V자 회복을 위한 시나리오(전략)를 그린다

스텝❷ A
기능 부전을 일으키고 있던 '조직의 PDCA 사이클'을 건전화를 향해 기동시킨다

P

A

C

D

스텝❹ D
현장이 자율적으로 움직일 수 있도록 전략에 알기 쉬운 설명(WHY)을 침투시킨다

스텝❶ C
정체되어 있던 과거와 현 상황의 실태를 사실로부터 밝혀내고 그 의의를 명확히 한다

의 침체 상태다.

그리고 거기에서 빠져나오기 위한 '전략'이 P이므로, 지금까지 게을리 하던 과거를 되돌아보는 작업과 현 상황을 올바르게 인식하는 C에서 시작하여 PDCA가 돌아가는 상태를 만들어야만 한다.

도요타 그룹에서도 **'처음으로 무언가를 착수할 때는 우선 C부터'**라고 말했고, 혼다에서는 PDCA를 문제의 '가시화'부터 들어가는 C를 처음으로 가지고 와서 **'CAPD'**라고 말한다.

과거를 되돌아봄으로써 새롭게 '배움'의 포인트를 명확히 하기 위해서, 과거와 현 상황의 파악을 팩트 기반으로 행하는 C에서 시작한다. 그리고 그 후에 '현 상황에서 벗어나서 지금보다 우위 선점을 목표로 삼기 위해서는 어떤 길을 고르면 좋은가?'를 명확히 나타낸다. 이것이 재성장 궤도에 들어서기 위한 플랜(P)이 되는 '전략'이다.

⊘ POINT

시장을 공략하는 방법을 잃어버렸거나 조직의 PDCA가 돌아가지 않게 된 기업은 다시금 성장 궤도로 올리기 위한 시나리오를 필요로 한다. 과거와 현 상황에 대하여 사실을 적확한 각도에서 봄으로써 의의를 추출하고, 현 상황에 이르게 된 인과관계를 명확히 하는 PDCA의 C가 '전략' 입안의 첫걸음이다.

Part 2

'성공한 전략'은
두 개의 PDCA에 의해 만들어진 것

혼다의 북미 진출 전략, DeNA의 전략······.

성공한 기업의 수만큼 이른바 '전략'이 존재한다.

우리가 보게 되는 이런 '전략'은 그 유니크함에 주목한 컨설팅 회사나 경영학자가 책이나 논문으로 정리하여 새로운 전략의 분류나 단면으로서 세상에 공개된다.

실은 여기에는 많은 독자나 청자가 놓치게 되는 포인트가 있다.

그것은 성공한 회사가 취한 '전략' 초기 단계에서는 정말 아무것도 없다고 할 만큼 단순하거나 혹은 전혀 다른 것이었던 경우가 많으며, 실행한 후에 그 결과를 확인하며 크고 작은 수정을 반복한 결과라는 점이다.

때로는 그 실천의 과정에서 새로운 발견도 이루어지며, 그런 경과를 거쳐 각종 대처나 판단을 통해 사업을 성공으로 이끈 것이다.

현실의 '전략'을 실천할 때는, 일단 전략을 실행해 보고 그 결과를 확인한 후 방식이나 방향성에 관해 몇 번이고 수정이 이루어진다.

이런 시간의 경과와 더불어 열심히 노력해서 만들어 낸 실천 단계에서의 PDCA를 통한 방향 설정에 관한 지혜는 다루지 않고, 결과를 통해 본 성공의 인과관계만을 논리정연하게 정리한 것이 우리가 보게 되는 성공 기업의 '전략'인 것이다.

실패는 배움의 원천이다

성공한 사람 대부분은 일반인이 들으면 눈을 휘둥그레 뜰 정도로 말도 안 되는 실패를 경험했다.

하지만 현실의 갖은 고초를 겪은 창업자가 성공하기까지의 실태를 자세히 알고 보면 세상에서 화자되거나 서적으로 출판되는 것은 현실과 크게 다르며 미화되는 경향이 있다는 사실을 알 수 있다.

예전에 한 거물 경영자의 성공 스토리를 담은 책이 출간되어 베스트셀러가 되었다. 하지만 그 책을 대필한 어느 저명한 컨설턴트는 사실과는 너무도 다른 내용을 세상에 선보이고 말았다는 양심의 가책을 견디지 못하고 한때 앓아누웠다는 농담 같은 이야기도 있다.

이것은 일본서기처럼 시대의 권력자가 그것을 적게끔 하여 공식화된 기록으로, 그 권력자를 미화하고 자신을 정당화하고자 자의적으로 그리고 있는 것과 마찬가지일 것이다.

내가 아는 한 이런 것의 예외라고 할 수 있는 사람은 주식회사 니토리의 창업자인 니토리 아키오(似鳥昭雄) 회장 정도로, 그는 언제나 전혀 멋을 부리지 않고 실패담을 말하고는 한다.

또한 니토리 회장이 쓴 『나의 이력서(私の履歷書)』 등의 책에서도 리얼리티 넘치는 내용이 그려지고 있다.

'실패는 배움의 원천이다'라는 상식적인 입장을 공공연히 취하는 희귀한 존재라고 할 수 있다. 이후 세대교체에도 성공해 상징화되는 창업자의 대표 사례가 되길 바라 마지않는다.

그런 성공한 경영자는 말로는 제대로 설명하지 못하더라도, 다른 회사에서 하지 않았던 것을 떠올리고는 '자신감을 지닌 채' 추진하며 예기치 않았던 다양한 사태를 극복하면서 자신의 사업관을 키우고 수정하고 또 수정한다. 그들의 '선견지명', 즉 앞으로 일어날 것을 떠올릴 수 있는 능력 또한, 다른 사람들이 하지 않은 도전의 경험에서 배양된 것이라 할 수 있다.

기업의 전략도 마찬가지로 '미지의 바다'로의 출항이자 그것이 커다란 도전일수록 시야가 충분히 확보되지 않는다. 훤히 내다보고 있다고 믿고 있더라도, 막상 배를 저어 나아가려 해보면 애당초 보이던 부분은 실은 극히 일부에 불과했다는 사실을 알게 된다.

일반적으로는 새로운 사업이나 개혁이 성공에 이르기까지는 해보면서 결과를 재빨리 검증하고 수정하는 PDCA의 연속이다.

해외 진출 등의 '미지의 시장'에 대한 진출은 처음부터 완벽한 플랜을 세우고 시작한다기보다는, 우선 기존의 방식으로 시작하고 거기에서 얻은 실패를 사내의 '능력자'가 시장의 반응을 오감으로 확인하면서 시장의 차이를 깨닫고 수정을 반복함으로써 성공으로 이끈 사례가 더 많을 것이다.

기획 단계에서의 PDCA를 정밀도 높게 돌려서 전략을 세운다

한때 '플랜 B'라는 말이 유행한 적이 있다.

DeNA도 처음에는 옥션 사이트를 운영하는 사업으로 창업했지만, 이후 휴대전화를 사용한 옥션이나 모바일 게임으로 주축을 옮겨 야구단을 품을 수 있을 정도의 기업 규모까지 성장했다. 이처럼 성공한 많은 기업은 사실 처음에 상정하던 사업 플랜이 아닌 다음으로 준비해 둔 플랜, 혹은 현 사업을 행하다가 찾게 된 다른 시나리오로 난관을 돌파해 왔다.

잔뜩 준비해서 시작한 '플랜 A'라 하더라도 어차피 초기 가설에 불과하기에 시장 상황을 전부 읽지는 못한다는 말이다.

성공을 목표로 PDCA를 돌리면서 시야가 넓어지게 되고, 현재의 사업보다 성공 가능성이 큰 사업 플랜('플랜 B')이 보이게 되며, 거기에서 큰 성공을 거두게 된 것이다.

내가 아는 기업 중에도 지금의 기둥 사업이 플랜 B는커녕, C, D, E,

F……, 도대체 몇 번째에 성공에 이르게 된 것인지 알기 어려울 정도로 많은 예측 실패 끝에 태어난 곳이 한두 곳이 아니다.

친척 중에 세상을 뜬 일본 맥도널드의 후지타 덴(藤田田) 씨와 창업가 동료로서 친하게 지내던 사람이 있었는데, 후지타 전 사장은 맥도널드를 성공시키기 전에 젊었을 때 빚쟁이로부터 몸을 숨기기 위해 자주 자신의 집에서 숨어서 지낸 적이 있다고 몇 번이고 말하곤 했다.

성공한 사람의 많은 수는 성공으로 이르기 전에 겪은 길고 잘못된 궤적에 대해서는 그다지 거론되지 않거나 혹은 공표조차 되지 않는다. 하지만 그런 예측 실패와 그것을 수정하려는 노력으로부터 실제 체험에서 밖에는 얻을 수 없는 많은 배움을 얻었다는 것 또한 분명한 사실이다.

우리가 성공 사례로서 서적이나 논문 등에서 보는 전략의 많은 수는 당초의 플랜이 있었다고 해도 그 후의 PDCA를 통한 궤도 수정을 반복하여 만들어졌다는 점을 컨설팅 회사나 경영학에 관여하는 사람들이 그런 부분을 배제하고 그 결과만을 바탕으로 정돈하여 논리적으로 앞뒤가 통하도록 정리한 것에 불과하다.

이것은 전략 입안이 쓸모없다는 이야기는 결코 아니다.

시장을 적확하게 파악한 후 정밀도가 높게 짜인 플랜은 몇 개의 상정에 기반하고 있기는 하지만, 항행 시에 무척이나 유익한 '항해도'가 된다. 그리고 가설로서의 '항해 루트', 즉 그려진 시나리오의 전제가 명확해, 가령 그 예측이 벗어난다고 해도 재빠르게 행동을 수정할 수 있다. 또한 드물게 전략이 정밀도 높게 만들어진 덕에 실행 단계가 어렵지 않게 진행될 때도 있다.

이것은 시장 예측에 뛰어난 '능력자'가 전략 입안 단계에 사업을 제대로 이미지화하여 후술하는 로직 트리를 자기 나름대로 구사하여 완성도를 높여 플랜을 만든 경우다.

그 시장과 사업의 미묘한 사정을 이해하고, 제대로 이미지화 시킨 당사자가 **가설과 검증의 PDCA를 몇 번이고 철저하게 돌려서 만든 플랜**일 뿐 아니라 운영하기도 쉽다.

우리가 잊어서는 안 되는 것은 **우선 기획 단계에서 첫 번째 PDCA를 철저하게 돌리고, 납득할 수 있을 정도의 전략을 세움**으로써 그 후의 운영이 더욱 쉬워진다는 점이다.

그리고 **그런 후에** 전략의 정밀도가 높든 낮든 **실천 단계에서 두 번째 PDCA를 통해 수정하는 행동이 필수**가 된다는 점이다.

전략이라고 이름 붙인 플랜이 도전적이면 도전적일수록 실천 시 재빠르고 적절한 방향 설정이 요구된다.

⊘POINT ···

세상에서 말하는 성공한 기업의 전략은, 우선 초기 플랜을 실천하고 나서 결과를 보고 수정을 반복함으로써 만들어진 PDCA의 궤적의 인과관계를 정돈하여 정리한 것이다. 많은 경우 처음부터 모든 것을 내다본 전략 플랜이 있었던 것은 아니다.

도표 4-2 전략은 2개의 PDCA 사이클로 만들어진다

전략의 두 가지 PDCA

	전략 입안 단계의 PDCA	실천 단계의 PDCA
Plan	실태 정보+적절한 분석을 바탕으로 기획(플래닝)을 행한다	필요한 수정을 한다
Do	실천 시에 발생하는 것의 이미지를 리얼리티를 가지고 그리면서, 나아가 필요한 정보를 수집한다	기획 의도를 바탕으로 실행한다 (=통째로 위임하지 않는다)
Check	새롭게 얻은 정보나 전체상의 이미지로부터 예측 실패나 부정합, 간과한 부분을 명확히 한다	사실을 바탕으로 결과를 검증한다
Action	플래닝의 능력을 갈고닦아 사업 운영에 필요한 준비를 진행한다	사업 운영 방법이나 방법론을 재검토하고 진화시킨다

'가설 사고'를 반복,
사업 성공의 이미지를
가능한 한 첨예화한다

실천 단계는 언제나
실험을 반복한다고 파악한다.
그리고 대처 중인 사업상의
명확화를 진행한다

'전략만 손에 넣으면 성장 궤도에 올릴 수 있다'라는 건 그저 망상일 뿐

"새로운 전략이 필요합니다. 성장 전략만 있다면 지금 국면을 돌파할 수 있을 것 같아요."

기업의 경영자로부터 이런 상담을 받을 때가 많다. 이때 내 대답은 언제나 다음과 같다.

"전략만을 손에 넣는다고 해도 성장 궤도로 들어서는 건 불가능합니다. 왜냐하면 귀사의 경우에는 전략의 실천, 방향을 설정하기 위해 필요한 조직의 PDCA를 돌릴 능력이 지금 이 사업에서 필요로 하는 정밀도와 수준에 이르지 못했으니까요."

기업이 침체 상태에 빠지는 것은 당초 시장을 출발점으로 삼아 돌아가던 PDCA 사이클이 조직으로서 본래 요구되는 정밀도로 기능하지 못

하게 된 것에서 기인한다.

이 국면에서 요구되는 전략은 현 상황을 해결하기 위한 것이므로, 당연하지만 그 시책 안에는 크고 작은 경험해 보지 못한 체험의 도전이 다수 포함된다.

사업이 침체하고 정체 상태에 빠졌다는 것은 시장의 변화, 진화에 관한 충분한 정보를 파악하지 못해 시장을 공략할 기획의 정밀도가 저하되었다는 것이다.

"경합 기업인 ○○이 근처에 출점하여 매출을 빼앗아갔어요"

라는 보고가 있다면, 본래 거기에 이어서 설명이 필요한 것은

'침공당할 가능성을 읽지 못했다'

'그 경쟁사가 그 시장을 뺏으러 온다는 움직임을 깨닫지 못했다'

'경쟁사가 시장에 들어온다는 것은 알고 있었지만 대응책 검토가 불충분했다'

등의 어디에서 간과한 부분이 있는지, 어느 부분을 잘못 예측했는지, 즉 어디에 PDCA의 개선(A)해야 할 점이 있는지에 관해서다.

최전선에서 경쟁 기업과 정면으로 맞부딪치고 있는 상태라고 한다면, 가령 시장의 일부를 일시적으로 빼앗긴다고 하더라도 다음 국면에서 되찾아오는 것은 충분히 가능하다.

결국 필요한 정보가 의사결정권자에게 전해지지 않았거나 정보 일부가 전해졌다고 하더라도 판단과 행동이 이어지지 못했다는 점이며, 나아가 앞을 내다보는 차별화 대책의 검토도 행해지지 않았다는 말이

된다.

　이것은 사업체로서의 실천력 저하, 즉 '기능 부전'이 발생한 것이 문제의 본질이라는 점을 의미한다.

⦚ 조직으로서의 PDCA가 기능하지 않는 기업은 쇠퇴한다

　인류의 역사를 풀어 보아도, 한때는 기세 좋게 영토를 확대하던 대국도 이윽고 쇠퇴하고 멸망하게 된다.

　역사 교과서에서는 일반적으로 이 멸망의 직접적인 이유로 인접국의 침략이라고 설명하지만, 잘 생각해 보면 타국에 의한 침략 위협은 언제나 존재했을 터이다. 국가 내부의 체제가 건전하게 기능한다면 그런 위협에도 제대로 대응할 수 있었던 것이다.

　하지만 국가의 말기에 이르면 인접국의 침공에 견딜 수 없을 정도로 다양한 '기능 부전'에 의해 나라가 약해지고, 시각을 바꿔 말하면 거의 자멸이라고 해도 좋을 상태에 빠져 있었다는 것은 역사를 돌아보면 명백한 사실이다. 기업에서도 새로운 대응책을 시행하는 데는 그에 필요한 사업의 운영 능력, 즉 실천력이 필요하다. '전략'을 말하는 전제에 있는 것은 적확한 방향을 설정하면서 조직을 움직이고 실천하는 힘이 있는지가 중요한 사항이 된다.

　텔레비전에 나오는 개그맨 중에도 혜성처럼 나타나 인기를 얻었지만 어느샌가 보이지 않게 되는 '반짝 스타'라고 불리는 사람들이 있다. 그들

도표 4-3 **기업의 변혁에는 전략에 더하여 실천력이 필수**

등산에 비유했을 때의 '전략'과 '실천력'

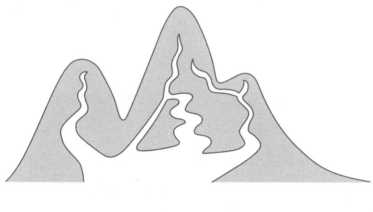

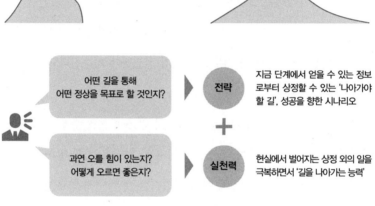

정상으로 향하는 시나리오, 즉 '전략'을 손에 넣는다고 해도, 현실에는

- 상정하던 길은 큰 나무가 쓰러져서 길을 막고 있을지도 모른다
- 상공에서의 사진으로는 파악하지 못했던 절벽이 길을 막고 있을지도 모른다
- 길을 가는 도중 곰이 나올지도 모른다
- 상상하던 이상으로 험한 길일지도 모른다
- 길을 가던 도중 갑자기 날씨가 바뀔지도 모른다

그런데도 정상을 목표로 올라갈 수 있는 능력이 바로 조직의 '실천력'이다

은 한번 크게 인기를 끈다 해도, 그 후의 두 번째, 세 번째 유행어를 만들지 못하고, '웃음' 시장에서 사라져 버린다. 이것과 마찬가지 일은 기업 경영에서도 일어난다.

가령 외부에 위탁해서 만든 전략이 운 좋게 성공했다고 치자.

만약 경쟁 기업이 시장에 있는 경우는 늦건 빠르건 다음의 수를 던져 올 것이고, 시장은 다이내믹하게 움직이기 시작한다. 그때 조직으로서의 PDCA가 기능하지 않는 기업은 경영 판단이 적절한 타이밍에 이루어지지 못한다. 또한 그 변화를 견뎌내지 못한 채 결과적으로는 반짝 스타로 끝나며, 역시 조만간 열세에 몰리게 된다.

⁝ '앞을 내다보는 능력'을 비롯해 실천력이 없으면 전략은 기능하지 않는다

과거 카메라가 은염 필름을 사용하던 시대, 기존까지는 한 롤로 20장, 32장을 찍을 수 있었던 시기에 코니카는 24장, 40장이 찍히는 필름을 만들어 시장을 단숨에 가져왔다.

하지만 필름을 길게 만들기만 하면 되는 문제라면 당시 일본에서 시장을 석권하던 경쟁사 후지필름으로서는 전혀 대응하기 어려운 이야기가 아니었다. 곧장 같은 장수의 롤을 시장에 투입했고, 코니카의 우위성은 삼일천하로 끝나게 된다.

이 이야기는 여기서 끝이 아니다. 은염 필름은 인화지에 모사하여 처음 찍힌 이미지를 볼 수 있다. 이 인화 사업은 각사의 매출과 수익의 큰 기둥이었고, 당시 프린트를 위한 사진 인화기의 대다수 점유율을 가지고 있던 것은 후지필름이었다. 결국, 이 롤의 장수를 늘리는, 코니카의 전략이라고 보기도 어려운 단순한 수단은 후지필름의 매출과 수익 증대에 막대한 공헌을 하고 끝나고 말았다.

실은 이런 유의 이야기는 손으로 꼽을 수 없을 정도로 많다.

기업이 시장에 대해 언제나 우수한 가치를 제공하여 경쟁 기업과 능력을 겨루는 실천력이 사라졌을 때 필요한 것이, 이른바 전략이라 불리는 시나리오다.

그 시나리오를 정밀도 높게 만들 수 있다면 필연적으로 '앞을 내다보는' 정밀도도 높아진다. 이때 앞서 말한 코니카 같은 사태를 일으키지 않도록 하기 위해서는, 전략 따위를 말하기 이전 단계에서 실천력의 하나라고도 말할 수 있는 통상 업무 중에서 그 후에 무엇이 일어날 것인지에 대한 '앞을 내다보는 능력'이 중요하다.

그런 실천력이 없다면 가령 불꽃을 한 발 제대로 쏘아 올릴 수 있다고 하더라도, 그 후에는 도로아미타불이 되고 말 것이다.

✅ POINT

가령 '전략'만으로 제대로 풀린다고 하더라도 '반짝 스타'로 끝나고 말 가능성이 크다. '능력'과 '기술'을 갈고닦아 실천력을 높여야 한다.

'전략'을 제아무리 정교하게 만든다고 해도, 그건 그저 정밀도가 높은 '초기 가설'에 불과하다

상장한 대형 제조 회사의 전무로부터 이런 말을 들은 적이 있다.

"세계적인 전략계 컨설팅 회사인 ○○가 전략을 만들어 주었습니다. 잘 모르는 부분도 있지만 일단 이것을 해보려고 합니다."

여기에서 우선 이해해 두지 않으면 안 되는 것이 있다. 그것은 새로운 도전이 되는 기획, 특히 도전적인 '전략'에는 반드시 '전부 예측하지 못하는 부분'이 있다는 것이다.

이에 대해서는 우리 주변의 알기 쉬운 예가 패션 비즈니스다.

소비나 교체 수요가 중심이 되는 커모디티(통상품, 보급품) 비즈니스와 비교할 때 패션 비즈니스의 세계는 언제나 새로운 가치나 새로운 자극이 되는 아이디어가 요구된다.

이런 새로운 아이디어 중 몇 개인가는 커다란 꽃을 피우고 패션 트렌드를 만들 때도 있다.

한편, 그 새로운 아이디어가 시장에서 받아들여지지 않은 상품은 소비자 가격(본래 가격)으로는 판매할 수 없는 재고가 되며, 이른 단계에서 가격 인하의 판단을 통한 떨이 처분 등의 환금 대응이 필요해진다.

하지만 그런 아이디어를 언제나 계속 시도하기에 패션은 새롭고 재밌는 것을 만들어내고, 소비자로부터 다음을 기대받는다. 이것은 영상이나 음악 등 감성에 호소하는 비즈니스 또한 완전히 같다.

세상 전반의 비즈니스는 '저렴함', '편리함' 등의 생활필수품의 알기 쉬운 가치에서부터 '즐거움', '편안함' 등 아직 보지 못한 가치의 실현에 대한 도전으로 점차 비중이 옮겨가는 법이다.

그렇기에 건전한 공략의 자세를 취하는 기업에서는 새로운 도전의 비율이 높아지게 된다.

일반적으로 새로운 시도가 100% 예측과 기대대로 나아가는 일은 절대 없다.

하물며 새롭게 구축한 '전략'이 지금까지 행한 적 없는 미지의 분야에 대한 도전이라면 그 예측 실패의 폭도 반드시 커지며, 실천 단계에서의 방향 설정 능력, 더욱더 큰 PDCA 능력이 요구된다.

፧ '이치'에 맞는 초기 가설을, 실천을 통해 갈고닦는다

지금 손에 든 '전략'이 유명한 경영 컨설팅 회사에 큰돈을 주고 정교하게 만들어진 것이라고 해도, 어차피 '초기 가설'에 불과하다.

큰돈을 들여 만든 전략이라는 이유로 금과옥조처럼 모시고 받드는 자세는 명백히 잘못이다.

실시 상황을 적확히 파악하고 자신들의 판단하에 필요에 따라 방향을 수정하지 못한다면 제아무리 좋은 플랜도 성과를 거두지 못한다.

'이치'에 맞는 형태로 만들어진 초기 가설을 실천을 통해 갈고닦는 것. 그러기 위해서는 실천한 결과를 보면서 적확한 방향 설정을 할 수 있는 체제가 필요하다.

✅ POINT

초기 가설인 '전략' 플랜만을 손에 들고 그저 앞을 향해 달리는 것은 눈을 가린 채로 트럭의 핸들을 고정하고 액셀을 밟는 것과 마찬가지다. 무모한 행위이자 경영 자원의 커다란 손실로 끝날 가능성이 크다.

Part 5

'전략'은 사업을 이해하는 당사자가
스스로 만들어야 한다

"전략을 만드는 것은 익숙해지면 그렇게 어렵지 않아요. 3년쯤 이런 일을 하다 보면 결국 간단히 만들 수 있게 됩니다."

내가 맥킨지 재직하던 중 애널리스트로 입사해 수년이 지난 젊은 컨설턴트가 입에 담은 말이다.

분명 '전략'은 '이치'를 바탕으로 시장 분석, 경쟁 상황, 자사의 강점과 과제를 정리하고 익숙해지기만 하면 어느 정도는 간단히 만들 수 있다.

그렇다면 그렇게 만든 '이치'에 맞는 전략을 손에 넣으면 기업은 성장 궤도에 들어갈 수 있을까?

애초에 실행이 이루어지지 않는 기획이나 전략에는 아무런 가치가 없다.

그 실행되지 않는 전략에 공통된 점은 입안한 전략의 실행 책임자가 되어야 하는 사람이 그 전략을 자신의 것으로 확신하지 못하고, 해보고 자 하는 마음을 먹지 못한다는 점이다.

얼마 전에도 내가 맥킨지에 재직하던 시절의 디렉터이자 은사였던 분이 말했다.

"이래저래 해왔지만, 결국 사장 자신에게 전략을 만들게 해야 한다는 결론에 도달했다."

큰돈 들여서 만든 전략의 70%는 창고행이다

애초에 미국에서 만들어진 직업인 경영 컨설팅이라는 서비스는 경영 자에게 경영 과제의 솔루션을 제공하는 것으로, 미국의 지시형 경영 스 타일을 전제로 한 서비스다.

컨설팅 회사로부터 프레젠테이션을 받은 미국의 경영자는 전략을 자 신의 초기 가설로 삼아 자사의 사업 가치를 더욱더 높이기 위해 스스로 가 PDCA를 돌려서 그 전략의 실행에 임한다.

하지만 많은 일본 기업의 경영자는 그와 같은 미국 스타일의 경영을 하지 않는다. 큰돈을 주고 컨설팅 회사에 만들도록 한 '전략' 자료가 손 에 들어왔다고 해도, 우선은 '그럼, 이제부터 어떻게 할까?' 하고 임원 모임의 검토 자료로 삼고 논의를 시작하는 일이 많은 듯하다.

결국, 여기에서 생각해야 할 것은 **정말로 아트**(비즈니스에서 일어나는 사상)를 충분히 사이언스(언어화하고, 인과관계를 알아냄) 한 후에 전략의 검토가 이루어지는가?' 하는 점이다.

최근에 어느 외국계 전략 컨설팅 회사가 과거 10년간의 자사 클라이언트 기업을 위해 입안한 전략이 실제로 실행됐는지 어떤지를 추적 조사한 적이 있다.

그 결과 70%나 되는 기업에서 큰돈을 들여 입안한 전략을 시행하지 않았다는 사실을 알게 됐다.

다만 여기서의 포인트는 '실시했다'라고 답한 30%의 기업에 공통점이 있었다는 점이다.

그 공통점은 무엇일까?

전략을 시행했다고 답한 기업에서는 전략을 만든 주체가 컨설팅 회사가 아니라 클라이언트 기업 측의 팀이었다는 점이다.

대형 컨설팅 회사가 전략 책정을 의뢰받아 만든 전략을 프레젠테이션하고, 이에 대해 이사회나 경영 회의에서 검토한 후에,

"훌륭하군. 고맙네. 그렇다면 그 전략을 부장 회의에서 발표해 주게."

라고 의뢰할 때가 있다.

"무슨 말씀이신가요? 이것은 사장님의 플랜이니까 사장님 본인의 입으로 사내에서 프레젠테이션해 주세요."

이렇게 컨설턴트가 말해도,

"아니야. 자네들이 프레젠테이션을 잘하니까."

라며 컨설팅 회사의 매니저급 담당자가 부장 회의에 나서서 프레젠테

이션을 한다.

그리고 프레젠테이션 혹은 그 후에,

"뭐야. 저 녀석들. 현장에 대해 아무것도 모르는 주제에 잘난 척은. 저 컨설팅 회사에 도대체 얼마를 주는 거야. 뭐라고? 그렇게나 많이 준다고? 그만큼 우리의 상여금을 조금이라도 올려주면 조금 더 힘내서 해볼 텐데……."

라고 언제나 뻔한 반응이 돌아온다. 그 후에는,

"어쩔 수 없네. 그렇다면 지금 프레젠테이션에 있던 대처법을 조금만 따라 해볼까……."

라는 식으로 결론짓는다. 적힌 일부의 시책만이 담당자의 판단에 따라 선별적으로 실시되며, 도저히 전략이라고는 부를 수 없는 상태에 빠지게 된다.

⋮ 전략을 완전히 이해하도록 만들기 위해 필요한 것

한편, 자신들의 머리로 생각하고 손을 움직여 만든 플랜에는 과제를 정의하기 위해 만들어낸 '문제 해결 공간'이 MECE×로직 트리(후술)의 형태로 '가시화'되며 그려진다. 이것은 가설이기는 하지만,

'지금 시점에서는 이 방법밖에 없겠지.'

라고 말할 수 있는 완성도를 보이게 된다.

만약 실행 단계에 들어서서 예측 실패가 있었다고 하더라도, 그

MECE×로직 트리에서 그려진 '공간'의 어디에 예측 실패가 있었는지, 간과한 점이 있었는지, 의의의 추출에 잘못이 있었는지를 추적하여 로직을 간단히 수정할 수 있다.

나아가 사업을 오감으로 이해하는 자가 플래닝을 한다면 자신이 실천해온 것에 로직으로 뒷받침을 하며 방향성을 정할 수 있기 때문에, 실천을 할 때 무척이나 중요한 '자신감'을 얻을 수 있다.

이 상태라면 가령 예상외의 일이 벌어진다 해도 사실을 바탕으로 한 분석을 통해 자신들이 완벽히 이해한 후에 의의를 추출하였으므로, 가설 사고의 절차를 따르는 형태로 방향 수정도 재빨리 행할 수 있다.

결국, 지시형 톱다운식의 경영 스타일을 취하지 않는 많은 일본 기업에서는 현장의 실태를 피부로 느끼고 이해하는 자사의 능력 있는 멤버가 중심이 되어, 자신들의 머리와 손을 사용하여 자신들이 납득할 수 있는 전략을 만드는 것이 가장 좋은 방법인 것이다.

입안하는 전략의 질에 집착하는 컨설팅 회사는 양질의 플랜을 단기간에 만들어내기 위해, 시간을 들여 지도가 필요한 클라이언트 측의 팀에 기대지 않고 자신들을 중심으로 전략을 만들어 버리는 경향이 있다.

하지만 조직력의 발휘가 본래의 강점인 일본 기업의 경우, 역시 전략은 기업 측의 개혁의 중추가 되는 멤버가 완전히 이해할 수 있어야만 한다.

그래야만 살아있는 PDCA를 실현할 수 있으며, 그들이 중추가 되어 조직이 사업의 성장을 향해 적극적으로 움직이기 시작하기 때문이다.

‘두근거리는 전략’이 만들어졌는가?

제대로 풀리는 플랜을 보면 ‘그렇군. 그런 방법이 있었어!’라는 깨달음이 있으며, ‘두근두근’거리는 고양감을 느끼게 되는 법이다. 하지만 그런 수준의 ‘전략’ 플랜을 만나는 일은 현실에서는 그리 많지 않다.

어느 기업의 본사 마케팅 부문이 작성한 다음 분기의 제품 전략이라 불리는 자료를 본 적이 있다. 이른바 추상화된 표현이 논리정연하게 적혀 있을 뿐 구체적으로는 무엇을 하면 좋을지 전혀 알 수 없는 상태였다.

현장에서 실천되는 ‘전략’이나 플랜은 그것이 규모가 크면 클수록 현장이 고양감을 느낄 수 있는 것이어야만 한다.

개혁 플랜을 성공시키기 위해서는 ‘이치’만을 앞세워서 만들어내는 것이 아니라 ‘이것이라면 제대로 풀린다’, ‘해보고 싶다!’라고 생각할 수 있는 ‘마음을 두근거리게 하는 전략’을 만들어내야만 한다.

실천하고자 하는 마음의 원천이 되는 것은 본인들의 ‘해보고 싶다!’라고 생각하는 마음이기 때문이다.

✔ POINT

‘전략’은 프로젝트 오너나 실행 책임자가 ‘해볼 만한 가치가 있다’, ‘제대로 풀릴 것이다’라고 생각할 수 있는 것이어야만 한다. 그러기 위해 책임자 자신, 혹은 책임자의 의지를 바탕으로 시장과 현장을 아는 참모 팀이 주체가 되어 ‘전략’을 만들어야만 한다.

전략에서 중요한 점은 실행 책임자가 그 '실천'과 성공을 머릿속에 떠올릴 수 있어야 한다는 것

젊은 시절, 어느 기업의 경영 기획 부문의 책임자가 되었을 때의 일이다.

영업 부문의 돌파구가 될 수 있는 시장 공략법, 이른바 영업 전략을 정리하여 사장의 승인을 얻어 영업 본부장에게 가지고 간 적이 있다.

'사장의 의지'가 반영된 플랜이었고, 영업 본부장도 이야기를 제대로 들어주기는 했지만, 하루하루의 영업 활동을 우선한 나머지 결국 시간이 날 때마다 조금씩 하는 정도의 실천으로 그쳐 버리고 말았다.

그 영업 본부장은 창업 때부터 경영자와 함께해 온 대선배이므로, 나로서도 전략을 실천하지 않는 것에 대해 책망할 수도 없었다. 사장도 '뭐, 해보라고 이야기하는 거로 충분해' 정도의 의지였기에, 강하게 '압력'도 가할 수 없었다. 결국, 전략은 제대로 시행되지 못하고 하루하루의 업무에 '흘러가는' 형태가 되어 버렸다.

경영 컨설턴트 등에게 이 이야기를 들려주면, 그때의 영업 본부장에게 집행을 강요할 힘이 약했던 것이 원인이라거나 경영자에게 충분히 그 시책의 중요도를 이해시키지 못한 나의 역량 부족이라고 판정받을 이야기지만, 이 케이스가 실천되지 않은 진짜 원인은 다른 곳에 있다고 생각한다.

나로서는 '이치'에 맞는 플랜을 만들었고, 플랜이 성공했을 때 어떻게 성장하게 될 것인지 제대로 시뮬레이션했다.

하지만 사람은 자신이 머릿속에 떠올리지 못하는 것은 직접 행동으로는 옮기지 못한다.

그 영업 본부장으로서는 이 플랜의 전개나 성공의 이미지를 머릿속으로 그릴 수 없었던 것이다.

또한, 그 플랜의 실행 담당으로 지정된 사람도 본부장의 마음을 헤아리게 되며, 본부장이 의지를 가지지 않는 플랜에 대해서는 그다지 힘을 쏟지 않게 되었다.

이것이 미국 기업에서의 조직 운영이었다면, 경영자가 자신의 강한 주도권 하에 영업 본부장에게 실천을 명령한다.

가령 직접 설명한 이는 경영기획실 사람이라 하더라도, 만에 하나 그것을 실시하지 않았다면 경영자의 명령을 위반하는 일이 되어버린다. 경영자로부터 '실행 상황은 어떻게 되고 있나?'라고 직접 체크가 들어갈

테고, 만약 그것을 실천할 능력이 없다고 판단되면 그 임무에 맞지 않는다고 판단되어 자리에서 물러나게 될 수도 있다.

경영 기획은 본래 톱다운식 경영에서의 경영자를 향한 서비스 기능이다.

경영자가 '그 플랜을 영업 본부장에게 설명해서 (그가 납득한다면) 하면 된다. 그렇지 못한다면…… 뭐, 어쩔 수 없지'라는 태도를 보여서는 그 플랜이 경영자의 의지인지 어떤지 불명료해진다. 이 경우처럼 영업 본부장에게 무시당하는 것도 당연하다.

경영 기획 기능이라는 그 울림은 멋지지만 어떤 사명을 지고 있는지 모호한 채로 조직도에 그려져 있기에 벌어지는 전형적인 예라고 할 수 있다.

한편 여담이지만 결국 몇 년 후 그 회사의 영업 본부장으로 취임하게 되었다. 그리고 그 플랜을 기본으로 삼아 활성화를 도모했다. 경쟁사의 기존 점포는 전년 대비 매출이 떨어지는 와중에 우리 회사만 전년도를 뛰어넘는 실적을 올릴 수 있었다.

이렇게 이 영업 전략의 플랜 그 자체는 효과적이었다는 점을 증명할 수 있었다.

▌ 문제 해결을 위한 논리 공간을 자신의 머릿속에 만들어 낸다

미국의 경영자는 외부 컨설턴트가 만든 전략을 자신의 머릿속에 문제 해결의 논리 공간을 만들어 자신의 것으로 삼는다.

그렇기에 세상에 떠도는 문제 해결 수법에서는 논리성이 중시된다.

그리고 그 플랜을 정리한 자료도 논리적인 프레젠테이션을 행하여, 그것을 듣고 경영자가 자사업의 구조와 문제를 머릿속에 떠올릴 수 있도록 만들게 된다.

하지만 그에 비해서 일본 기업에서는 경영자보다 실시 책임자들이 어떻게 그런 이미지를 가질 수 있는지가 중요하다.

기업 내에서 전략을 입안하는 방법으로서 내가 추천하는 것은 경영자가 엄선한 사내의 능력 있는 멤버를 통해 프로젝트를 설립하고, 실천 과정에서 문제 해결의 경험을 쌓은 진짜 프로의 지도하에 전략을 입안하는 것이다.

이후 경영자에게 착실하게 추진 보고와 방향성의 확인, 조정을 거듭하면서 초기 가설이 되는 전략을 굳혀나가는 방식이다.

그들은 시장과 현장을 몸으로 숙지하고 있고, 경영자나 현장이 머릿속에 떠올리기 쉬운 언어를 선택할 수 있다. 경영자가 품는 걱정과 그 의도를 순간적으로 이해하며, 부문장과의 커뮤니케이션도 용이하다.

이런 방식이라면 일단 전략을 세운 후에도 이 멤버는 그 플랜이 만들어진 경위까지 당사자로서 이해하고 있기에, 플랜의 재검토 시에도 쉽게 대응할 수 있는 상태가 된다.

그들은 실천 스테이지에서도 PDCA를 돌리면서 궤도 수정을 하고, 경영자의 수족이 되는 참모 팀이 된다.

◯ POINT

사람은 자신이 머릿속에 떠올린 것 외에는 행동으로 옮기지 못한다. 전략을 성공시키기 위해서는 실행 책임자가 '그렇군, 이거라면 해보도록 하지'라고 진심으로 생각할 수 있는 상태를 만들어야 한다.

Part 7

기획 자료를 작성할 때 신경 써야 할
'양동이와 내용물'

　기업의 개혁을 담당하는 일을 하다 보면 '금년도 사업 방침' 등 기업 내에서 만든 자료를 볼 기회가 많다.

　어느 정도 수준 이상의 기업에서는 분명 나름의 서식에 따라 보기 쉽게 정리되어 있을 때가 많지만, 거기에 적힌 내용을 읽어도 구체적으로 무엇을 해야 하는지에 관해서는 전혀 전해지지 않을 때도 많다.

　"이것은 어떤 사실을 바탕으로 우선순위가 높은 과제라고 판단한 건가요?"

　"이 시책은 구체적으로는 무엇을 하겠다는 이야기인가요? 그리고 그때 중요한 점은 무엇인가요?"

　결국 이와 같은 질문을 해서 추가로 설명을 듣지 않으면 안 된다.

"그것은 이 업계와 이 사업에 대해 알지 못하기 때문입니다."

현장에서 계속 일해 온 책임자들은 언제나 이 한마디를 외부인에게 말하고 싶은 충동에 사로잡히는 듯하다. 하지만 제대로 된 퍼포먼스를 영속적으로 실현하며 장기적인 성장을 이룩한 기업에서 만든 자료는 우리 같은 외부인이 보더라도 무엇이 문제인지, 무엇을 하려고 하는지를 쉽게 머릿속에 떠올릴 수 있다.

추상도가 높은 표현을 다수 사용한 자료가 위험한 것은, 다들 아는 것 같은 표정을 지으면서 자료를 바라보더라도 실은 각각이 미묘하게 다른 내용을 머릿속에 떠올리게 되는 일이 종종 벌어지기 때문이다. 본래라면 **C에서 P로의 사고의 흐름을 표현해야 하는 자료**가 그 역할을 다하지 못하게 된다.

불명확한 부분이 많은 자료를 손에 들고 작성한 사람에게 질문을 던져 보면 대부분 무엇을 의도하고 있었는지, 무엇을 머릿속에 떠올리고 있었는지 말로는 제대로 설명해 준다.

"지금 말씀하신 것을 그대로 적으면 될 것 같은데요. 그렇다면 상정하고 있는 것과 이 플랜의 전제가 무엇인지, 그리고 구체적으로 어떻게 하면 좋은지에 대한 이미지가 전해질 테고, 조직을 움직일 만큼 설득력이 있는지 어떤지에 관한 논의가 이루어질 수 있을 것 같네요."

결국, 매번 이렇게 조언하게 된다.

현장의 문제점과 개선책이 리얼하게 그려져 있는가

신규 사업이나 기업의 개혁 팀을 지도할 때 **'양동이와 내용물'**이라는 표현을 자주 사용한다. '양동이'에는 주로 추상화된 표현을 사용하며, 이것은 '프레임워크', 즉 틀로써 이용한다.

거기에는 후술하는 MECE('빠짐없이, 중복 없이' 실행함으로써 문제 해결의 대상을 정리하여 설득력을 띠게 하고 이해하기 쉽게 하는 것)에 맞춰 정리하는 것, 그리고 자료상으로 전개되는 MECE×로직 트리로 그린 문제 해결을 위한 공간이 누구나가 이해하기 쉽고 논리적으로 적절한 단면을 그리고 있는지가 중시된다.

이것은 설득력이 있는 자료를 정리할 때 무척이나 중요하다. 그러나 그것만 있다면 이른바 깨끗하게 '양동이'를 늘어놓기만 한 상태다. 중요한 것은 그 양동이를 바탕으로 '내용물'을 생생하게 그리는 일이다.

'어디에 문제의 원인이 있는지'

'구체적으로는 어떤 수단을 상정하고 있는지'

'그때 중요한 점은 무엇인지'

라는 구체적인 이미지를 표현해야만 한다.

이 '내용물'을 '맛있어 보이게' 그리지 않으면 플랜을 실행하는 현장에는 생생한 이미지가 전해지지 않는다.

대체로 전술한 것처럼 대략적인 이미지는 떠올릴 수 있더라도, 서면상의 말이나 그것을 뒷받침하는 사실이 제대로 표현되지 않는다.

원래는 이 점에 대해서 경영층이나 사장이,

"현장에 가서 자신의 눈으로 보았는가? 제대로, 생생한 표현으로 시장이나 현장의 실태와 팩트(사실)를 바탕으로 그리도록."

이라는 지적을 반복함으로써 이 생생하게 특정된 '맛있어 보이는 느낌'을 표현하는 힘이 붙게 된다.

하지만 기업에 따라서는 '자료 작성'에 뛰어난 고학력 직원을 경영기획실 등에 불러 모아 사장을 대상으로 한 프레젠테이션을 위한 '그럴싸해 보이는 자료 만들기'에 편리하게 사용하는 경우도 있다.

이렇게 되면 작성자는 숫자나 언어화된 정보만을 바탕으로 과제를 정의하게 된다. 현장에 있는 지인에게 전화해서 물어보는 것 정도는 할 수 있더라도, 문제점을 특정할 수 있을 만큼 현장의 실태를 머릿속에 떠올리지는 못한다.

외부 컨설턴트에게는 보이지 않는 것

외부 컨설팅 회사를 이용할 때도 동일한 일이 발생한다.

외부 컨설턴트의 경우 과제를 정의할 때는 사실을 바탕으로 큰 갭(차이)이 만들어지는 원인이 어디에 있는지를 추궁해 나간다.

가설 사고를 통해 가늠해 나가면서 사업 책임자에게 의견 청취 등을 행하며 문제점에 다가서기에 과제 영역은 상당한 수준으로 정의할 수 있게끔 훈련되어 있다.

하지만 그들 외부 인간은 실무에 관여하지 않고 있으므로, 고객과 접하는 이른바 '진실의 순간(기업과 고객과의 접점)'에 제조와 개발의 현장에서 무슨 일이 일어나는지에 관한 진짜 이미지는 떠올릴 수 없다.

그들은 **어디까지나 언어화되어 전해진 정보를 의지하여, 숫자 등의 사실을 기반으로 문제 해결을 진행한다.**

경험을 쌓은 시니어 포지션에 있는 컨설턴트가 디렉터 역할을 담당한다면 경험칙에서 얻는 이미지를 바탕으로 적절히 문제점을 특정할 수 있도록 담당 컨설턴트를 유도한다. 하지만 그 후의 대책이나 수단 등 더욱더 구체적인 이야기까지 이르게 되면 실행의 현실성, 난이도, 리스크 등을 머릿속에 떠올리기 어렵다.

특히 역사가 오래된 회사 등에서 흔히 볼 수 있는 '폐쇄적인 의식'이 강한 현장을 상대로 구체적인 내용이 불충분하고 추상도가 높은 시책을 윗선에서 제안한다면 현장에서는 무언가의 이유를 들어가며 대책 시행을 거부하는 일도 자주 발생한다.

양동이의 '내용물'을 제대로 확인하는 습관을 들인다

대형 컨설팅 회사와 거래하는 일이 많은 어느 기업에서 지역별 전략 책정을 지도했을 때의 일이다.

각 지역 담당 부장 중에 파워포인트를 사용한 보기 좋은 자료를 굉장히 잘 만드는 사람이 있었다. 어디에 문제가 있는지를 찾아내었고, 프레젠테이션을 하는 날을 맞이했다.

그 부장은 뛰어나게 만든 차트를 사용해서 설명을 이어갔고 좋은 느낌으로 발표가 진행됐다. 하지만 막상 문제점을 특정하는 차트 페이지를 설명할 때는 한마디뿐이었다.

"여기에서 커다란 차이가 벌어져 있었습니다."

그러고 나서 다음 슬라이드로 나아가 버렸을 때는 나도 모르게 의자에서 미끄러져 떨어질 뻔했다.

그는 분명 문제를 보여주는 차트를 만드는 테크닉은 체득하고 있었지만 애초에 그때까지 해왔던 작업의 목적을 잃은 듯 보였다. 즉 대처법을 찾기 위해 이런 전략을 만들고 있다는 사실이 머릿속에서 날아가 버리고, 단순히 자료를 보기 좋게 만드는 테크닉만 구사하고 끝나버린 것이다. 이는 자료 만들기에 관한 능력만을 갈고닦은 결과, 수단이 목적으로 바뀌어 버린 경우다.

당사자의 굳어버린 시각을 지적하여 관점의 높이를 바꾸게 만드는 것은 본래 그 위의 관리 부서나 매니저의 역할이다.

'그 과제는 무엇 때문에 우선순위가 높다고 할 수 있는가?'

'그 대처법은 왜 최적이라고 말할 수 있는가?'

에 관하여 '양동이'뿐만이 아니라 '내용물'을 중시하게 하는, 관리를 통한 기업 문화를 만드는 것 외에는 방법이 없다.

'양동이'도 중요하지만 '내용물'은 그보다 더 중요하다.

모든 대처법은 현장에서 적절히 실행되고 나서야 처음으로 사업에서 그 가치를 빚어낸다.

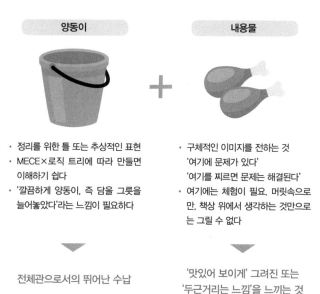

양동이	내용물
· 정리를 위한 틀 또는 추상적인 표현 · MECE×로직 트리에 따라 만들면 이해하기 쉽다 · '깔끔하게 양동이, 즉 담을 그릇을 늘어놓았다'라는 느낌이 필요하다	· 구체적인 이미지를 전하는 것 '여기에 문제가 있다' '여기를 찌르면 문제는 해결된다' · 여기에는 체험이 필요. 머릿속으로만, 책상 위에서 생각하는 것만으로는 그릴 수 없다
전체관으로서의 뛰어난 수납	'맛있어 보이게' 그려진 또는 '두근거리는 느낌'을 느끼는 것

그렇기에 애초에 무엇이 문제인지, 구체적으로는 무엇을 해서 어떤 효과를 얻으려는지에 관하여, 경영진과 현장에서 공유할 수 있도록 '내용물'을 현실적으로 표현하는 상태를 만드는 일을 목표로 삼아야 한다.

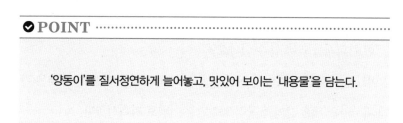

✅ POINT

'양동이'를 질서정연하게 늘어놓고, 맛있어 보이는 '내용물'을 담는다.

사업 전략을 실천하려면 그 필연성을 설명하는 Why의 설득력과 그 조직에 대한 침투가 필수다

표지에 '전략'이라고 적힌 자료는 매우 흔히 볼 수 있지만 '왜 그 전략을 선택했는지?'에 관한 정작 중요한 Why의 설명이 적확하게 논해진 자료는 좀처럼 많지 않다.

애초에 What, Why, How 즉 '무엇을 왜 어떤 식으로 할지'가 명확하게 기술되지 않은 자료는 제대로 된 기획이라 하기 어렵다.

이런 기본을 지키지 않은 기획이 세상의 기업 내에 많이 횡행하는 것이 문제다.

"이 기획서를 봐 주실 수 있나요?"

어느 클라이언트 기업이 이런 말을 하며 기획서를 건넸다. 그것은 판매 회사와의 제휴 강화를 목적으로 만든 이벤트 기획서였다.

그런데 기획서에는 하고자 하는 일의 절차, 이른바 How만이 끝없이 기재되어 있을 뿐이었다. 왜 그 이벤트를 하는지에 대한 이유나 필요성에 대해서는 한마디도 적혀 있지 않았다. 이래서는 그저 절차서라는 표현 쪽이 적절할 테다.

'전략' 또한 우선 회사의 방향성을 명확히 한 후 그러기 위해 극복해야 할 과제와 달성하고 싶은 목표를 명확히 정하는 것에서부터 시작된다.

그러기 위해서는 과거나 현 상황을 적확히 '가시화'하고, 방향성이나 대처해야 할 과제의 필연성을 명확히 함으로써 처음으로 그 전략에 설득력이 담기게 된다.

일본군 실패의 본질

나쁜 의미로서의 관료화가 심해진 본부 조직에서는 단순히 'Do This(이것을 하라)'라는 지시만을 연발할 때가 있다.

하지만 이유나 배경을 명확하게 전달하지 않고, 그저 '하라'라는 지시만 내리면 이를 지시받는 현장에서는 '현장에 대해 알지도 못하면서……'라는 마음이 만연하게 된다.

그리고 '하라고 하니까 한 것뿐'이라는 변명이 버젓이 통과하며, 아무것도 책임지려 하지 않는 태도가 체질화되어버리는 일도 있다.

만약 그 플랜이 제대로 풀리지 않았을 때 가설을 정밀도 높게 수정해야 하는 책임자, 바꿔 말해 PDCA를 돌리는 책임자는 누가 되어야 할까.

'Do This' 상태에서는 현장에는 책임이 없다.

전쟁 중의 일본을 돌아보면 엘리트 집단인 참모 본부, 군령부에서는 이런 'Do This'의 형태로만 명령을 내렸다. 그것을 전선에서 시키는 것은 때로는 군대의 규칙이라는 이름하에 공포 정치를 불사하는 현장의 지휘관이라는 구조였다.

본래 참모 조직이 올바르게 PDCA를 돌리고 있는지 확인해야 하는 상위 책임자는 조직적으로는 일왕 같은 존재가 될 수밖에 없다. 하지만 현실적으로는 일왕이 그때마다 C를 확인하여 판단을 내리는 조직 운영은 이루어질 수 없었다.

결과적으로, 참모 내부에서는 자신들의 실책을 공적으로 검증하지 않아도 되는 상태였다. 실패를 은폐해 버리면 그 인과관계는 당사자에게마저 흐지부지되고 마는 법이다.

그리하여 일본은 초기에는 현장의 능력이라고도 할 수 있는 전선의 힘으로 우세를 거두었지만 마지막에는 '관료의 무류성'을 일으켜 작전 실패나 예측 실패에 관해 적절히 언어화된 학습이 이루어지지 않았다.

결과적으로 본래는 무엇과도 바꿀 수 없는 나라의 가장 소중한 자산인 국민을 단순한 일개 자원으로 간주하여 소모전으로 끌고 간다는, 주객전도로밖에 말할 수 없는 대책이 나왔다. 또한 PDCA를 돌리지 않은 책임도 '가시화'가 아니라 '비(非) 가시화'한 채 끝을 맞이하게 되었다.

이것과 마찬가지의 일이 지금 여러분의 회사에서 일어나고 있지는 않은가?

⁝ 스태프 부문은 엘리트 집단이 아니다

　미국 기업에서는 '본부는 생각하는 기능. 현장은 그것을 실시하는 기능'이라는 조직 운영의 사고방식이 받아들여진다. 이런 미국식의 지시형 경영자의 존재를 일본 기업에서도 아무 생각 없이 그대로 받아들이면, 애초에 현장의 모럴과 지적 레벨이 높은 일본 기업의 자율적인 방향 설정 능력을 잃어버리는 결과를 초래하게 된다.

　애초에 본부 기능은 경영층을 클라이언트로 삼는 인사, 경리, 경영 기획 등의 스태프 기능과 현장의 퍼포먼스를 높이기 위해 서포트하는 판촉 기획, 영업 관리 등의 라인 스태프 기능으로 구성된다. 나아가 기업에 따라서는 다양한 크리에이티브 계열의 기능을 놓기도 한다.

　즉 본부란 '경영층의 정밀도 높은 의사 결정을 지원하고, 현장을 위한 기획과 관리 업무를 담당하는 기능'이라고 생각하는 것이 적절하다.

　특히 스태프 기능은 논리상으로는 경영층에 대해 'Yes, Sir'의 자세로 임하는 것이자, 경영층은 자신들의 의지에 맞게 자신을 서포트하는 기능으로써 이들을 움직인다. 알기 쉽게 말하면 경영자가 자신이 만족할 때까지 '쥐어짜 내는' 조직이다.

　그들은 가령 일부 분야에서 뛰어난 스킬을 지니고 있다 하더라도, 결국 사무에 조금 특화되었을 뿐이지 결코 엘리트 집단은 아닌 것이다.

　하지만 앞서 말한 '관료의 무류성'이 일어난 기업에서는 '본사 조직은 언제나 옳다'라는 정당화가 만연하기 마련이다. 방향 수정조차도 적시에 일어나지 않으며, 막상 일이 닥쳤을 때 누가 수정을 담당해야 하는지에 관한 책임 소재조차도 애매한, 무척이나 위험한 상태에 빠지기 쉽다.

또한, 현장의 실태를 제대로 파악하지 못하는 원맨 경영자나 본부의 지시가 충분한 설명도 없이 발신된다.

게다가 지시가 일관적이지 못하고 이리저리 흔들리게 되면, 매니저는 현장에 시책의 이유를 설명하지 못하게 되어 조직은 사고 정지 상태가 되어 버린다.

특히 모든 것을 자신의 머릿속만으로 생각하고, 언어화나 기획서 작성에 들이는 시간은 쓸모없다고 생각하는 원맨 창업 경영자의 경우, 이런 경향이 더욱 현저해진다.

나아가 옛날 스타일의 창업자에게 있을 법한 원맨 경영자가 부장 이하 직원들을 모아서,

"이 플랜이 제대로 풀리지 않는 것은 너희 탓이야!"

"네, 그 말씀이 맞습니다! 저희 능력이 부족한 탓에 결과가 나오지 않았습니다. 죄송합니다!"

식으로 이야기가 진행되면, 눈도 마주치지 못하는 공포 정치하의 독재 국가와 마찬가지 상태가 된다. 사람이나 조직의 성장을 위한 인과관계의 판단 등이 기능하지 않고, 조직은 사고 정지를 일으키며, 조직의 '학습'도 전혀 이루어지지 않게 된다.

공포에 사로잡혀 사고 정지를 일으켜서 로봇화된 거대 조직

이것은 불과 수십 년 전의 일이다.

캄보디아에서는 폴 포트에 의한 독재 정권이 존재했다.

당시 학살당한 시민의 수가 100만 명을 넘겼고, 일설에 따르면 200만 명 이상에도 이른다고 말해질 정도로, 지금껏 그 숫자조차 특정할 수 없을 만큼 많은 사람이 목숨을 잃었다.

단순히 독재 정권이었기에 이만큼의 인원이 학살당하게 되었다는 단락적인 이야기가 아니다. 현재도 세계의 국가 중 50개국 정도는 독재형 정권이다. 폴 포트 정권하의 비극이 일어난 가장 큰 이유는 그 조직 운영의 방식에 있었다.

폴 포트 정권에는 '엉까(크메르어로 '조직'을 의미)'라고 불리는 피라미드형 조직이 있었고, 이들이 상층부의 지시를 전하며 시민을 통치했다.

폴 포트는 시의심(猜疑心)이 강했고, 그 때문에 전면에 나서는 일이 적은 소심한 인물이었다고 한다. 그는 자신의 안전을 생각하여 현 체제에 대해 비판을 가하는 반대 분자를 없애버린다는, 독재 정권에 자주 있을 법한 행동을 취했다.

그런데 이 '엉까'라는 조직에서는 그저 '반대 분자는 죽여라'라는 'Do This'라는 지시만이 계층을 타고 마을 조직까지 내려갔다. 엉까의 각 계층에서는 '어떤 경우에 처형할 만한지' 등의 '이치'에 맞는 설명, 이른바 Why(이유나 배경)는 전달되지 않았고, 나아가 그 지시에 따르지 않는 엉까의 조직원들도 처분의 대상이 되었다.

그리하여 조직원은 책임을 묻지 않고 자신의 자리를 지키기 위해 '의심스러운 자는 죽인다'는 행동을 취하기 시작했다.

이렇게 공포로 지배당한, 너무나 무서워서 스스로는 아무것도 생각하지 못하는 로봇화된 조직이 만들어진 것이다.

이 상태는 몇십 년이나 이어졌고, 선악이나 사람의 존엄에 관해서 아직 생각해 본 적 없는 어린아이들이 자신의 모친이 정권 비판의 발언을 했다고 아이 앞에서 모친이 처형당하고 마는 비극적인 일까지 벌어졌다.

이 폴 포트의 조직 운영의 문제는 계층 조직에 생각할 여지를 주지 않고 'Do This'만을 밀어붙였다는 점이다.

정권은 본래 국민의 행복과 번영을 위해 행동해야 하지만 '자신은 잘못되지 않았다'라고 주장하기 위해 방향 수정을 하지 않고 조직을 '사고 정지' 상태로 만든 점에 문제가 있다.

폴 포트는 이 대량 학살은 조직이 제멋대로 한 것이며, 따라서 자신에게는 책임이 없다는 자세를 마지막까지 고수했다.

자신의 산하에 만든 조직의 운영 책임은 최상위에 있는 자기 자신이라는 점을 인정하지 않았고, 결과적으로 이 비극이 오랫동안 계속된 원인이 되었다.

기업의 방향성을 나타내는 '전략'에는 취해야 할 과제의 필연성을 확실히 알기 쉽게 설명하는 것이 필수다.

그것을 이해한 후에 조직은 자율적으로 움직이게 된다. 나아가 현장에서 전략을 시행하다가 필요성을 느껴 직접 방향 수정에 관한 기안을 상부에 제출할 수 있는 상태를 만들어야 한다.

❷POINT ⋯⋯⋯⋯⋯⋯⋯⋯⋯⋯⋯⋯⋯⋯⋯⋯⋯⋯⋯⋯⋯⋯⋯⋯⋯

모든 기획에는 What, Why, How가 명기되어야 한다. Why가 침투된 조직은 각 책임자가 자율적으로 생각하여 적절한 판단을 하고, 자신의 의사로 움직인다. 나아가 상층부를 향한 방향 수정의 기안도 가능한 상태가 만들어진다.

Part 9

시장을 다양한 각도에서 바라보면,
아직 손대지 않은 시장이나
이기기 위한 시나리오가 보인다

'시장 전략'이란 어떤 것인지 간단히 설명하겠다.

예를 들어 B to C에서의 소비자 시장을 전제로 생각해 보면, 그 시장을 연 수입이나 연령 등의 두 축의 표면상으로 표현한 후 몇 가지 공통 속성을 가진 '군(群)'으로 나눌 수 있다.

가령 연 수입이나 연령이 높은 '군'에는 기업 임원, 연령과 관계없이 연수입이 높은 '군'에는 성공한 창업가나 개업의가 포진해 있다.

이들 '군'에 대해 다양한 기업이 제품이나 서비스를 제공하는 소매 비즈니스가 전개된다. 현재 일본의 고소득자층이나 금융 자산 보유액이 많은 부유층을 대상으로 비즈니스를 전개하는 것이 백화점 채널이다.

그들이 상대로 하는 것은 사업 오너, 의사나 변호사, 대기업 임원, 정년

퇴직하고 자산도 충분히 있는 고연령층, 고소득의 기혼 및 독신 커리어 여성층 등 동기는 다양하지만 좋은 것을 가지고 싶어 하는 사람들이다.

또한 고가의 의류라고 하더라도 머천다이징의 방향성은 품질에 중점을 둔 보수적인 방향성과 때때로 유행이나 재미를 추구하는 두 가지 방향성이 있다.

백화점 채널에서도 가게에 따라서 이들 방향성이 다르며, 각각이 '차별화'되어 있다.

같은 신주쿠 지역의 백화점이라고 해도 게이오 백화점은 연령대가 높은 여성층에게 지지 받는 상품 구성이 강하며, 반면 이세탄 백화점은 모든 연령대의 패션 감도가 높은 부유층을 대상으로 한 상품 구성에 특화되어 있다.

한편, 저가격대의 채널로서는 교외를 중심으로 전개하는 다수의 쇼핑센터가 있다. 나아가 도심부에는 백화점보다는 저가격으로, 보다 유행에 강한 파르코나 JR 동일본의 루미네, 아토레 등으로 대표되는 직장 여성을 주요 타깃으로 둔 채널이 있다.

이들의 관계는 시장 측(이 예에서는 연 수입과 연령), 사업 측(가격대와 취향의 보수적—유행 축)의 각각을 두 축의 평면으로 나타내면 알기 쉬워진다. 사업의 경쟁 상황은 시장과의 사이에서 매핑할 수 있다.

지금 설명한 것 외에 개개의 소비력은 높지 않지만 그 수가 압도적으로 많은, 가격 감도가 높은 '군'이 있다.

이것을 큰 집단으로 삼아 타깃으로 만들 수 있다면 총합으로서는 커

'시장을 다양한 각도에서 바라보면,
아직 손대지 않은 시장이나 이기기 위한 시나리오가 보인다'

시장과 사업 매핑 관계의 예

백화점 채널의 경우

가격대

사업
포지셔닝

보수적 / 유행 / 취향

게이오
백화점

이세탄

연수입
고

의사, 사업 성공자
높은 연봉의
비즈니스퍼슨,
독신 ○

대기업 임원

시장
세그먼테이션
(시장 세분화)

연령
고

니토리/IKEA의 경우

가격대

보수적 / 유행 / 취향

니토리

IKEA

연수입
고

연령
고

일본의 부유층을 메인 타깃으로 한 백화
점 채널도 그 안에서의 다양한 고객층의
기호성에 초점을 맞추고 있다

니토리/IKEA는 공장에 직접 발주하기
때문에 저가이면서 고소득자층들도 만
족할 수 있는 품질과 디자인의 상품을
전개하여 폭넓게 시장을 붙잡고 있다

다란 시장이 되며, 유니클로, 니토리, 아오야마 상사 등 '염가'라는 가장 강력한 차별화 요인을 통해 압도적인 강점을 쌓은 회사는 크게 성공하고 있다.

결국 '전략'은 시장 측과 사업 측의 매핑 관계를 살피며, 다음과 같은 다양한 각도에서 바라본 후 설정하는 축도 수정해가면서 만들어진다.

'경쟁 중인 타사가 놓치고 있는 시장은 없는가?'

'경쟁 중인 타사는 지금 붙잡고 있는 시장을 정말로 만족시키고 있는가?'

'변화하는 시장 속에서 아직 잠재된 비즈니스 기회는 없는가?'

⋮ 아직 손대지 않은 '진공 시장'이 존재한다

주식회사 월드가 2006년부터 시작한 '핑크라테'라는 브랜드가 있다.

이것은 쇼핑센터에서 시작한 패밀리 의류 브랜드에 관해 정교한 시장 조사를 했을 때 초등학교 3~4학년 이후 패션에 관심을 보이기 시작하는 나이대의 여자아이들이 살 만한 옷이 없다는 것을 알고 기획하여 개발된 브랜드다.

이 연령대의 아이들은 당시 '패션 난민 상태'에 빠져 있었고, 마음에 드는 옷을 살 곳이 없어서 어쩔 수 없이 유니클로에서 심플한 옷을 사 입었다.

'핑크라테'는 이온몰 무사시무라야마점을 시작으로 1호점을 출점했다. 매장 한가운데에 비행기를 배치, 기체의 좌우를 뉴욕과 하와이를 모티브로 인테리어를 꾸몄다. 되바라진 10대 소녀가 기분 나쁜 표정을 짓고 있는, 기존의 상식으로서는 있을 수 없는 마네킹을 사용한 무척이나 유니크한 가게였다.

이 가게는 첫날부터 계획을 크게 웃도는 매출을 올렸고, 이틀째에는 가게 오픈 요청을 의뢰하는 개발자들도 다수 가게를 방문했다.

당시는 '패션 비즈니스에서는 할 수 있는 것을 다 했다'라고 말해지던 때였다. 하지만 시장을 다양한 단면으로 바라봄으로써 멍하니 손을 대지 않고 남아 있던 이른바 '진공 시장'의 존재를 찾아낸 것이다.

⦂ '전략은 자사의 상대적인 강점, 약점을 파악하고 만든다

하지만 '진공 시장'을 찾아냈다고 해도 회사에 그것을 비즈니스의 형태로까지 끌고 갈 힘, 그리고 진화시킬 힘이 있는지 없는지는 이후의 커다란 과제다.

'핑크라테'의 경우에도 다른 가게에서 이 컬렉션의 테스트 판매를 하면서 상품의 수준을 끌어올렸고, 고객의 반응으로부터 지지 받을 수 있는 키워드를 명확히 한 후에 MD(상품) 방식을 정했다.

미지의 부분에 관해서는 실험을 반복하여 전략을 쌓고 그 정밀도를 높이는 힘이 없다면 전략을 사업으로써 형태로 만들어 성공시킬 수 없다.

또한, 장기적으로 시장이나 경쟁 상황의 변화 등이 내다보일 때는, 그것을 향한 회사의 능력 개발도 과제가 된다. 필요하다면 M&A(기업의 매수 합병)로 타사가 갖춘 능력을 손에 넣는 것도 한 가지 방법이다.

교외형 캐주얼 의류 전문점도 여명기에는 진즈메이트, 맥하우스 등의 업태가 백화요란 상태였다. 그 후 라이트온 등이 쇼핑센터로의 채널 시프트에 성공했고, 지금에 이르러서는 일본발 기업으로서는 유니클로가 승리를 독식하고 있는 상태다. 그리고 여기에 해외 기업인 H&M, ZARA가 진입했고, 가격대와 상황이라는 두 가지 축으로, 맵 상에서는 분리된 상태가 되었다.

타사와 비교했을 때 자사의 상대적인 능력의 강점, 약점을 바탕으로 시장 진입 시나리오, 혹은 이기기 위한 시나리오를 만들고, 강점을 갈고 닦아 나가는 플랜이 바로 '전략'이 된다.

◆ POINT

경쟁사가 있을 때 사업과 시장의 관계는, 각 기업이 시장에 대하여 다양한 시나리오로 차별화를 행하는 사업과 세그먼트 사이의 매핑 구조로 표현할 수 있다. 방치된 잠재 시장을 발견하거나 시장이 곤란에 빠진 부분이나 불만을 표면화할 수 있다면, 그 시장 세그먼트를 공략할 시나리오를 그릴 수 있다.

Part 10

문제 발견에서 시작되는
로지컬 싱킹을 구사하여,
전략 입안을 위한 여건을 명확히 한다

'전략'이라 불리는 플랜이 필요할 때는 신규 시장에 도전할 때, 시장과의 괴리가 벌어졌을 때, 혹은 시장이 내다보이지 않을 때다.

'전략'을 입안한다는 것은 이런 눈앞의 안개를 걷으며 최적의 길을 발견해 내는 작업이다.

여기에서는 '전략'을 만들 때 문제 발견에서 시작되는 일반적인 진행법을 논해보고자 한다.

현 상황을 타개하거나 V자 회복을 노릴 때 그 전제에 있는 것은 아래의 내용과 같다.

· **현 상황의 과제를 제대로 파악하지 못하고 있다**

- 시장의 '실태'나 '미묘한 사정'을 제대로 파악하지 못하고 있다
- 과거의 성공 경험에서 얻은 '이렇게 하면 된다'가 지금까지는 통용되어 왔지만, 최근에는 그것이 성공을 거두지 못하고 있다

지금 상황의 문제를 피부로는 느끼고 있지만 공략할 방법을 좀처럼 찾지 못하는 상태다.

이때는 사내에서 통용되는 사업이나 시장에 관한 통설을 일단 의심해 보아야 한다.

필요한 검증을 하면서 어디에 진짜 문제가 있으며 어느 방향성의 과제에 대처해 나가야 하는지를 명확히 할 필요가 있다.

여기서 중요한 것은 오감을 바탕으로 자신의 사업관에 더하여 '이치'에 맞는 사고를 통해 생각해야 할 영역을 탐색하고 문제점을 추궁해 나가기 위한 로지컬 싱킹(논리적 사고)이다.

전략 입안이나 문제 해결 시 사용하는 로지컬 싱킹의 기법에 관해서는 이후에 해설하도록 하겠다.

우선 여기에서는 그것들이 어떻게 관련되어 나가는지를 확인해 보고자 한다.

'전략' 만들기는 일반적으로 **'문제 발견(Issue Finding)'**에서 시작한다.

여기에는 현 상황의 실태 파악과 과거를 돌아보는 두 가지 방법이 있다.

현 상황을 파악하는 방법은 많이 있지만, 사업의 '전략'을 세운다는 목

적이라면 3C(Customer, Competitor, Company)에서 시작하는 것이 좋다.

이를 바탕으로 '분석' 작업을 하여 자사의 강점, 유니크함을 활용한 시장 세그먼트에 들어가는 방법을 검토한다.

또한, 과거를 돌아보거나 '학습' 시에는 일반적으로 **'시대 분석'**이 사용된다.

이들 두 가지 방법 모두 깊게 파고들 때는 MECE×로직 트리를 통해 '문제 해결 공간'을 그리면서 전개한다.

예를 들어 '시대 분석'은 우선 매출과 이익의 추이와 그때의 외적인 요인, 내적인 요인을 대응시켜서 무엇이 숫자의 변화에 영향을 끼쳤는지를 '가시화'하는 것에서 시작한다.

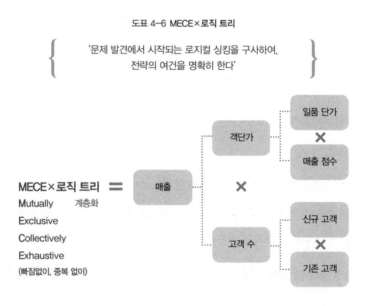

도표 4-6 MECE×로직 트리

{ '문제 발견에서 시작되는 로지컬 싱킹을 구사하여, 전략의 여건을 명확히 한다' }

MECE×로직 트리 ═ 매출
Mutually   계층화
Exclusive
Collectively
Exhaustive
(빠짐없이, 중복 없이)

매출 × { 객단가 × [일품 단가 × 매출 점수] , 고객 수 × [신규 고객 × 기존 고객] }

고객 수와 객단가 등의 필요한 분석을 하고, 거기에 경기의 변화나 경쟁 기업의 행동이 끼친 외부 임팩트 등을 보고, 시계열에 따라 '무엇이, 어떤 변화에 영향을 끼쳤는지'를 명확히 해나간다.

이 과정에서 다양한 깨달음을 얻을 수 있다. 그리고 거기에서 일어나는 일의 인과관계를 결부시킴으로써 다양한 발견(Finding)을 할 수 있고, 성장 요인과 실패 요인도 부각된다.

예를 들어 'ㅇㅇ 사업부는 경쟁 기업과 치열한 점유율 다툼을 해왔음에도 다른 어느 곳보다도 매출이 늘어나고 있다.

영업직의 제안 수준을 높이는 연구가 행해진 듯하다'라는 것을 알게 되면, 다음으로는 각 사업소별 계약 성공률의 변화를 확인하는 등의 대책을 세울 수 있다.

이처럼 'ㅇㅇ이 일어난 것은 아닌가'라고 가설을 세우고, 그 사실 관계를 확인해 나가는 것이 **'가설 사고'**다. 작업을 효과적, 효율적으로 진행하기 위해 유효한 테크닉이다.

그리고 문제점이 보이기 시작하면, 그 중요성과 우선순위를 명확히 하는 **'과제 정의(Issue Definition)'**를 행한다.

이 문제를 발견하고 과제 정의에 이르는 과정에서는 사내외의 유효한 식견도 반영해야만 한다.

보다 좋은 가설을 얻기 위해 현장 책임자에게 재차 사정 청취도 해야 하므로, **인터뷰 스킬과 EQ력**도 요구된다.

특정된 문제를 해결하기 위해 대처해야 할 과제의 테마를 '해결 방향

도표 4-7 **전략을 만들기 위한 문제 발견·과제 정의·평가와 범위 좁히기**

전략 입안을 위한 스텝

→

문제 발견 (Issue Finding)	과제 정의 (Issue Definition)	전략적 대체안의 평가, 범위 좁히기 (Strategic Alternatives)

기본 동작

MECE×로직 트리를 통해 문제 해결을 위해 검토해야 할 '공간'을 그린다. 그리고 매출의 차이, 추이 등의 갭이나 변화를 '가시화'하고, 어디에 문제가 있는지를 명확히 한다.

보이기 시작한 갭, 변화의 원인, 이유를 추구하고 나아가 필요한 분석을 행한다. 그때 '시장이나 현장에서 무슨 일이 벌어지고 있는지' 현장주의를 바탕으로 가설을 세우고 팩트(사실)를 바탕으로 검증한다. 나아가 새로운 깨달음, 발견에서 다음 가설을 세우는 것을 반복한다. 동시에 MECE×로직 트리로 그린 '문제 해결 공간' 그 자체의 재검토를 계속하며 '공간'을 적절한 것으로 수정하여 과제(=해결 방향성)를 명확히 한다.

정해진 해결 방향성에 관하여, 시책의 대체안을 복수 입안. 그런 후 효과와 실행 난이도를 평가·비교하여 실행으로 이행할 안의 범위를 좁힌다.

유효한 프레임워크 / 기법

- 사업의 현 상황 파악: 3C(시장, 경합, 자사)
- 사업의 과거로부터의 검증: '시대 분석'

- 현장주의
- '가설 사고'
- 인터뷰 스킬
- EQ력

- 효과/실행 난이도 평가
- 장단점 평가

성'으로 정리하고, 구체적인 시책으로 전개한다.

이에 대해서도 로직 트리에 그려서 우선순위를 명확히 하여 그 전체상을 확인할 수 있게 한다.

여기에서는 그 사업에서의 대처 수단의 가능성에 대하여 **전략적 자유도**(Strategic Degree of Freedom)를 제대로 탐색하고 망라적인 시점에서 확인한다.

그리고 그 트리하에서 어떤 방식이 제대로 풀릴지를 머릿속에 떠올리면서 **전략적 대체안**(Strategic Alternatives)이라고도 불리는 시책을 입안하고, 효과와 실행 난이도, 혹은 장단점을 평가한 후 우선 그중에서 베스트라고 생각되는 시책을 선택하여 실천으로 옮긴다.

각각의 방법론에 대하여는 앞으로 논하겠지만, 이것들을 완벽히 사용하기 위해서는 '배우는' 것뿐만이 아니라 '익숙해지는' 것이 중요하다.

실천을 통한 반복 없이 플래닝만을 반복하는 경우나 머릿속의 이론만으로 끝나 버리면 그저 계속해서 새로운 전략론을 추구하는 '경영 이론 마니아' 상태에 빠질 수도 있다.

실제로 플래닝을 행한 후에 스스로 실천하거나 실천하도록 지휘하고, PDCA를 돌려서 현실을 익힌 후에야 처음으로 실제 업무에서 이들 이론의 사용법을 체득할 수 있다.

이런 스킬을 학습하는 것은 악기 연주 기술을 학습하는 것과 동일하다. 자기류의 해석으로 진행하면 잘못된 확신이 방치되어 버릴 위험성이 있다.

개인적인 바람일지도 모르지만, 시작할 때만이라도 해당 분야 전문
가의 지도를 받아 직접 작업하며 사내 문제를 해결하는 문화를 만들
어나가는 것이 기업의 능력을 키운다는 측면에서 보자면 가장 바람직
하다.

◯ **POINT** ···

시장이 보이지 않는 상태에서는 가설이라고 해도 일단 한발을 내디디고 손
으로 더듬으면서라도 진행할 수 있는 맵이 필요하다. 이것이 협의의 전략이
다. 전략 입안에서의 문제 해결을 위한 로지컬 싱킹에서는 ① 일련의 기법을
완벽히 구사하여 맵의 구조가 되는 트리, ② 제대로 '가시화'한 분석과 의의
의 추출을 통해 그려내는 시나리오의 배경에 있는 인과관계를 명확히 하는
것에서 시작된다.

3C는 전략 시나리오를 만들 때 사용하기 편리한 프레임워크

전략 입안 시 현 상황을 파악할 때는 현재 자사 사업의 상태를 명확히 하는 것에서 시작한다.

전략 만들기의 방법론으로서 경영학자나 경영 컨설팅 회사에서는 다양한 프레임워크를 발표하고 있다.

목적에 따라 어떤 것이든 유효할 테지만, 실제로 나뿐만 아니라 그 길의 프로들이 이것저것에 손을 댈 필요 없이 이것만으로 충분하며 전략 입안에 사용하기 편리하다고 말하는 프레임워크가 바로 3C다.

우선, 시장(Customer)에 관해서는 도대체 얼마만큼의 시장 규모가 있으며, 그중에서 자사는 어느 정도의 점유율을 차지하고 있는지라는 볼륨을 그 변화와 함께 파악하는 것에서 시작한다. 시장은 무엇을 가치라

도표 4-8 **전략 입안의 3C**

Customer
시장

시장의 실태 파악
• 시장 규모의 지금과 변천을 다양한 각도에서 파악한다. 그리고 앞으로 어떤 식의 변화가 일어날 것인지를 예측한다
• 시장의 구매 동기, 현재화(顯在化) 된 니즈를 정리하여 잠재 상태에 있는 니즈를 살핀다

Competitor
경쟁 상황

자사를 포함한 경쟁 기업의 프로파일링
• 자사를 포함한 경쟁 기업의 특징의 포인트를 파악하여 명확히 하여 비교한다
• 각사의 매출 규모와 획득 점유율, 그 제품이나 서비스를 받아들인 주요 타깃을 명확히 한다

Company
자사

자사의 강점과 약점을 객관(시장 시점, 경쟁 기업과의 비교), 주관(사내에 있는 진짜 강점, 약점은 무엇이라고 생각할 수 있는지) 양쪽의 시점에서 명확히 한다

이들을 여건으로 성장 궤도 도입을 위한 시나리오를 그린다

예를 들어,
• 우선 자사의 강점에서 시장의 어떤 니즈에 대응한 사업 전개에 포커스를 맞춰야 하는가
• 조직 능력이 부족한 경우에는 어떻게 극복해 나가야 할 것인가
• 사업의 폭을 넓혀 나가기 위한 단계적인 스텝론의 정립
• 절대적인 강점을 획득하기 위해 자사의 약점을 어떻게 극복해 나가야 할 것인가

고 인정하고 그 제품이나 서비스에 돈을 지불하고 있는지. 어떤 동기를 가진 고객층이 어떤 시장 세그먼트에 어느 정도 있는지를 명확히 해야 한다.

시장을 그린 맵에 대해서 경쟁 기업(Competitor)은 각각 자신의 강점을 구사하여 사업 전개를 반복한다. 후발 기업은 보통 무언가의 차별화를 행하여 우선 시장의 일부를 **빼앗기** 시작한다.

결국 '더욱 싸다', '더욱 기능적이며 편리하다', '더욱 즐겁다'와 같은 차별화된 요소를 바탕으로 판단한 고객 측이 제품이나 서비스를 나눠서 이용하게 되며, 시장의 세그먼테이션(시장 세분화)이 일어난다.

여기에서는 맵 등을 사용하여 어떤 시장의 세그먼트를 자사를 포함한 경쟁 기업이 현실에는 어떻게 나눠 가지고 있는지를 '가시화'하는 작업이 필요하다.

자사(Company)에는 일반적으로 그 특유의 강점과 약점이 있다.

그 강점은 충분히 시장에 전해지고 있는지, 시장이 볼 때 자사는 어떤 우위성을 지니고 있다고 인식되고 있는지, 약점 극복이 가능한지 등을 검증하면서 이길 수 있는 시나리오를 만들어 나간다.

이들을 명확히 하면서 승리를 위한 시나리오를 만들게 되는데, 여기에서 성패를 가르는 것은 얼마나 제대로 이를 '가시화'하고 자사의 조직 내에서도 알기 쉬운 전략을 그릴 수 있는지에 달려 있다.

시나리오가 저절로 떠오르는 프레임워크

프레임워크 중 정리가 편리하며 그럴싸한 결과물을 만들 수 있는 것이 많다. 자료의 문맥을 제대로 파악하지 못하는 경영자가 그것을 보며, 때로는 '오오!' 하며 감탄한다. 이는 겉보기에는 훌륭한 자료로 완성된다.

하지만 막상 문제점을 깊게 파고들어서 실제 시책을 정하고 액션 플랜(실행 계획)을 만들려고 생각했을 때, '그래서 그게 뭔데?'라며 멈춰 버리고, 결국 그대로는 아무런 도움이 되지 않는 것도 많이 있다.

예를 들어, 마케팅 분석에서 사용하는 SWOT 분석도 분명 정리를 위해서는 사용하기 편한 프레임워크임이 분명하다. 하지만 자유도가 너무 높은 탓에 얼마든지 '그럴싸하게' 제멋대로 정리할 수 있다. 이것을 조직에서 유효하게 사용하기 위해서는 기입을 할 때 다양한 제약을 부과하지 않으면 안 된다. 이런 까닭에 일부에서는 SWOT의 이용을 금지하는 기업도 나오고 있다.

3C 프레임워크의 좋은 점은 이 프레임워크에 따라 분석하고 '가시화'를 제대로 진행하면 시나리오가 저절로 떠오르도록 사용자를 '이끌어 준다'는 점이다.

◑POINT

좋은 프레임워크는 우리를 해답으로 이끈다. 프레임워크는 그 내용을 채우는 것이 목적이 아니라 '무엇을 아웃풋으로 노려야 하는가'를 명확히 하여 시나리오를 그리기 위해 사용하는 것이다.

도표 4-9 **자사까지 포함한 경쟁 비교의 차트 예시**

기존 경쟁 점포 브랜드의 비교 분석

	가게 구성		접객			상품						
	입지	점포 기획	기본 대응	제안력		가격대	품목 수	매장 재고 수	디자인	품질	편집	총평
A 🏪 점포 수: ○○					코트	000~000원	00	00	○	◎		◎
					자켓	000~000원	00	00	△	◎	•○	
	○		○		팬츠	000~000원	00	00	○	○		○
					셔츠	000~000원	00	00	△	○		△
B 🏪 점포 수: ○○					코트	000~000원	00	00	△	△		△
					자켓	000~000원	00	00	△	△		
	○	△	×	△	팬츠	000~000원	00	00	△	△		△
					셔츠	000~000원	00	00	△	×		×

마찬가지로 여기에서 자사 점포를 나열하고,
시장 시점에서의 강점과 약점을 명확히 한다

실행으로 이어지는 전략을 만들기 위해서는 시책에 대해 현실적인 실행 난이도 평가가 필수다

저명한 컨설팅 회사에 의뢰하여 전략을 만들게 했다고 치자.

예를 들어 시장의 세그먼테이션을 행한 후

"여기에 미개척 사업 기회가 있습니다."

라는 심플한 수준의 제안도 있는가 하면

"귀사는 종래 PL(손익계산서)을 의식한 플로(flow) 시점의 비즈니스를 해 왔지만 앞으로는 부동산 등의 소유 자산을 유효하게 사용하는 스톡(stock) 시점의 비즈니스를 해야 합니다."

와 같은 레벨까지 전략적 자유도를 구사하여 기업 측이 기존에는 깨닫지 못했던 시점에서의 제안도 있다.

제안을 받은 클라이언트 기업 측에서는 '그렇군요'라는 칭찬을 받으며, 깨닫지 못했던 시점을 제공했다는 의미에서는 가치가 있는 제안이 이루어졌다고 볼 수 있다.

하지만 그 새로운 시점의 전략이 실제로 실천되는지를 보면, 비싼 돈을 주고 '결국 아무 일도 일어나지 않는' 일도 꽤 높은 빈도로 발생한다.

'획기적인 시점이다'라는 가치는, 견해를 바꿔 보면 그것을 현실적으로 실행하기 위해서는 뛰어넘어야 하는 보이지 않는 벽이 존재한다는 것을 의미한다.

따라서 전략을 포함하여 모든 기획은 그 시책안에 관하여 난이도를 평가할 필요가 있다.

시책의 평가를 위해 편의에 따라 '장점, 단점'에 의한 평가를 모든 기획에 대해 행하는 기업도 있다.

시장 전략에서는 경쟁 상황에서의 우위성을 비교·평가하고, 그 안에서의 자사의 사업 전개 방식을 검토한다.

하지만 애초에 입안한 시책을 실시하고 성공에까지 이르게 하는 데 필요한 사내의 조직 능력이 있는지 없는지는 실천을 할 때 매우 중요한 부분이다. 외부 컨설턴트가 전략을 정리할 때는 이런 실행 시책의 난이도에 관해 상당히 느슨하게 생각하는 경우가 많으므로 주의가 필요하다.

도표 4-10 **전략적 대체안의 평가**

장점, 단점 평가 예시

대체안	장점	단점	종합 평가	
			판정	선택/비선택 판단 이유
A	xxxxxxxxxx ◎ xxxxxxxxxx ○	xxxxxxxxxx △ xxxxxxxxxx △	○	xxxxxxxxxx
B	xxxxxxxxxx ○ xxxxxxxxxx ○	xxxxxxxxxx △ xxxxxxxxxx ✕	△	xxxxxxxxxx
C	xxxxxxxxxx ○	xxxxxxxxxx △ xxxxxxxxxx ✕ ✕	✕	xxxxxxxxxx
⋮				

정기적인 평가에 굳이 ○△✕를 달아서 정량적인 논의가 이루어질 수 있도록 '컨버트(치환)'한다. 확인하는 측(윗사람)과, 이 평가가 적절한지 어떤지에 대해 합의할 수 있는지 논의한 후 어떤 대체안을 선택할지를 결정한다.

최종적으로 어떤 점을 중시하여 선택/비선택이라는 평가를 했는지를 언어화한다. 판단은 최종적으로는 주관적인 것이 되므로, 이 부분은 확실히 문장으로 정리해 둔다.

안이한 도피를 허용하지 않는 환경을 만든다

실시 능력에 대해 충분히 검증하지 않은 채로 '이 정도는 할 수 있겠지'라는 느슨한 생각으로 사내에 공개해 버리면 현장의 마인드는 조용히 '할 수 없는 이유 총출동' 상태가 된다.

난이도가 높다고 평가된 시책은 가령 수고나 시간이 들더라도 기업의 힘을 키우는 것에 공헌하는 것이다.

반대로 난이도가 낮은 시책은 동업자가 그것을 간파한 경우 금방 같은 것을 흉내 낼 가능성도 있다.

본래는 현장과 경영자 사이의 간격이 잘 좁혀져 있는 것을 전제로 예를 들어 '도요타 생산 방식'의 학습처럼, 난이도는 높더라도 절대적인 차별화로 이어질 수 있는 시책도 중장기적인 시점으로 대처할 필요가 있다. 실행하고자 결정한 시책이 제대로 진행되지 않는 경우는,

'왜, 안 되는가?'

'그것을 극복할 수는 없는가?'

를 추구해야 한다. 그렇지 않고 이유가 불명확한 채로 '어려울 것 같군'이라는 말로만 방치하면 새로운 도전 거리에 대해서 '하지 않는 이유',

도표 4-11 '효과와 난이도'의 사고방식

'효과와 난이도'의 두 축 평가 예시

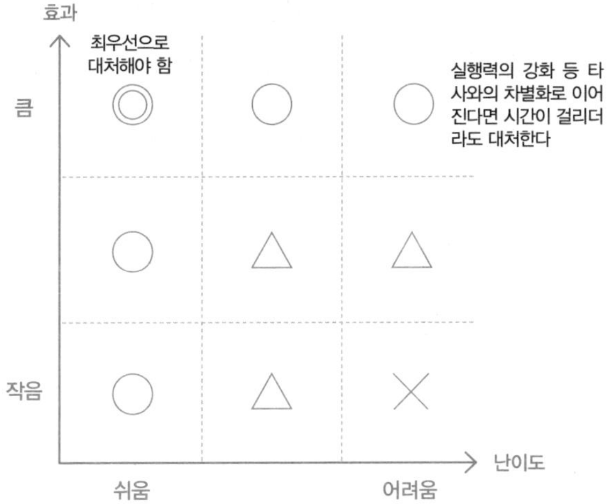

대처해야 할 시책에 관해서는 효과의 크고 작음뿐만 아니라 그 난이도도 평가한다. 또한 가령 난이도가 높은 것이라도 효과가 크고, 경쟁 기업 대비 확실한 우위성을 얻을 수 있는 것이라면 수년이 걸리더라도 중장기 과제로서 대처해야 한다

'지시를 무시하게 만드는 변명'이 통용되는 환경이 만들어지게 된다.

시책을 시행하더라도 자신의 평가로 이어지지 않는다고 생각되는 경우, 시행하면 자신에게 불리할 수 있는 경우, 그리고 무엇보다도 단순히 '귀찮으니까 하지 않겠다'라는 동기가 통용되는 경우 등 하지 않는 이유야 무한대로 들 수 있다.

미국 기업에서는 조금 난이도가 높은 것이더라도 경영자는 '할 수 있는 방법을 생각하라. 그것이 자네들 매니저의 사명이다'라고 '도피'를 허락하지 않는 자세를 기본으로 삼는다.

하지만 '화합'을 전제로 하는 많은 일본 기업의 매니지먼트는 경영자가 실천의 이미지를 명확히 머릿속에 그린 후에 PDCA를 제대로 밟아서 행하지 않으면 느슨함을 허용하게 되어 조직적으로

'사람은 기본적으로 선하지만 기본적으로 게으르다'

라는 사태가 만연하게 된다. 나아가 이런 상태가 장기화되면 엄격함은 사라지고 주장이 강한 자만이 활개를 치는 상태가 펼쳐질 가능성이 크다.

나아가 많은 기업에서는 고도성장기 이래 꾸준히 기업 규모가 상승하는 것을 전제로 한 경영법이 지금껏 답습되고 있다. 자사의 노력을 통해 사업 가치의 향상을 추구하는 엄격함이 기업 문화로까지 뿌리내리지 않은 기업도 많다.

시책의 난이도 평가를 정밀도 높게 행할 수 있는 것은 비즈니스와 조직의 움직임을 피부로 이해하는 사내의 인재다.

외부에서 만든 '전략'도 포함하여 모든 기획에 대해서는 이치에 맞는 이슈 정의를 해야 한다. 그리고 '해결의 방향성'을 정한 이후 시책의 선정 단계에서는 효과와 난이도를 제대로 평가하고, 스스로의 언어로 말하여 합의를 얻고 실행으로 옮길 수 있는 상태를 만들어야만 한다.

⊘ POINT

실행되지 않는 전략은 아무런 가치가 없다. 시책에 관해서는 반드시 효과와 난이도 두 가지 축에 의한 평가를 행한다. 사내에 그것을 해낼 능력이 있는 지에 대해서도 제대로 평가를 행한다.

Part 13

'시대 분석'이란 자사업의 과거를 돌아보고 새롭게 '학습'하는 것

전략을 만들 때는 많은 경우 기업이 다음 성장 시나리오를 찾아 탐색할 때다. 그러기 위해서는 우선 사실을 바탕으로 과거와 현실을 파악해야만 한다. 현 상황을 파악하는 방법의 하나로, 과거로부터 학습하기 위한 '시대 분석(Era Analysis)'이라는 기본 분석법이 있다.

'미래는 과거의 연장선에 있지 않다'라는 말이 있는데, 정확하게는 '무의식중에 일어나는 사고 정지 상태인 채, 타성에 의해 과거의 방식을 옳다고 여기고 계속 시행해서는 안 된다'라는 의미다.

사업을 재성장 궤도에 올릴 때는 무엇이 자사의 성장에 기여하고 무엇이 트리거가 되었는지, 그리고 무엇이 침체의 원인이 되고 그 트리거가 된 것은 무엇인지를 명확히 해 둘 필요가 있다.

이 분석은 과거의 각 시책에 대하여 매출과 이익, 깨진 계약 건수 등의 숫자가 어떤 식으로 반응하고 변화했는지를 '가시화'하여, 그 인과관계를 연결해 나가는 작업을 행한다.

자사의 버릇도 '가시화'한다

사람과 마찬가지로 기업에도 '버릇'이 있다.

습관이나 문화라는 말로 바꿀 수도 있는 이 '버릇'에는 좋은 버릇과 나쁜 버릇이 있다. 문제는 그것이 어느 쪽이든 공기처럼 존재하는 것을 당연하게 여기고 본인들은 자각하지 못하는 경우가 많다는 점이다. 예를 들어 도요타의 직원에게 "도요타의 강점이 무엇인가요?"라고 물어도 질문한 쪽이 듣고 싶어 하는 답이 되돌아오지 않는 경우가 많다. 우량기업이 갖춘 다양한 좋은 습관은 이미 당연한 것처럼 자각도 하지 못한 채 '좋은 버릇'으로서 정착해 있기 때문이다.

자사가 가진 '버릇' 중에 '나쁜 버릇'을 깨닫지 못하면 반드시 그것은 반복된다.

또한 위험한 예로서 '개혁'이라고 칭하며 자사가 가진 '좋은 버릇'까지 제거해 버리는 일도 있다.

일방적인 원맨 경영자가 자사의 '좋은 버릇'을 별다른 악의 없이 계속해서 파괴하여, 결과적으로 기업의 힘을 약하게 만드는 사례도 수없이 많다.

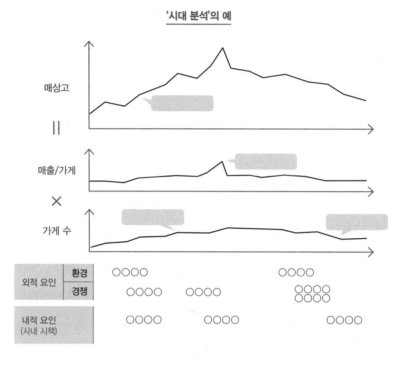

도표 4-12 **현 상황 파악과 의의 추출**

'시대 분석'의 예

변화가 있는 부분은 그 원인을 외적 요인인지 사내 시책에 의한 것인지를 구별하고,
구체적으로 명시한다.
이에 따라 외/내적 요인이 어떤 결과에 영향을 끼쳤는지,
그리고 그 강약의 인과관계를 명확히 한다

그런 자사의 '사고, 행동의 버릇'의 존재를 '가시화'하여, 깨달음을 주
는 것이 '시대 분석'이다. '시대 분석'은 가로축에 시간을, 세로축에 매출
과 이익을 넣어 각년도의 외부 환경 변화나 자사의 시책이 어떻게 매출
과 이익에 영향을 끼쳤는지를 확인해 나간다.

어떤 기업이든 간부급 직원들은 다들 자사의 지금까지의 역사에 관해

당사자로서 숙지하고 있다고 자부한다. 분명 그건 틀리지 않은 말이지만, 과거 일어난 팩트를 자신의 감각으로 기억하고 있을 뿐이라는 표현이 더욱 옳을 것이다. 그리고 그것이 진짜 인과관계가 있는지에 관해서는 검증이 불충분한 채로 방치되는 일도 있다.

시책과 결과의 연동성을 명확히 알 수 있다

실제로 일어난 일과 그 인과관계를 시계열로 '가시화'하여 정리해 보면, 실제로는 새삼 깨닫고 놀라게 되는 일이 많다.

차트화하여 가로세로에 고객 수, 객단가, 혹은 신규 고객의 획득 수, 기존 고객의 재이용 수 등을 넣고 각각을 따로 떼어 내어 바라보면 시책과 결과의 연동성이 명확해지며, 많은 깨달음이 생겨난다.

'그때의 수단은 이렇게 긴 시간 동안 효과를 발휘했군'

'그 수단의 효과는 1년뿐이었던가'

'결국, 그때의 수단이 실패한 것이 그 후 지금에 이르기까지 줄곧 영향을 끼치고 있다'

나아가 한 간부 직원이 다음과 같은 말을 하는 것을 들은 적도 있다.

"당시에는 사장을 바보라고 생각했었는데, 지금 보니 제대로 생각하고 있었네."

여담이지만, 어느 기업의 창업자인 원맨 경영자가 입버릇처럼 하던 말이 있었다.

"우리 회사는 과거를 묻지 않는다. 돌아보지 말고 앞만 보고 나아가자."

당시에는 그것을 듣고 대단하다고 생각했지만, 어느 순간 그 의의를 깨달았다. 이 회사의 시책은 세부까지 전부 이 경영자가 결정했었다.

따라서 이 경영자는 많은 실패로부터 자기 자신은 배움을 얻었지만 '검증이라는 이름으로 자신의 실패를 공개해서 총괄하지 마라' 한 것이 본심이었던 것이다. 물론 나는 그곳에서 참모로서 사실을 바탕으로 과거의 실패에 관한 인과관계를 넉살 좋게 총괄했지만 말이다.

기업 경영에서는 실패는 사람에게 귀결시키지 않고, 방법론이나 사고방식, 규칙에 귀결시켜 절차의 개선(PDCA의 A)을 행하는 것이 대원칙이다.

원맨 경영자의 회사라고 해도, 회사를 영속적으로 발전시키고 싶다면 조직으로서의 '학습'을 촉진해야만 한다.

전략을 기안한 것이 가령 경영자라고 하더라도, 경영기획실 등의 측근이 그것을 플랜(P)의 작법에 따라 기술하여 PDCA가 돌아가는 형태로 만들어야만 한다.

✔POINT

조직으로서 과거를 돌아보고 '학습'하기 위해서는 '시대 분석'이 유효하다. '시대 분석'은 조직으로서의 다양한 '깨달음'으로 이어진다.

Part 14

시장은 변화하며
새로운 사업 기회를 낳는다

시장은 시간의 경과와 더불어 재미있을 정도로 다이내믹하게 변화한다.

보다 좋은 것을 지향하는 완만한 변화도 있고, 경쟁 기업의 진입에 따라 고객 쟁탈전이 격심해지는 등 다양한 힘이 작용하여 처음에는 상정하지 않았던 방향으로도 다이내믹한 변화를 일으킨다.

여기에서는 내가 과거 재적했던 멘즈플라자 아오키를 보유한 아오키 인터내셔널(현 AOKI HD)의 예를 들어 보겠다.

'양복의 아오야마', '멘즈플라자 아오키' 등의 교외형 신사복 전문점을 전개하는 체인이 1990년대에 도심부의 주택지 인근에서 점포 수를 늘려 백화점의 남성 정장 매장의 고객이 다수 그쪽으로 흘러간 적이 있다.

이처럼 시장의 변화가 일어나면, 기존 비즈니스의 고객 일부가 빠져나가기 때문에 그대로라면 매출이 전년보다 떨어진다.

시장이 변화한다는 것은 시장의 모습, 즉 양상이 변화한다는 것이다.

이것을 맵으로 표현해 보면 '물고기 무리가 있는 장소'가 기존의 장소보다 먹을거리가 많은, 혹은 지내기 편한 장소로 이동하는 것으로 나타낼 수 있다.

⫶ '교외의 점포에서는 절대로 사지 않는다'라는 고객층이 있는 것을 발견

여기에서 정장 비즈니스를 그 변천부터 살펴보자.

과거 정장이 단벌옷을 맞춤 제작으로 만들어 입던 시대에, 이른바 '기성품'이라고 불리는 정장의 전개가 시작되어 백화점에서 팔리는 시대가 오랜 기간 이어졌다.

그러던 중 아오야마 상사, 아오키 인터내셔널 등이 땅값이 저렴한 입지에서 교외형 점포를 열기 시작해 도심부에 있는 백화점의 남성 정장 매장의 매출은 극감하고 말았다.

한편, 교외형 점포도 치열한 출점 경쟁을 벌이면서 순식간에 과당 경쟁 상태가 되었고, 기존 점포의 매출이 전년보다 큰 폭으로 떨어지게 되었다.

시장이나 경쟁 상황의 모습이 달라지면 종래 시장의 고객 분포 상황에도 변화가 일어나며 조용하게 새로운 요망이 돋아나게 된다.

당시 아오키 인터내셔널의 멘즈 사업의 책임자로서 재건을 명령받은 나는, 기존 점포의 판촉 수법, 판매 수법의 재검토를 진행하며 업무 정밀도를 높이는 PDCA를 정착시켰다. 그런 한편으로는 현 상황의 시장 양상을 명확히 파악하기 위해 다양한 각도에서 조사 항목을 정해 시장 조사를 실시했다.

그렇게 알게 된 것 중 하나가, 당시의 교외형 신사복 매장의 경우 강렬한 저가 판매 이미지가 있었기에 '그곳에서 옷을 사는 내가 너무 볼품없고, 용서할 수 없다'라고 생각하여 교외의 점포에서는 절대로 정장을 사지 않겠다는 고객층이 40% 정도 있다는 현실이었다.

하지만 그렇다고 해서 이 고객군이 반드시 백화점이나 셀렉트 숍에서 고가의 정장을 사고자 하는 마음을 먹고 있는 것만도 아니라는 점을 알게 됐다.

그들의 니즈를 살펴보니, 가능하면 도심부나 쇼핑센터에 있는 멋진 가게에서 그렇게 비싸지 않은 가격에 정장을 살 수 있다면 좋겠다고 느끼고 있다는 것을 읽을 수 있었다.

당시의 교외형 신사복 매장은 저렴함을 무기로 소비자를 불러 모으고 있었기에, 쇼핑센터에서는 자신들의 이미지를 고려하여 그런 점포의 출점을 허락하지 않는 상태였다.

당시 선행하여 새로운 업태를 전개하던 기업이 있었다. 교토에 본사를 둔 주식회사 온리가 '더 슈퍼 슈트 스토어'라는 점포를 전개했던 것이다. 이곳은 종래의 정장 점포와는 다르게 백색을 기조로 한 깔끔한 이미지로 인테리어를 하고, 저렴한 가격대의 투 프라이스(Two Price) 정책을 택한 상태였다. 이 업태에는 몇 개인가 참고할 수 있는 포인트가 있었다.

변화가 있는 곳에 비즈니스 찬스가 생겨난다

시장 조사를 통해 명확해진 것은 '우리가 더 싸다'며 고객을 불러 모으는 교외형 점포보다는 '이 가게에서 샀다'라고 주변에도 말할 수 있는 이미지가 좋은 가게에서 가능하면 그렇게 비싸지 않게 사고 싶다는 니즈였다.

도심부에서도 전개할 수 있고 쇼핑센터에도 출점 허가를 받을 수 있는 매장을 기획해야 한다는 생각에, 우선 젊은 층부터 중년 세대를 대상으로 업태를 파악했다.

이렇게 신규 성장 분야를 개척하기 위해 기획한 것이 현재의 '오리히카'의 전신인 '슈트 다이렉트'라는 업태였다.

다만 당시, '타사를 흉내 낸다'라는 것이 이 업계의 상식이었고, 어떤 회사이건 개척자인 '더 슈퍼 슈트 스토어'와 같은 방식으로 사업을 전개해야 한다는 오너의 의향이 강하게 작용하여, 저가격의 투 프라이스로의 전개를 하지 않을 수 없었다.

정장은 저렴하게 판매한다고 해서 시장 전체에서 판매하는 총 옷의 개수를 늘릴 수는 없다.

특히 본래 도심부에서는 가격대가 높아도 질이 좋은 것을 구하는 고객층이 존재하는 시장이다.

결과적으로 임대료 비율이 기본적으로 비싼 도심부의 쇼핑센터형 저가격 신사복 가게라는 업태는, 그 수익성을 필요 이상으로 낮게 잡을 수밖에 없었기에 이익 폭이 작은 업태가 되었다.

얼마 되지 않아 동업 타사로부터도 같은 방향성의 업태로서 '슈트 컴퍼니', '퍼펙트 슈트 팩토리', '슈트 셀렉트' 등이 전개되기 시작했다.

남성 정장의 고객은 우선 도심부의 백화점에서 교외의 로드사이드 매장으로 옮겨갔고, 다시 그 양쪽의 일부 고객이 도심부 혹은 쇼핑센터의 보다 스타일리시해 보이는 정장 매장으로 옮겨갔다는 말이 된다.

지금은 보다 쇼핑센터를 중심으로 가격 경쟁력에 힘을 쏟고 있는 '오리히카', 도심부를 중심으로 상품력으로 승부하는 '슈트 컴퍼니', 그들 양쪽을 다 잡으려고 하는 '퍼펙트 슈트 팩토리'로 나누어진 양상이 되었다. 어느 시대이건 시장은 변화를 동반하며, '그렇다면 이쪽이 조금 더 좋아'라고 진화한 시장 니즈가 잠재 시장으로서 태어난다. 이것을 만족시키는 비즈니스가 새롭게 태어나며, 이 상태를 **시장의 세분화(세그먼테이션)가 진행된다**'라고 표현한다.

새로운 비즈니스로 세분화된 일부 시장이 그 자리를 차지하면, 기존 업태의 시장의 파이는 필연적으로 작아진다. 이로써 기존의 사업으로서는 '위기'에 몰리게 된다.

하지만 '위기는 기회'다.

시장은 기업 측의 도전에 반응하여 변화를 일으킨다.

특정한 시장 세그먼트를 직접 차지하러 나서거나 더욱 큰 변화를 시장에 선보이는 등 적극적인 도전을 계속하는 이상, 자사가 깨달을 수 있는지는 차치하고, 기회는 사실 손이 닿는 곳에 존재할 때가 많다.

따라서 여기에서는 아직 보이지 않는 잠재 시장을 어떻게 '가시화'하고 현재화시키는지가 큰 과제다.

실제로 일본에서는 아직 인터넷 판매만 하며 매장 전개를 하고 있지는 않지만 도심부의 고객층을 상정한 슈트 서플라이(SUITSUPLY)라는 업태가 새롭게 태어났다. 이곳에서는 4~6만 엔이라는 가격대를 중심으로 양질의 정장을 판매하며 기존 시장의 틈새를 파고들기 시작했다. 또한 전 세계를 상대로 비즈니스를 펼치고 있다.

변화를 계속하는 시장에는 언제나 비즈니스 찬스가 동반되는 법이다. 이것을 잊어서는 안 된다.

✔POINT

시장은 언제나 진화하고 변화한다. 이것이 시장 세분화(세그먼테이션)를 촉진한다. 그 변화에 따라 새롭게 태어나는 시장에는, 그 그림자에 아직 아무도 깨닫지 못한 찬스가 어딘가에서 만들어지고 있다. '위기는 변화이자, 그 변화에는 찬스가 숨어 있다'

시장은 언제나 변화(=진화)한다. 즉, 세분화가 진행된다

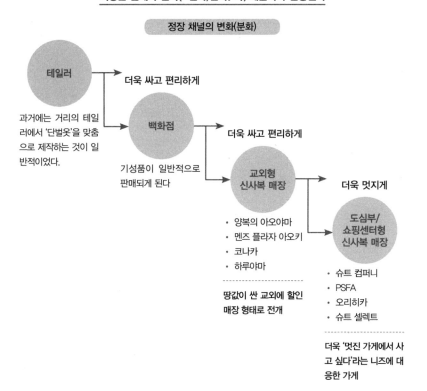

정장 채널의 변화(분화)

테일러

과거에는 거리의 테일러에서 '단벌옷'을 맞춤으로 제작하는 것이 일반적이었다.

더욱 싸고 편리하게

백화점

기성품이 일반적으로 판매되게 된다

더욱 싸고 편리하게

교외형 신사복 매장

· 양복의 아오야마
· 멘즈 플라자 아오키
· 코나카
· 하루야마

땅값이 싼 교외에 할인 매장 형태로 전개

더욱 멋지게

도심부/ 쇼핑센터형 신사복 매장

· 슈트 컴퍼니
· PSFA
· 오리히카
· 슈트 셀렉트

더욱 '멋진 가게에서 사고 싶다'라는 니즈에 대응한 가게

다음 잠재 니즈를 찾는다=차별화

시장을 '창조'하는 시나리오를 만드는 데 필요한 것은 고객의 미소를 떠올리는 것

일반적으로 전략을 만들 때는 시장의 데이터를 파악하며 기존 시장을 분석하는 것에서 시작하여, 다음으로는 경쟁 기업과의 상대적인 관계에서 어떻게 차별화를 행하여 시장을 뺏을지에 관한 시나리오를 생각하게 된다.

'이 시장 세그먼트에서는 경쟁 기업의 약점이 보이니까 여기를 공략하자'

'그러기 위해서는 이 시장 세그먼트의 고객층에게 당사의 제품이 더 뛰어나다는 것을 전하기 위해 이런 메시지를 강조하고 이런 매체를 사용해서 홍보를……'

이런 식으로, 세간의 전략론은 기존 시장의 일부를 '빼앗거나' 혹은 '시장 세그먼트 중에서 아직 경쟁 기업이 공략하고 있지 않거나 놓치고 있는 시장을 명확히 하여 공략하기' 위한 시나리오를 만드는 방법이다.

하지만 이것은 현재화된 니즈를 서로 뺏고 빼앗기는 이야기이자, 새로운 시장을 만들거나 새로운 니즈를 현재화하거나 하는 것이 아니다.

새로운 시장을 '만드는' 경우는 시장에서 어떤 사람들이 어떤 부분에 불만을 느끼고 있는지를 파악한 후에,

'이 시장은 현재의 제품이나 서비스의 이런 점에 불만을 느끼고 있(는 것처럼 보인)다'

'이 사람들은 이것을 기뻐한다(기뻐할 것이다)'

등 시장의 프로파일링을 바탕으로 고객의 미소를 머릿속에 떠올리며 시나리오를 '만든다'.

대개 B to C 비즈니스의 차별화는 가격, 편리성, 즐거움이라는 세 가지 축으로 구성된다. 이러한 세 가지 축의 프레임워크를 계속 바라보며 머리를 쥐어 짜내도, 연간 매출이 8,000억 엔을 넘기며 지금도 활약 중인 돈키호테 같은 업태의 아이템 따위 머릿속에 떠오르지 않는다.

여기에서는 이미 언어화된 세계에만 머무르지 말고, 이른바 마케팅적인 접근이 필요하다.

과거 스티브 잡스가 주장한 마케팅 불요론은 '우리 애플사는 마켓을 창조하는 마켓 리더가 되어야 한다'라는 의미이자, 이 '창조'라는 행위가 애플의 존재 의의임을 선언한 것이라고 파악해도 좋으리라.

᠄ 성공의 이미지를 사내에서 공유하지 못해 발생한 실패

그런데 이런 새로운 마켓을 만들기 위한 '이미지'는 실천 단계에서부터 사내에서 공유해야만 한다.

이는 어느 기업에서, 업계에서 오랜 기간 이어진 가격 경쟁 상태에서 벗어나기 위해 완전히 타사와 차별화할 수 있는 접객 방법론을 전개하려고 했을 때의 이야기다.

이 기업은 미국의 어느 기업이 7년에 걸쳐서 구축한, 타사가 따라올 수 없는 차별화에 성공한 극비의 접객 시스템에 관한 노하우를 알게 되었다. 따라서 이것을 도입한 플랜을 만들고 공들여 준비한 후에 전개를 시작했다. 그리고 실험을 통해 충분한 효과를 확인하여 '확립되기까지는 어느 정도 시간이 필요하지만, 이것으로 절대적인 차별화를 할 수 있는 포지션을 구축할 수 있다'라며 막 시작하려던 때의 이야기다.

자기 과시욕이 강한 이 기업의 경영자는 동업자들이 모인 장소에서

"우리는 이번에 ○○이 성공 중인 획기적인 접객 시스템을 도입하여 온리 원의 자리를 차지할 것이니까……."

라고 큰 소리로 떠들고 말았다. 이 탓에 본격적으로 새 시스템을 전개하기 전에 노하우가 공개되어 버린 적이 있다.

이 경영자는 저가격 판매의 세계에서 줄곧 싸워왔던 사람이자 아마도 머릿속에는 그 시책이 시장에서의 독무대를 만들 수 있는 획기적인 것이라는 이미지를 우리만큼은 머릿속에 그리지 못했던 것 같다.

사내의 의사 결정과 실행에 관여하는 사람들에게 그 이미지를 전하

는 방법을 연구하는 것을 게을리했을 때의 교훈이 되는 사례라고 생각한다.

일본 기업이 잘하는 시장을 '키우는' 것

나아가 또 하나 중요한 것이 '키운다'라는 시점이다.

지금은 IT 가전제품에서 프로그램을 간단히 복사할 수 있으며, 기술자를 해외 기업에 빼앗기거나 하여 귀중한 국내의 기술 지식이 유출될 때가 있다. 결과적으로 글로벌 시장에서는 저렴한 해외 기업의 제품에 점유율을 빼앗긴 지 오래다.

하지만 카메라 등의 렌즈에 사용하는 광학 부품처럼 연마 기술에서 차이가 나는 제품이나 가마의 단조 기술을 사용하여 밥을 맛있게 지을 수 있는 밥솥 등의 일본 제품은 전 세계에서 인기를 끌고 있으며, 일본 국내에서도 아시아 관광객의 쇼핑 대상이 되곤 한다.

과거 백색 가전은 '이런 로테크(low-tech) 제품의 기술 등은 제아무리 열심히 개선하고 갈고닦아도 부가가치가 높은 비즈니스는 되지 않는다'라고 여겨졌다.

하지만 현장의 기술자가 PDCA를 돌려가며 개선을 거듭해 기술을 갈고닦은 결과, 신진 해외 기업이 간단히 흉내 낼 수 없는 기술을 '키워 내어' 쉽게 뒤를 쫓아올 수 없는 비즈니스가 되었다.

이처럼 기술이나 제품, 서비스를 기술자가 개선을 거듭해 갈고닦음으로써 '키우는' 것은 일본 기업이 잘하는 것 중 하나다.

이를 '빼앗는다', '만든다', '키운다'는 각각이 양립 불가능한 것이 아니다.

전략 입안 과정에서는 마케팅의 한 분야에서라도 고객의 프로파일링을 통해 성공의 시나리오를 찾아야 한다.

'키우는' 능력을 갈고닦은 뒤에는 기업의 본래 강점, 오퍼레이셔널 엑설런스(Operational Excellence, 실천력의 우위성)가 배양되며, 그 고유 기술 외의 분야로 나서도 이길 수 있게 된다.

외부에서는 잘 보이지 않는 사업 프로세스를 계속하여 진화시키며, 강한 사업 능력을 키워낸 것이 지금도 성장 기조에 있는 일본의 우량 기업인 것이다.

⊘**POINT** ··

사업에서 승리하는 법은 크게 나눠 세 가지이다.
❶ 경쟁 우위성을 바탕으로 빼앗고 공략한다.
❷ 아직 실현화되지 않은 시장을 창조한다.
❸ 키워서 극대화한다(자사업의 압도적 우위성을 갈고닦는다).

문제 해결의 기본은
MECE×로직 트리+가설 사고

문제 해결을 위한 '공간'을
MECE × 로직 트리를 사용해 그린다

문제 해결을 위한 프레임워크는 수없이 많다.

서점에 가면 각종 프레임워크를 모아 놓은 모음집을 저렴한 가격에 손에 넣을 수 있다.

다만 그런 프레임워크는 그 구조를 통해 판단하면 **전부 다 MECE와 로직 트리에서 만들어진 후 용도에 따라 다양하게 변화된 것이다.**

프레임워크를 실무에서 사용하는 경우에는 목적에 따라 커스터마이즈가 필요한 때도 많다.

실제로 어느 레벨 이상의 스킬을 가진 비즈니스퍼슨은 프레임워크에 관해 특별히 배우지 않았더라도 '이치'에 맞는 프레임워크를 스스로 그려서 문제 해결에 사용한다.

문제 해결의 현장에서는 이미 정해진 방식의 프레임워크에 사로잡히지 않고, 필요에 따라 스스로 적절한 프레임워크를 만들어 '가시화'하는 것이 일반적이다.

따라서 기존의 프레임워크 모음집을 손에 넣고 그저 기뻐하기보다는, 그것이 무엇을 의도하고 있는지에 관한 사고 프로세스 정립법을 참고로 하여 서둘러 자기 자신이 MECE와 로직 트리를 완벽히 구사하는 훈련에 뛰어드는 쪽이 더욱 효과적이다.

MECE란?

MECE란 Mutually Exclusive, Collectively Exhaustive의 머리글자를 따서 만든 것으로, 문제 해결의 기본 개념이다.

직역하면 '상호 배제, 전체 포괄'로 더욱 이해하기 어렵지만, 간단히 말하면 '빠짐없이, 중복 없이'를 의미한다.

이 방식에 따라 정리한 자료는 생각하는 측에게는 사고를 정리하기 쉽고, 보는 측에게는 '검토에 빠진 부분이 있는 것 아닐까'라는 불안을 없애준다.

나아가 문제 해결 시에는 'A의 가능성이 사라졌다면 나머지는 B, 다음으로는 C를 보면 된다'라고 사고를 진행할 때의 가이드도 되어준다.

로직 트리로 계층화함으로써 '이 범위 내, 혹은 이 토양 위에서 생각하면 된다'라는 문제 해결을 위한 '공간'을 만들어낼 수 있다. 이것은 **솔루**

션 스페이스(문제 해결 공간)라고 불릴 때도 있다.

예를 들어 매출이 떨어지기 시작했을 때, 깊은 고민 없이 '(평소대로) 판촉을 행한다'라고 결론이 나는 경우를 자주 보게 된다. 하지만,

- 전년 동기 대비 숫자 하락은 고객 수, 객단가 중 어느 쪽의 하락에 기인한 것인가?
- 나아가 만약 고객 수라면, 그것은 신규 고객의 감소인가, 재이용 고객의 감소인가?

에 따라 대처법이 달라져야 함에도, 많은 경우 이 사실을 파악하지 않고 곧장 대처법에 대한 논의가 시작되고는 한다.

또한, 다음과 같은 방식으로 사고를 진행해 나간다면 더욱 정밀도 높은 대처법을 고안할 수 있을 것이다.

- 신규 고객과 재이용 고객의 비율은 어떻게 구성되어 있는가?
- 신규 고객이 재이용 고객이 되는 비율은 몇 % 정도인가?
- 재이용하지 않는 고객은 무엇 때문에 되돌아오지 않는가?
- 재이용 고객이 되는 고객층의 특성에는 무엇이 있는가?

결국, 시책 논의는 자사 사업에 관한 문제 해결을 위한 '공간'을 응시한 후 필요한 사실을 파악하며 행해야 한다.

이것을 하지 않고서는 시간을 들여서 논의한다고 해도, 결국 관례화된 시책으로 수습되고 말 것이다.

⦂ 문제 해결 공간을 머릿속에 떠올릴 수 있는가?

어느 회사에서는 '쿠폰을 배포하여 모객을 꾀하는' 방식이 일상화되어 있었다.

분명 쿠폰 배포를 통한 매출 증가 효과는 확실했다. 하지만 그에 따라 신규 고객이 어느 정도 늘어나는지, 기존 고객이 가격대에 만족하여 가게를 방문하는 것인지에 대해서는 파악하지 못했다.

이 사업은 재이용 비율이 이상할 정도로 높은 비즈니스였기에 어떻게 신규 고객을 획득할 것인지가 중요했고, 이것은 판촉 기획에서 반드시 생각해야 할 사항임이 분명했다.

만약, 이 '공간'을 그린 논의가 이루어지고 아래와 같은 차트를 사장의 측근이 만들었다면 논의의 양상은 달라졌을 것이다.

MECE로 정리하고 로직 트리로 계층화하여 문제의 구조를 누가 봐도 알 수 있도록 전개하여 '가시화'해 나가는 것은 문제 정의의 기본이다.

프레임워크 모음집을 손에 넣었다고 해서 문제 해결의 스킬이 올라가는 것이 아니며, 필요한 것은 프레임워크를 자유자재로 구사하는 힘이다.

사업의 문제 해결에 필요한 프레임워크는 실천을 통해 MECE와 로직 트리를 완벽히 사용하도록 훈련만 이루어진다면 누구든 자기 자신의 필요에 따라 만들어서 사용할 수 있는 센스와 스킬이 몸에 붙는다.

도표 5-1 문제 해결을 위한 공간을 MECE와 로직 트리로 그린다

모든 문제 해결의 프레임워크는 MECE×로직 트리로 만들어져 있다

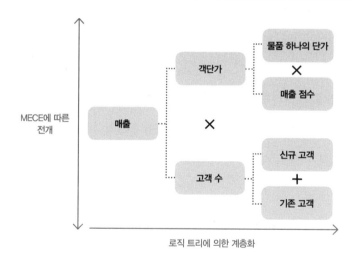

매출을 올리기 위해 쿠폰을 배포하는 것이 일상화된 사업.
이 사업은 기존 고객의 재이용률이 높다.
본래는 신규 고객을 늘리기 위한 판촉 수단을 강구해야 한다.
그리고 신규 고객을 타깃으로 삼은 시책을 행했더니 고객화 비율이 낮아졌다.
이것은 왜인가?
현 상황의 통상 가치로는 가격이 너무 높지 않은가?

그 첫걸음으로서는 하나로도 괜찮으니 프레임워크를 실무의 문제 해결에 사용하고, 그것이 어떤 식으로 사고의 가이드가 되는지, 어떤 식의 구조를 해명하려 하고 있고 어떤 케이스에 유효한 것인지 등 그 사용법을 자신이 완전히 이해할 때까지 체감해 보아야 한다.

MECE×로직 트리는 문제 발견 과정에서 과제를 정의할 때뿐만이 아니라 해결 방향성을 찾는 과정에서 구체적인 시책을 특정할 때도 사용할 수 있다.

특히 해결 방법을 구체적인 시책으로 전개해 나가는 단계에서는 생각해야 할 가능성을 제대로 파악하고 있는지, 바꿔 말하면 평소 업무 도중 깨닫지 못하는 사이에 사고 정지를 일으키고 있지는 않은지 전략적 자유도를 체크할 필요가 있다.

이 MECE와 로직 트리 두 가지는 의식해서 사용하기만 한다면 자연스레 몸에 익는다. 한번 몸에 익혀두면 자료 작성이나 기획서 작성의 정밀도, 그리고 타 부서에의 지도 수준이 크게 높아진다.

❷ POINT

미지의 분야나 시장과의 괴리가 일어난 지 오래된 사업 등 전망이 보이지 않는 과제에 대해서는, 우선 계층화된 MECE×로직 트리를 그려서 문제 발견하고, 해결 방향성을 '가시화'하면서 과제를 탐색한다.

'봐야 할 전체상을 파악하고 있는가'를 떠올리며, MECE × 로직 트리의 정밀도를 추구한다

어느 기업에서 한 남성 직원이 신규 사업의 현장을 담당하게 됐다.

그는 애초에 자아가 강한 탓에 영업팀에서 제외된 적이 있는 사람이었다. 하지만 이후 한 프로젝트에 참가하여 좋은 시점에서의 분석과 제안을 한 것이 높은 평가를 받았고, 다루기 어려운 인재인 점은 분명하지만 이를 감안한 채 발탁되어 인사를 받은 것이었다.

신규 사업은 어찌 됐든 예상치 못한 사태가 연속으로 벌어지게 된다.

경쟁 기업이 버티고 있어서 진입 장벽이 높은 사업, 그 지역에 대한 감이 전혀 없는 사업, 그리고 현 상황 파악이나 기획이 제대로 이루어지지 않은 경우 등에는 특히 그런 경향이 두드러진다.

그의 상사에 해당하는 신규 사업 책임자는 사업을 궤도에 올리기 위해 다양한 실험과 시도를 하며 어떻게든 돌파구를 찾으려 했다.

하지만 그는 자신의 현장에 대해 이런저런 간섭을 받는 것을 싫어했고, 자신에게 구심력이 모이게 하고자 현장 종업원에게 그 상사의 험담을 퍼뜨리기 시작했다.

사업 책임자인 그의 상사는 조직도에 따라 그의 입장을 존중하여 커뮤니케이션은 그가 직접 하도록 했기에, 얼마 되지 않아 사업 책임자와 현장과의 대립 관계가 생겨버리고 말았다.

조직에는 험악한 분위기가 풍겼고, 그야말로 올바른 기능이 이루어지기를 바랄 수 없는 상황에 이르게 되었다. 그 결과, 그를 프로젝트에서 제외하는 결단을 하지 않을 수 없게 됐다.

이것은 그때 그와 사업 책임자 사이에 이루어진 대화다.

"말씀해 주세요. 제 평가가 낮은 것은 어째서인가요?"

그 질문을 받은 사업 책임자는 순간적으로 아연실색한 후 이렇게 답했다.

"내가 보고를 요구했을 때나 무언가를 지시했을 때 자네는 아무 대응도 하지 않았지. 그래서는 조직으로서 기능하지 못하지 않는가."

그러자 그는 눈썹을 찡그리며 이렇게 말했다.

"쳇. 그럼 예스맨인 거군요."

자, 여러분도 그의 '사고 공간' 속에 결손 부분이 있다는 것을 깨달았을 것이다.

그의 머릿속에 있는 로직 트리에서는 우선 '상사가 말하는 것을 듣는다', '듣지 않는다'의 분기가 있다. 그리고 '상사가 말하는 것을 듣는다'는 곧 예스맨이 되는 것을 의미하며, 그것이 싫었던 그는 또 하나의 '듣지 않는다', 즉 상사를 무시하는 행위를 취했다.

하지만 상사와 부하의 관계에서는 '상사가 말하는 것을 듣는다'는 일방통행으로 '들은 것을 그대로 따른다'만 존재하는 것이 아니라 '상사가 말하는 것에 귀를 기울이고, 현장에서의 제안도 행하는 쌍방향의 커뮤니케이션을 취한다'라는 또 하나의 분기가 있다.

그는 이 쌍방향 커뮤니케이션이 포함된 로직 트리를 상정하지 못한 것이다(도표 5-2 참조).

이처럼 로직 트리가 불완전하거나 불비가 있는 채로 이야기가 진행되고 올바른 문제 해결이 이루어지지 않는 장면은 일상 업무의 장에서도 종종 만나게 된다.

일반적으로는 비즈니스 경험이 많지 않은 사람, 난이도가 높은 문제를 해결한 경험이 적은 사람, 즉 로지컬 싱킹을 단련할 기회가 충분하지 않았던 사람에게서 흔히 볼 수 있다.

- **무엇을 해도 매출이 계속 늘기만 하던 시장 형성기의 매니저**
- **엘리트 취급을 받으며 플래닝만에 관여하고, 제대로 풀리지 않은 경우에는 현장 탓을 할 수 있었던 기획 부문**
- **윗사람으로부터의 적절한 지시, 피드백이나 가르침이 없는 환경에 계속 방치된 사람**

• PDCA가 돌아가지 않고, 기세만으로 사업을 해 온 조직

이처럼 일방적인 플래닝으로 끝나 버리는 환경에 놓이면 '자신은 옳다'는 독선에 빠지게 된다. 나아가 올바른 가르침이 이루어지지 않는 기간이 길어지면, 속된 말로 '머리가 굳는' 상태가 된다.

MECE×로직 트리를 항상 그려보고 '가시화'하며, 그것이 내용을 잘 담고 있는지를 스스로도 객관적인 관점에서 확인해야 한다.

특히 플래닝을 시작할 때는 이것을 반복하여 올바르게 사용할 수 있도록 훈련해야 한다.

이 예에서도 사업 책임자가 상기의 '본래 행해져야 할' 사고방식의 로직 트리를 종이에 써서 본인에게 보여주며 설명했다면, 이 사업을 접고 손실을 충당하는 사태는 피할 수 있었을지도 모른다.

❷ POINT ···

MECE×로직 트리를 그려서 자신이 사고하는 공간을 '가시화'하며, 그것이 내용을 잘 담고 있는지를 객관적인 시점으로 확인한다.

상사로부터의 지시에 대한 대응

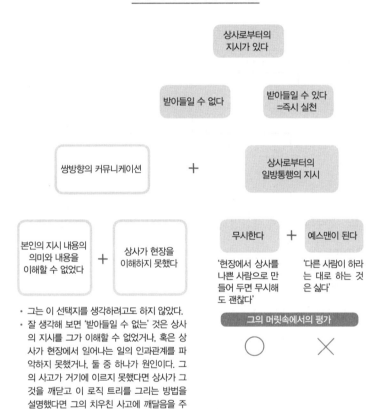

- 그는 이 선택지를 생각하려고도 하지 않았다.
- 잘 생각해 보면 '받아들일 수 없는' 것은 상사의 지시를 그가 이해할 수 없었거나, 혹은 상사가 현장에서 일어나는 일의 인과관계를 파악하지 못했거나, 둘 중 하나가 원인이다. 그의 사고가 거기에 이르지 못했다면 상사가 그것을 깨닫고 이 로직 트리를 그리는 방법을 설명했다면 그의 치우친 사고에 깨달음을 주고, 사태를 타개할 가능성도 있었다.

Part 3

가설 사고는 해답에 빨리 도달하기 위한
필수 스킬

어느 제약회사에서 지점별로 영업 전략을 입안하기 위해 합숙했을 때의 일이다.

한 집행 임원이 밤늦게 나를 찾아와서 웃는 얼굴로 "저기, 아예 전부 다 뒤집어 엎어도 될까요?"라고 물었다.

그때까지의 다양한 분석 결과를 함께 확인하고 있었기에, 나도 웃는 얼굴로 "당연하죠"라고 답했다.

다양한 분석과 '가시화' 작업을 반복하여 시야가 넓어지고, 거기서 보이기 시작한 '역시 이거군'이라는 방향성과 가설에 대해 모두가 '과연 그렇군', '그렇구나'라고 수긍할 수 있다면, 그것은 이미 목표하는 해답에 꽤 가까워졌을 가능성이 크다.

이것이 기획 단계에서의 문제 해결을 위한 PDCA라 할 수 있다.

문제 해결을 할 때 '시간'이라는 귀중한 자원을 효과적으로 활용하기 위한 문제 해결 기술이 **'가설 사고'**다.

가설 사고란 **① 자신이 얻은 정보를 통해 가설을 상정한다. ② 그 가설의 진위를 명확히 하기 위하여 추가로 필요한 정보를 모아 '가시화'한다 ③ 그 과정과 결과에서 추가로 다음 가설을 생각하고, 한가운데 있는 답을 찾아가는** 사고법이다.

미지의 분야, 전망이 보이지 않는 상황에서 문제 해결을 할 때는 앞서 말한 MECE×로직 트리를 그리고, 생각할 수 있으며 벌어질 수 있는 모든 가능성을 상정한다.

하지만 그런 모든 가능성을 분석하며 명확히 하다 보면 시간이 턱없이 부족하다. 그때 효과적인 것이 '가설 사고'다.

사업의 실태가 전혀 파악되지 않은 경우는 먼저 로직 트리를 그리고, 봐야 할 팩트를 밝혀낸다는, 이른바 팩트 스캔에서 시작한다.

어느 정도 사업을 '가시화'하여 현 상황을 파악한 후 키맨의 견해 등을 참고하여 가장 좋아 보이는 가설을 세우고, 그것이 올바른지 어떤지에 대한 확인을 팩트에 기반하여 행한다.

'가시화'함으로써 새로운 사실이 보인다

예를 들어 '우리 회사의 ○○이라는 제품은 후발 주자이기에 발매 후

7년이 지난 지금도 점유율 8위로, 지금대로라면 늘어날 전망도 없다. 다만 제조 단가가 낮다는 우위성을 바탕으로 다른 회사보다도 저렴하게 제공할 수 있기에, 가격 전략으로 시장을 개척해야 한다'라는 가설을 어느 키맨 부장이 말했다고 치자.

'가설 사고'에서는 이 유망해 보이는 의견, 즉 가설이 올바른지 아닌지 팩트를 바탕으로 증명해 나간다.

이 가설에서 사실을 베이스로 명확히 하고 싶은 점, 즉 분석을 설계하고 '가시화'하고 싶은 점은,

'같은 제품군의 상위 점유율을 차지한 타사 제품은 시장의 투입이 몇 번째이고, 몇 년이 지났는가.'

'과거, 후발 제품이 상위를 차지한 사례는 없는가. 만약 있다면 그 제품은 어떻게 그럴 수 있었는가.'

'후발 제품이 상위에 들어간 적이 있다면 그때의 환경과 지금은 무엇이 다른가. 자사로서는 그것이 불가능한 것인가.'

'자사의 ○○ 제품의 가격은 시장에서 충분히 어필할 수 있을 정도로 저렴한가.'

'그 저가격으로 취할 수 있다고 생각되는 시장 점유율은 어느 정도라고 상정할 수 있는가. 그리고 그때의 수익성은 어떻게 되는가.'

등을 손꼽을 수 있다.

때로는 상정하고 있던 가설이 올바르지 않다는 점이 명확해질 때도 있다. 하지만 상기처럼 분석하여 '가시화'하면, 나아가 새로운 사실이 밝

혀지며 보여지게 된다.

이는 기획 단계에서의 PDCA이자, 그 과정에서의 '예측 실패'는 모두 학습을 위한 원천이 된다.

이때 이전의 가설을 고집하지 말고, 새로운 가설을 세우고 그것이 진짜인지 아닌지 검증해야 한다. 이것이 '가설 사고'를 진행하는 방식이다.

처음에 그린 MECE×로직 트리에서 시작하며, 새롭게 떠올린 가설이 올바른지 아닌지를 확인하기 위해 더 많은 분석을 통해 '가시화'하고, 과제의 진짜 원인을 탐색해 나간다. 그 과정에서 처음에 상정하던 가상의 '공간'에서 결손되어 있던 부분을 깨닫거나 혹은 축의 설정을 재검토하기도 하면서 이 문제 해결을 위한 '공간'을 진화시킨다.

이른바 '현장주의'는 '가설 사고'를 행할 때 중요한 기본 동작이다.

최적의 가설을 찾아 현지로 가서 현장, 현품, 현물을 확인하면 보고서에 적힌 언어 정보나 수치 정보 이상의 것을 오감을 통해 얻을 수 있다.

이때 중요한 것은 **'냉정, 솔직, 그리고 객관적인 관찰이 가능한 눈'**이다.

또한 시장을 관찰할 때는 눈앞의 사실에서 마켓의 다이내믹한 움직임과 동기를 리얼하게 떠올리는 힘, 즉 시장의 프로파일링 능력이 무척이나 중요하다.

⁞ 초기 가설에 집착하는 것은 의미가 없다

가설 사고의 대극에 있는 방식이 이른바 '융단폭격' 방식이다.

MECE×로직 트리에 있는 가능성을 한쪽 끝부터 다른 쪽까지 전부 부딪치며 확인하는 방식은, 언젠가는 해답에 도달할 수 있겠지만 막대한 시간과 수고가 소요되며 분석하는 측의 피폐를 부른다.

가설 사고는 '융단폭격' 방식보다도 빠르게 해답에 도달할 수 있는 방식으로, 참모 부문이나 기획 부문에서는 반드시 학습해야 하는 필수 스킬이다.

도표 5-3 가설 사고가 되지 않은 문제 해결 방식

가설 사고를 방해하는 증상이나 행동

'가설이 깨지지 않는' 병	'나는 옳다. 제대로 되지 않는 것은 현장의 이해력, 능력이 없기 때문이다' 사업을 망가뜨리는 제멋대로인 원맨 상사, 혹은 독선적인 엘리트 의식.
'융단폭격'	현장에서 아직 언어화되지 않은 실태 정보를 취하러 가지 않는다. 혹은 적절한 가설을 세우는 능력이 없다. 따라서 '융단폭격' 방식으로 어디에 갭이 있는지에 대한 분석 작업만을 반복한다.
'데이터만을 보고, 흐음, 하고 신음하는' 증후군	직접 체험하지 않으면 본질적인 '의의'의 추출은 불가능하다. 곧장 현장에 나가 오감으로 정보를 얻고, 분석을 손에 들고 '능력자'의 의견을 들으러 가야 한다.

'현장 주의'는 '가설 사고'를 행할 때 가장 중요한 기본 동작

272

또한, 기업 안에서 '가설이 깨지지 않는' 병을 앓고 있는 사람을 만날 때도 있다. 기획(P) 입안에 대한 경험만 있고 책임 있는 입장에서의 실천 경험이 부족하며, 진짜 의미에서의 비즈니스의 PDCA를 돌려오지 않은 사람, 즉 '학습'을 해오지 않은 사람에게서 흔히 볼 수 있다.

진검승부를 하는 실무의 장에서 PDCA를 돌려온 사람은 일반적으로 사고가 '유연'하며, 초기의 가설에 집착하는 것은 아무 의미가 없다는 것을 알고 있다.

하지만 '머리'만으로 알고 있다고 생각하고, 더불어 프라이드만 높은 고학력 엘리트, 혹은 실무 경험이 부족한 컨설팅 회사 출신자로서는 '나는 옳아(제대로 되지 않는 것은 현장의 능력이 부족하기 때문)' 증후군에 빠지기 쉬운 경향에 있다.

가설이란 가설인 채로 방치하지 말고 추가적인 분석, 혹은 실천을 바탕으로 그것이 올바른 것인지 어떤지를 증명해야 할 대상이다.

그리고 그것을 통해 가설의 정밀도를 높여 나가는, 인류의 경험칙으로서 유효한 문제 해결의 방법론 중 하나가 이 '가설 사고'다.

❷ POINT

가설 사고는 '이치'에 맞는 흐름 속에서 '뒤집어엎기'를 행하는 사고법. 눈앞에 있는 MECE×로직 트리 내의 불비에 빛을 비추고 올바른 쪽으로 이끌어감으로써 과제의 구조를 명확히 한다. '이치'에 맞는다고 생각할 수 있는 한, 점점 앞의 가설을 발판으로 삼아 새로운 가설을 세워나가야 한다.

자신의 로지컬 싱킹에 '자신감'을 갖기 위해서는 실천의 PDCA와 겸허한 자세 필요

사업의 V자 회복과 같은 사업 활성화 의뢰를 받은 경우 경영자가 선택한 현장을 숙지 중인 멤버와 함께 현 상황 파악과 분석을 한다.

대부분 회복에 필요한 시간의 길이에 차이는 있더라도 PDCA를 돌려서 결과를 검증하면서 시책의 방향을 계속해서 수정해 나가면, 성장 궤도에 도입할 수 있는 시나리오를 찾아낼 수 있다.

하지만 막상 실천 단계로 들어서고 나서 자주 발생하는 것은 '이치'에 따른 사업 활성화의 시나리오가 눈앞에 있음에도, 여전히 어제까지와 마찬가지로 종래의 연장선에 있는 것을 해 버리는 케이스다. 그 이유를 물으면,

"알고는 있지만, 우선은 오늘의 숫자를 만들어야만 해서……."

라는 답이 돌아온다.

바빠서 손을 댈 수 없다는 변명은, 진정한 의미에서의 위기감이 희박하기 때문에 나오기도 한다. 하지만 이런 변명의 밑바닥에 있는 것은 자기 자신이 행한 로지컬 싱킹에 '자신감'을 가지지 못하는 상태이다. 그 때문에 막상 실천할 때가 되면 공포심이 낫처럼 고개를 쳐드는 것이다.

이런 현상이 전략을 입안한 팀이나 매니지먼트 측에서 일어나 버리면 개혁을 점차 뒤로 미루는 현상이 벌어지게 되며, 결국 애매한 수준으로 개혁이 행해지거나 아예 이루어지지 않는 일이 벌어지는 것이다.

⦂ 선배 컨설턴트가 몰래 품고 있던 커다란 불안

회사의 멤버들과 같이 분석한 내 입장에서 보면 MECE×로직 트리에 과제가 적절히 그려져 있다면, 그 시책은 확실히 결과로 이어질 것이다.

혹은 처음에는 제대로 풀리지 않더라도 실천을 통해 어떤 부분에서 예측 실패가 있었는지 명확히 나타나게 되므로, 두 번째, 세 번째의 PDCA 사이클에 의한 조정을 통해 착실히 성공 궤도를 향해 나아가는 상태가 된다.

하지만 아직 로지컬 싱킹과 그 실천이 익숙하지 않은 사람들에게는 '정말로 그것만으로 좋은 걸까'하는 씻기 어려운 일말의 불안감이 남아 있는 듯하다.

내가 맥킨지를 '졸업'할 때 선배 격의 한 컨설턴트로부터 이와 같은 말을 들었다.

"무척이나 궁금한 게 하나 있어. 지금부터 실제 업무의 세계로 돌아가는 거잖아. 돌아가면 우리가 사용하는 다양한 프레임워크가 실제로 실무에서 유효한지 어떤지를 알려주었으면 해."

이 말에는 나도 모르게 입을 닫고 말았다.

이 선배는 맥킨지에서는 보기 드문 무척이나 '인간미가 있는' 유형이었지만, 실은 자신의 로지컬 싱킹에 100%의 '자신감'을 갖지 못한 채 다른 사람은 알지 못하는 '고민'을 품고 있었구나, 하고 그때 처음 알게 되었다.

혹시나 하는 마음에 한마디 추가해 두지만 세상에 떠도는 프레임워크는 각각의 장점, 유념할 점을 이해한 채로 완벽히 구사하는 이상 틀림없이 실무에서 효과를 발휘하므로 안심해도 좋다.

이러한 '자신감'이 흔들리는 상태를 극복하기 위해서는 역시 스스로가 실천의 주체나 중심적인 포지션이 되어 당사자로서 그 결과를 검증하는 수밖에 없다. 즉 책임을 지는 입장에 서서 기획부터 실천까지의 PDCA를 경험하는 것이다.

기업에서 개혁을 할 때는 PDCA가 올바르게 돌아가는 실천 단계를 설계한 후 함께 결과를 보면서 어떤 식으로 실천에 이르게 되는지를 체감함으로써 이것은 거의 해결할 수 있다.

올바르게 첫 한 걸음을 내디딜 수 있다면 나머지는 길을 따라 나아가면서 착실히 '자신감'을 붙여나가면 된다.

⁞ 어느 회사의 V자 회복을 위한 시나리오 만들기

타인이 만든 전략을 건네받으며 "그럼 나머지는 귀사에서 실천해 주세요"라는 말을 듣더라도, 분명 실제로 이를 실행하기는 쉽지 않은 이야기다. 예를 들면, 트럼펫, 색소폰, 기타 등을 처음 다루는 사람에게 소리를 내는 방법, 악보를 읽는 방법, 해도 좋은 것, 해서는 안 되는 것을 구두로 전한 후에 악기를 들려주고 갑자기 무대에 서도록 하는 것에 가깝다.

과거에 어느 회사의 V자 회복을 위한 시나리오 만들기를 의뢰받았을 때, 사장이

"우리는 실행력이 있으니까 전략만 있으면 분명 괜찮습니다."

라고 강하게 말하기에 전략 입안의 지도만을 담당한 적이 있다. 하지만 그 후 일부 측근 간부의 '꿍꿍이'가 움직여 본질과는 관계가 없는 곳에서 저항이 일어났고, 개혁은 시작조차 하지 못했다.

이후, 연수 목적 외에는 전략 입안만을 전제로 일을 맡는 것은 원칙적으로 하지 않고 있다.

전략 입안이 필요한 대부분의 기업은 PDCA를 적절하게 돌리는 실천력 쪽에 문제가 있다.

'악기의 효과적인 연주 방법, 스테이지에 서서 행동하는 법, 관객과 교감하는 법'까지 디렉션을 담당하고, 개혁의 시작과 첫 단계에서의 방향 설정을 함께 행한다.

이런 식으로 프로젝트를 담당하고자 생각하고 있다.

우량 기업은 전략의 정밀도보다도 실천력을 중시한다

일반적으로 '개혁'이란, 그것이 본격적이면 본격적일수록 기업에서는 처음으로 해보는 일이 된다. 따라서 반드시 예상치 못한 일이 벌어진다고 상정해야 한다.

그렇기에 '자신감'을 가지지 못한 상태에서의 '개혁' 추진은 무척이나 불안해지는 법이다.

예상치 못한 일이 발생하여 거기에 동요하고, 모처럼 성공으로의 길이 열려있음에도 문턱에서 좌절해 버린 사례는 지금까지 수없이 봐 왔다.

단순한 실행력과 개혁이나 신규 프로젝트를 추진하는 실천력은 완전히 다른 것이다.

오랜 기간 기업 개혁에 관한 일을 해 오면서 느낀 것이 있다. 실천을 준비하는 것을 경시, 즉 느슨하게 보고 있는 기업이 얼마나 많은가 하는 것이다.

우량 기업일수록 실천 단계를 위한 사전 준비에 힘을 쏟고, 성공 효율을 높이기 위해 연구를 거듭한 실천 설계나 준비를 제대로 행한다.

'이치'에 맞는 플래닝(P)과 검증(C)만 제대로 준비해 두면, 만에 하나 예측한 대로 풀리지 않더라도 적절한 수정을 재빠르게 행할 수 있으며, PDCA 사이클이 돌아갈 때마다 성공을 향한 방향 조정이 이루어진다.

굳이 말하자면 우량 기업인지 아닌지의 차이는 이 하나에 달려 있다고 해도 과언이 아니다. 그렇기 때문에 경영자나 경영층이, 자신들 사내의 스태프가 입안한 로지컬 싱킹에 '자신감'을 갖는 상태를 만들기 위해서는 '참모' 역할의 다양한 서포트가 필요하다.

그리고 말할 필요도 없이, 이 '참모' 역할 본인들에게도 '자신감'이 필요하며, 다양한 실천을 통해 '배우기보다는 익숙해질' 필요가 있다.

POINT

'자신감'을 배양하기 위해서는 스스로 실천하고, '배우기보다는 익숙해질' 것. '이치'에 맞는 필연성을 통해 마음 깊이 이해하고, 행동으로 옮기기 위한 확신을 얻는다. 나아가 방향 설정과 방향 수정을 하면서 전략과 개혁을 성취할 수 있는 능력과 '자신감'을 얻는다.

Part 5

제대로 '가시화'하는 것만으로도
과제 대부분은 해결된다

문제가 일어난 것을 깨닫지 못하거나 문제의 징조를 놓쳐서 사업 운영에서 크고 작은 다양한 문제가 방치되는 일이 많다. 사업이 침체되는 것은 이 같은 상태가 이어져서, 일이 제대로 풀리는 이유도 모르고 그렇다고 풀리지 않는 이유도 모른 채로 어디에 손을 대면 좋을지 알 수 없는 상황에 빠져 있을 때다.

결국 문제가 정확히 정의되지 않는 것은 어디에서 문제가 일어나고 있는지 적확하게 파악하지 못하고 있기 때문이다.

이것은 어느 외국계 기업에 있었던 시니어 제너럴 매니저의 이야기다. 그렇게까지 업무에 뛰어난 인상은 없었지만, 그에게는 단 하나 특수한 능력이 있었다. 그것은 사업 관련 수치에 대하여 그 자리에서 답을 할 수 있는 능력이었다.

그는 각 거래 회사별 매출과 핵심 제품의 데이터를 매주 혹은 매달 출력하여 항상 가지고 다녔다. 아시아 태평양 지역의 영업 총괄 책임자가 일본을 방문하면 언제나 옆에서,

"지금 계획대로 출하가 되지 않고 있는 판매사는 어디인가요?"

"이 거래 회사에는 어떤 제품의 출하 상태가 나쁜가요?"

와 같은 질문에, 언제나 옆구리에 끼고 있는 프린트를 확 펼쳐서 적확하게 답하곤 했다.

그는 이 능력 덕에 높은 평가를 받았고, 극히 좁은 범위를 담당하기는 했지만 참모 포지션과 많은 급여를 받았다.

하지만 애초에 봐야 할 중요한 숫자가 제대로 '가시화'된 상태라면, 굳이 프린트한 엑셀 시트를 펼쳐서 수동으로 '검색'할 전임자를 놓지 않아도 된다. 그런 것 없이도 제때 이상치를 파악하고 곧장 액션을 취할 수 있다.

분석이란 인과관계를 알기 어려운 사항에 대하여 '가시화'를 통해 차이나 변화를 살펴보고 인과관계를 풀어나가는 작업이다. 만약 주요 업무의 중요한 '관리 포인트'가 매일 사내에서 제대로 '가시화'되고 있었다면 어땠을까?

봐야 할 부분이 미리부터 '가시화'되어 있다면 이상이 발생했을 때 금방 손을 쓸 수 있으며, 굳이 뒤늦게 새삼스레 분석할 필요가 없다.

관리 포인트를 '가시화'한다

도요타 계열의 기업에서는 **'눈으로 보는 관리'가 긴 역사 속에서 문화로서 침투하고 정착**되었다. 처음에는 생산 현장에서 이상을 알리는 '안돈(アンドン, 생산 라인에서 각 공정의 정상 작동 여부를 램프로 표시한 것)', '신호 간판' 등의 방식을 만들었지만, 사무 부문에서도 차트나 그래프 등으로 알기 쉽게 시각적인 관리 방식을 만드는 문화가 있다.

나아가 오랜 기간 사내에 축적하고 배양한 그 노하우를 더욱더 개선하며 갈고닦는다. 사업에는 관리해야 할 사실이나 지표가 되는 이른바 **'관리 포인트'**라고 불리는 것이 있다.

예를 들어 가게를 꾸려 장사하는 사업이라면 고객 수, 객단가, 그리고 가능하다면 기존 고객과 신규 고객의 증감이 기본적인 '관리 포인트'가 되는 숫자다. 이를 팩트로 파악하여 논의하지 않으면 '아마도……'를 전제로 한 채 다음 논의로 나아가 버리게 된다.

모호한 채로 남은 가설을 전제로 만들어진 다음 가설은 더욱더 모호한 것이 되고 만다. 그리고 막상 제대로 풀리지 않은 경우 어디에서 예측 실패가 있었는지가 불명확해진다.

또한, 가설만을 서로 주고받는 논의에서는 앞서 말한 논의의 '공중전' 상태를 불러일으킨다.

참모 역할은 기본적인 팩트를 제대로 정확하게 '가시화'하고, 그것을 전제로 논의가 이루어지도록 유도해야 한다. 이 '관리 포인트'를 KPI라고 부르는 곳도 있다. 하지만 KPI라는 표현은 일반적으로 가치에 직결

도표 5-4 '가시화'의 정밀도를 높이는 연구에는 시간을 아끼지 않는다

현 상황의 업무 흐름을 '가시화'하고,
낭비와 비효율의 발생 원인을 추구하는 업무 흐름 분석

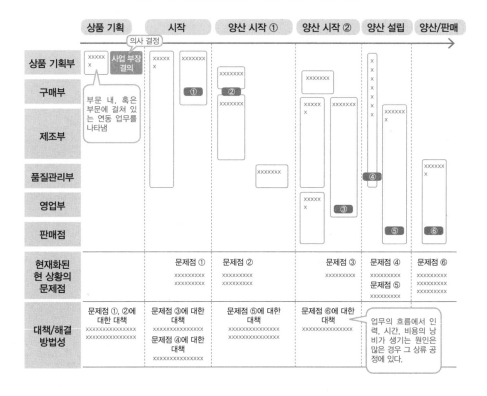

하는 지표를 나타낸다.

반면, 이 '관리 포인트'는 개선이나 방향 설정을 판단하기 위한 지표다. 어디까지나 제때 수정 행동하기 위한 지표이므로, 이것을 바탕으로 평가를 하는 것은 애초에 잘못된 일이다.

⊘POINT ···

중요한 업무의 '관리 포인트'를 적절히 '가시화'하고자 항상 노력한다면 업무의 진행 상황을 모두의 눈으로 파악할 수 있게 된다. 뒤늦게 새삼 문제점을 탐색하는 분석 작업이나 '전략 책정' 등도 기본적으로 불필요해진다.

Part 6

'가시화' 방안을 연구하는 데 드는 수고를
아껴서는 안 된다

도요타와 거래하는 공장이 '낭비를 없애자'라는 표어를 벽에 크게 내걸고 있었다.

그곳을 찾은 도요타의 현장 개선 지도자가 이렇게 말했다.

"낭비를 방치하는 사람은 없습니다. 낭비가 있다는 것을 깨닫지 못해서 그대로 방치될 뿐이죠. 여기에 내걸어야 할 것은 '낭비를 찾자'입니다."

제조 현장뿐만 아니라 거의 모든 업무 중에는 낭비가 숨어 있다.

하지만 대부분 그 낭비를 깨닫지 못하고 방치하고 있다. 깨닫지 못하는 것은 그것이 현재화됨으로써 처음으로 손을 쓸 수 있게 된다.

앞서 소개한 일상 업무에서의 '눈으로 보는 관리'가 전형적인 예지만,

일상 업무에 숨어 있는 낭비, 비효율, 퍼포먼스 향상을 위한 과제를 '가시화'하는 것이 현 상황의 비즈니스 프로세스를 업무 흐름의 형태로 '가시화'하는 BPR(Business Process Re-engineering)이다.

이것을 행함으로써 제품 기획, 설계 등의 상류 공정에서 별생각 없이 행하던 것들이 후공정에 얼마나 큰 영향을 끼치고 있는지가 명확해진다.

⦙ '가시화' 방법 연구는 '깨달음'을 실체화시키기 위한 것

비즈니스 프로세스 개선의 사례로서, 도요타 생산 방식에서는 '내시(內示)'라는 제도를 시행하고 있다. **도요타 생산 방식에서 공정 재고, 중간 재고를 최대한 줄이고자 노력하는 목적은 물건의 흐름의 스트림라이닝화, 즉 물건의 흐름을 극소화하고 공정에 숨어 있는 정체를 일으키는 원인이 드러나게 하는 '가시화'의 추진인 것이다.**

도요타 생산 방식에서는 1개월 전, 2개월 전에 하청 공장에 대해 미확정 생산 계획을 '내시' 정보로써 제공한다. 다음 달의 생산 계획을 갑자기 전하면 후공정인 하청 공장 측에서 대응하기 어렵기 때문에, 비즈니스 프로세스를 개선하려는 목적하에 도요타 역사의 초기 단계에 개선된 조치다.

물론 정보가 거슬러 올라갈수록 그 정밀도가 낮아지므로, 시장의 동향에 따라 생산 대수가 ±10~20% 정도의 변동이 있을 수는 있다는 사전 약속하에서의 정보 제공이다.

이 정보가 제공된 이후 하청 공장 측도 낭비를 줄이고, 결품을 방지할 수 있도록 부품이나 원재료 조달을 준비할 수 있게 됐다.

한편, 모든 사업은 낭비 이외에도 사업의 성장을 방해하는 많은 과제를 품고 있는 법이다.

이들 과제는 명확하게 현재화되어 있지는 않지만, 사내의 모두가 전혀 깨닫지 못하고 있지는 않다.

문제는 그것이 사업 운영상 어느 정도의 영향력을 지니며 어느 정도로 높은 우선순위인지에 대해 확신을 갖지 못하기에 손을 대지 않게 되는 점이다.

이것을 분석이나 '가시화'하면 어느 정도의 개선 임팩트를 기대할 수 있는지 알 수 있게 된다.

결국, 모든 분석이나 '가시화' 연구는 이런 **'깨달음'을 실체화시켜서 알리기 위한 것이다.** 기업 내에서 '논의의 공중전'은 논의의 토양이 되는 의견이나 가설이 팩트를 기반으로 공유되고 인식되지 않은 채 이야기가 진행되기 때문에 발생한다.

사업 운영상의 수치가 '가시화'된 기업은 대처 수단에 대한 효과 검증 및 이상치의 발견을 아주 빠르게 할 수 있다.

도요타는 거의 모든 직원이 다양한 '가시화' 연구에 대처하고 있다고 해도 좋다. 주요 작업에서의 '가시화'가 철저하게 이루어진다면 약간의 이변도 깨달을 수 있다. 이변을 방치하지 않고 대응하기에, 기본적으로는 사태가 큰일이 되기 전에 손을 쓸 수 있다.

이것이 도요타가 특별히 무언가의 전략을 높게 내걸지 않으면서도 다른 회사에 비해 안정적인 항행을 실현할 수 있었던 큰 이유라 할 것이다.

도요타 그룹에서는 '가시화'+실행을 '눈으로 보는 관리'라고 한다

참고로 도요타의 다양한 '가시화'의 원점은 과거의 자동 기계와 같은 섬유 기계 시절의 노하우로 거슬러 오를 수 있다. 씨실과 날실을 교대로 넣어 천을 짜나 가던 중 이상이 벌어진다면? 곧장 기계를 멈춰 수정하지 않으면 불량한 부분이 있는 천이 계속해서 늘어나 버리는 일이 벌어진다.

따라서 트러블이 발생했을 때 공장 어디에서도 알 수 있도록 '신호 간판'이 올라가도록 한 것이 시작이었다고 말해진다.

도요타 생산 방식을 확립한 오노 다이이치(大野耐一, 전 부사장) 씨는 본래 섬유 기계의 현장 출신으로, 그 사고방식이나 노하우를 자동차 제작에도 응용해 나갔다.

도요타의 제조와 관련한 중요한 관리 수치를 '가시화'하는 연구도 거듭하였으며, 그래프를 통한 관리도 포함하여 다수의 관리법을 만들어 냈다.

또한, **도요타에서는 '가시화'에 대해 '눈으로 보는 관리'라는 표현을 사**

용한다.

이것은 매우 적절한 표현으로, 주요 업무에서의 '관리 포인트'를 명확히 한 후 그 업무의 수행 상황에 대해 적확한 '가시화'를 연구한다는 말이 된다.

Part 7

분석은 비교를 통해
갭이나 변화의 존재와 크기를 명확히 하고,
그 이유를 찾는 것에서 시작한다

'분석'을 할 때 기본이 되는 비교는 크게 나눠 아래와 같이 세 가지로 나눌 수 있다.

① 전체와 개별:

전체 평균에 대하여 개별 지점이나 점포의 숫자를 비교하고, '왜 그 지점이 전체 평균과 다른 숫자를 내고 있는지'를 찾는다

② 개별과 개별:

경쟁 기업과 자사의 개별 점포를 비교하고, 매출과 고객 수, 객단가 등의 차이가 왜 발생하는지를 찾는다

③ **시간 축:**

전년 동기 대비 비교, 혹은 꺾은선 그래프를 통해 추이 변화를 '가시화' 하고, 그 변화가 왜 일어났는지를 명확히 해나간다

이를 위해서는 각각을 비교한 후 그 갭(차이)이나 변화가 나타난 이유를 명확히 하고 그 갭이 발생한 이유를 찾는 것에서 시작한다.

어느 여성 패션을 수백 점포 전개하고 있는 사업에서 매출이 부진한 점포의 이유를 찾기 위해 상품 구성의 차이를 체크했던 때의 일이다.

아우터, 카디건, 셔츠, 하의 등의 각 아이템 내에서의 매출 상위 5위의 순위를 보자.

가게의 규모와는 관계없이 매출 호조의 점포에서의 판매 순위는 모든 점포를 합친 순위 베스트 5와 거의 동일했다.

그리고 매출이 전년을 밑돌고 있는 부진 점포에서는 베스트 5의 내용이 크게 달랐다.

다른 점포에서의 인기 상품이 그 점포에서는 팔리지 않는 이유를 생각해 보면, 다음 셋 중 하나일 것이다.

① 그 점포에는 인기 상품의 재고가 없다
② 점포에 재고는 있지만, 그때 점포에서 적극적으로 판매해야 할 상품이라고 인식하지 못하였기에 눈에 띄지 않는 장소에 놓아두었다. 혹은 가게에 디스플레이하지 않았다

③ 그 점포의 고객층에게는 지지받지 못하고 있다

이 기업에서는 상품의 재고를 매주 점포에 보충하므로, 기본적으로는 점포에서 재고 부족이 일어나지는 않아 ①의 가능성은 사라진다.

그 부진 점포의 점장에게 확인해 보니, 그 상품을 인기 상품이라고 인식하지 않았기에 점포 내에 진열하지 않고 창고에 쌓아둔 상태였다.

그 이유를 묻자 "저희 가게의 고객층에게는 맞지 않는 상품이기에 가게에 디스플레이하지 않았다"라고 답했다.

이 점장은 인사 담당 임원에게 개인적으로 총애를 받고 있었기 때문에 언제나 자신의 분석은 옳다고 주장해 왔고, 그 점포를 담당하는 지역 매니저도 두 손 두 발을 다 든 상태였다.

결국, 이 경우에서는 우선 다른 점포에서의 인기 상품을 해당 점포에 디스플레이하고, 정말로 그 점포의 고객층에게 지지받지 못하는지를 실험해 보자는 이야기가 나왔다.

예상대로 그 상품은 잘 팔리기 시작했고, 그 사실을 내세움으로써 '이치'에 맞는 판단이 통하게 되었다.

이들, 전체와 개별, 개별과 개별, 시간축에 따른 변화를 '가시화'하는 것은 얻은 데이터를 최초 단계에서 대강 살펴볼 때 유효하다.

어디에서 차이가 벌어지고 있는지, 그리고 그 이유는 무엇인지를 찾아가는 최초의 단서가 된다.

그 분석에서 제대로 그 차이나 변화를 '가시화'하는 기술을 갈고닦는 것은 다양한 개선이나 진화의 기회를 발견하는 원천이 된다.

또한, 하나의 테크닉으로서 '가시화'한 차트 안에 추출한 의의를 적어 넣으면 팩트와 추출한 의의 정보가 하나가 되어 한눈에 알아보기 쉽다.

❷ POINT

제대로 '가시화'하여 적절한 시점에서 비교한다. 그리고 왜 거기에서 갭이 발생했는지를 찾아내고, 그 의의를 추출한다.

도표 5-5 분석은 우선, 비교를 통해 갭이나 변화의 존재와 크기를 명확히 하고, 그 이유를 찾는 것에서 시작한다

○○ 브랜드 아우터 매출 순위

순위	전점 평균			상위 열 개 점포 평균		
	계획 대비 101.1% 전년 대비 105.3%			계획 대비 106.7% 전년 대비 110.4%		
	품번	판매 수	주말 점포 재고	품번	판매 수	주말 점포 재고
1	A S0001	4.4	10.5	A S0001	6.5	15.0
2	B S0002	4.0	12.9	B S0002	6.2	9.3
3	C S0003	3.0	5.3	C S0003	4.0	1.0
4	D S0004	3.1	9.5	E S0005	3.5	12.9
5	E S0005	2.8	17.2	D S0004	3.0	4

과제 점포 X		

계획 대비 88.5%
전년 대비 86.4%

품번	판매 수	주말 점포 재고
C S0003	4	8
B S0006	3	10
D S0007	3	9
A S0001	3	20
E S0008	2	15

○ ○ 브랜드의 아우터 카테고리 전체의 판매 수 톱 5 를 보면, 매출 호조 상위 열 개 점포 평균과 거의 순위 도 다르지 않게 완전히 같은 상품이 들어와 있다.
한편, 매출이 부진한 과제 점포 X에서는 이들 톱 5의 상품은 2개밖에 들어있지 않다.
점포에 재고는 충분히 있으므로 점포 내 적극적인 디 스플레이, 어필이 충분히 이루어지지 않고 있을 가능 성이 크다고 생각할 수 있다.
이 사례에서는 실제로 점포를 방문하여 실태를 확인 하였고, 점장과도 만나서 부진의 이유가 판명됐다.
이 점장은 점장의 남편이 이 회사의 인사 담당 임원의 친구라는 인연으로 회사에 입사하게 됐다. 개인적으로 점포 운영을 한 경험이 있었기에, 갑자기 점장을 맡아 근무를 하게 됐다. 하지만 자아가 강한 사람으로, 숫자 를 보지 않고 본부의 지시에도 귀를 기울이지 않은 채 자신의 감성만으로 매장 꾸미기를 한 것이 부진의 원 인이었다.
자신이 인사 담당 임원으로부터 총애를 받고 있다는 이유로, 지역 매니저의 이야기도 전혀 듣지 않았다.
그 후에 얼마 되지 않아 그 임원이 퇴임했기에 결국 매니저의 말을 따르게 되었고, 점포의 숫자는 회복되 기 시작했다.

평소에 들여다보는 데이터도 그래프화+소트를 함으로써 새로운 발견을 할 수 있다

도요타의 현장에서는 '그래프로 만들어 알기 쉽게 관리하자'라는 표어를 내걸고 있다. 다양한 데이터를 '가시화'하여 모두가 이를 볼 수 있다.

수치 분석은 갭 비교, 즉 '차이'가 어디에서 일어나고 있는지를 보는 것에서 시작한다. 이때 자주 이용하는 것이, 시각적으로도 알아보기 쉬운 가로세로 두 가지 축으로 표현하는 그래프다.

예를 들어 점포별로 매출을 비교하는 경우라면 세로축에 최근의 신장률이나 전년 동기 대비 수치 등 호조 상태를 나타내는 숫자를 막대그래프 등으로 나타낸다. 그리고 가로축에는 호조인 점포부터 순서대로 나열한다.

그렇게 하면 매출이 높은 군과 낮은 군이 나타나고, 매출의 호조나 부진에 영향을 끼치는 요인을 확인해 봐야 할 대상 점포를 알 수 있게 된다.

그리고 그 갭은 입지가 좋고 나쁜지 등의 **외적 요인** 때문인지, 판매 능력, 상품 구성 능력, 매니지먼트 능력 등의 **내적 요인** 때문인지 그 원인을 찾을 수 있다.

나아가 그 밑에 같은 점포 순서대로 고객 수와 객단가 그래프를 나열하면 매출에 무엇이 영향을 끼치고 있는지도 알 수 있다.

매출은 고객 수×객단가의 곱셈이므로, 이 두 가지 그래프는 MECE와 유사한 전개다. 이러한 조사를 통해 커다란 갭이 발생한 부분을 특정화하고, 그 갭이 발생한 이유를 찾아낸다.

매출이 좋은 가게에는 좋은 이유가 있으며, 나쁜 가게에는 그 원인이 있다. 그래프 등을 사용해 '가시화'하면 발생한 차이의 크기를 감각적으로 파악할 수 있다. 또한 이를 바탕으로 논의하기도 쉬워진다.

이것이 만약 언어 정보라고 해도, 매트릭스로 나열하고 가로세로에 나타나는 갭이나 차이의 공통성을 살펴봄으로써 의의도 추출할 수 있다.

이 접근법은 단순하지만 퍼스트 스캔, 즉 이미 가지고 있는 데이터의 경향을 처음으로 대강 살펴볼 때의 기본이 된다.

기본에 충실한 비교에서 시작하여 차이가 발생한 요소를 명확히 하고 그 발생한 이유를 찾아감으로써, 매출을 늘릴 수 있는 방법론, 연구나 비결, 침체된 원인을 명확히 하는 판단 작업을 시작해야 한다.

반드시 의미가 있는 순서로 나열한다

이런 비교 그래프를 표시할 때 기본은 소트(sort, 나열하는 순서의 의미를 바꾼다)를 행하는 것이다.

예를 들어, 일본 전국, 홋카이도에서 규슈, 오키나와까지의 영업소를 비교할 때는 별생각 없이 언제나 익숙한 서식의 순서대로 나열하게 되는 일이 많다. 하지만 예를 들어 숫자가 큰 순서대로 소트함으로써 그 순서에 의미를 부여할 수 있다.

"우리 회사에서 사용하는 서식에서는 영업소를 홋카이도에서 오키나와까지의 순서로 나열하며, 이렇게 보는 것에 익숙해졌기에 이걸로 충분히 알 수 있습니다."

이런 식으로 말하는 사람이 많다.

하지만 그것은 북쪽에서 남쪽으로의 순서로 숫자를 들여다보는 것에 익숙해진 상태일 뿐이다. 퍼포먼스가 좋은 영업소와 그렇지 않은 영업소를 나누고, 그 이유를 찾는다는 목적에서 서식이 설계된 것이 아니다.

이 서식을 다시 소트하여 들여다보면,

"어라, 이런 경향이 있었군요. 몰랐습니다."

라고 영업 본부장을 비롯하여 책임자 모두가 놀란다.

예를 들어 전년 대비 신장률 순으로 소트해 보면, 그 기울기가 똑바로 직선으로 뻗는 일은 결코 없다. 일반적으로는 신장률이 높은 상위 점포, 전혀 능력 발휘를 못 하는 하위 점포, 그리고 그 사이에 있는 평범한 점포 등 3개 정도의 군으로 나눌 수 있다. 그리고 그 차이에는 반드시 이유

도표 5-6 그래프화+소트하는 것만으로도 많은 것을 발견할 수 있다

과거 지난 3년간의 지역 지사별 매출 신장

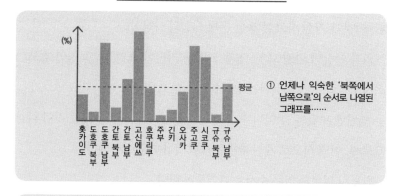

(%)

① 언제나 익숙한 '북쪽에서 남쪽으로'의 순서로 나열된 그래프를……

홋카이도　도호쿠북부　도호쿠남부　간토북부　간토남부　고신에쓰　호쿠리쿠　주부　긴키　오사카　주고쿠　시코쿠　규슈북부　규슈남부

② 숫자가 큰 순서대로 다시 나열하면……

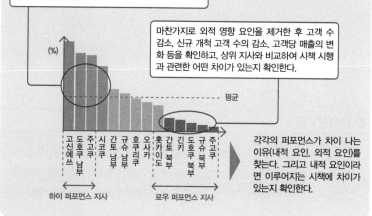

시장의 성장 여지가 있다거나 경쟁 기업의 철수, 해당 지역 경제의 활성화 등의 외적 요인을 제외하여 보정한 후 성장 요인을 찾는다.
고객 수의 증가인지, 고객당 매출의 증가인지. 지사별로 무언가의 특별한 대책이 행해졌는지. 혹은 다른 공통 시책 항목이 있는지.

③ 명확한 경향이 보이게 된다.

마찬가지로 외적 영향 요인을 제거한 후 고객 수 감소, 신규 개척 고객 수의 감소, 고객당 매출의 변화 등을 확인하고, 상위 지사와 비교하여 시책 시행과 관련한 어떤 차이가 있는지 확인한다.

(%)

평균

고신에쓰　도호쿠남부　주고쿠　시코쿠　간토남부　규슈남부　호쿠리쿠　오사카　홋카이도　간토북부　긴키　도호쿠북부　규슈북부　주부

←하이 퍼포먼스 지사→　　←로우 퍼포먼스 지사→

각각의 퍼포먼스가 차이 나는 이유(내적 요인, 외적 요인)를 찾는다. 그리고 내적 요인이라면 이루어지는 시책에 차이가 있는지 확인한다.

가 있다.

만약 짚이는 바가 있다면, 그것이 가설로서 올바른지 사실을 확인한다. 이것이 '가설 사고'를 통한 문제 해결의 시작이다.

외적 시장의 환경 요인, 경쟁 기업에 기인한 요인, 혹은 영업 점포가 독자적으로 무언가 뛰어난 방식을 실천하고 있거나 매우 퍼포먼스가 높은 영업맨이 있는 등 어디에 그 갭이 발생한 요인이 있는지를 찾아 나감으로써, 어떤 식으로 개선해야 할지 방책이 떠오르게 된다.

반드시 의미가 있는 순서로 나열해야 한다.

만약 이것이 시간 축에 따른 변화를 보는 경우라면 꺾은선 그래프로 표시함으로써 '변화가 왜 일어났는지'를 찾는 것이 기본이 된다.

⊘ POINT

익숙한 서식을 그대로 사용하며, 별 고민 없이 소트함으로써 의의를 추출하지 못하는 기업이 압도적으로 많다. 소트의 순서에는 반드시 의미를 부여한다. 제대로 '가시화'하면, 그것만으로도 깨닫지 못하던 차이가 보이게 된다.

Chapter
6

필수 경영 지식과
실천 지식

Part 1

모든 경영 이론은
진화의 과정에 있다

기업에서 근무하던 당시, 같은 업계 기업의 경영자를 대상으로 한 연수에 사장과 함께 참석한 적이 있다. 그 연수의 그룹 토의 때,

"애초에 전략이란 건 말이죠……."

라고 말을 꺼낸 사람이 있었다.

그 사람은 모 지방 백화점의 경영기획실 실장이자 새로운 업태의 설립 책임자로서, 그 가게가 주목을 받아 당시에 크게 이름을 떨치고 있었다.

나도 그 가게에 간 적이 있었고, 또한 우연이지만 그 가게의 MD(상품 구성) 플랜을 만든 이탈리아인과도 만나 그 가게의 아이디어에 관해 이야기를 들은 적이 있었다. 분명 다른 곳에는 없는 유니크한 아이디어로

상품 구성이 이루어진 가게였다.

다만 지방 도시와 그 주변 상권에 그 가게의 물품 구성 유지에 필요한 매출을 만들 만한 수요가 있는지에 관해서는 크게 의문을 품었고, 예상대로 약 3년 후에 그 가게는 폐점을 하게 됐다.

몇 명인가의 사장은 흥미진진하게 그 실장의 이야기를 들었고, 분위기가 달궈져서 마지막에는 "경영에서는 전략이 전부입니다"라는 말로 이야기가 마무리됐다.

그 이야기에서 깨달은 것인데, 그 실장은 마이클 포터의 경영 서적을 읽고 감화된 듯했다.

이것 자체는 별다른 것 없는 이야기지만, 경영 이론의 책을 읽고 모든 것을 안 것처럼 느끼는 것은 자주 있는 이야기다.

이 실장의 케이스라면 가령 경영 이론을 잘못 파악하고 있다고 하더라도, 그 영향은 자사 내에서 끝나 버린다. 하지만 이것이 대가를 받고 기업을 지도하는 경영 컨설턴트가 되면 이야기는 달라진다.

과학으로서의 경영 이론에는 어디까지 기대도 되는 걸까?

현대 의학, 그것도 서양 의학 분야는 사이언스의 방법을 답습한 학문의 한 분야다.

하지만 불과 수백 년 전까지만 해도 서양 의학은 미신이나 기도와 구별이 되지 않는 상태였다. 나아가 이집트 문명까지 시대를 거슬러 오르면, 놀랍게도 수은을 불로불사의 약으로써 처방한 예도 있었다. 당시의 고귀한 존재였던 자의 미라를 살펴보면 몇 개인가의 유체 안에서 수은이 발견된다고 한다.

아마도 그 신기한 외견에서 근거도 없이 '미지의 것=사람의 지식을 뛰어넘은 효능이 있을 것이다'라고 단정하고, 사이비 주술사가 장수를 바라는 부자나 권력자에게 투여한 것이 아닐까.

이 이야기를 경영 이론이나 경영 컨설턴트의 이야기와 직접 비교하는 건 물론 난폭하지만, 새로운 경영 수법을 검토할 때, 예를 들어 저명한 경영지에 항상 광고가 실려 있다면 어쩐지 모르게 신뢰할 수 있는 제품이나 서비스라는 인상을 느끼게 되는 법이다.

혹은 '이 경영 수법은 GE나 아마존을 비롯한 많은 미국 기업에서도 도입하고 있다'라고 설명하면 갑자기 흥미가 샘솟기도 한다.

나아가 '새로운 경영 수법'이라고 들으면, 이것을 다른 곳보다 먼저 도입하면 주변에서 칭찬을 받을 수 있지 않을까 생각이 들 때도 있을 것이다.

우선 전술한 것처럼 사이언스는 사상의 언어화에 대한 도전이자, 그것에 따라 사물에 재현성을 부여하려고 한다.

그리고 경영 과학 중에는 '전략론', '마케팅론', '조직학', '회계학' 등 몇 개에 해당하는 분야가 있으며, 그 분야 안에 또 다양한 이론이 존재한다.

서로가 겹치는 부분도 있긴 하지만, 각각은 어느 특정한 분야에서만 적용할 수 있는 사고방식이나 인과관계를 설명하고 있다. 또한 어떤 한 이론이 경영의 모든 것을 말해주는 경우는 결코 없다.

⁞ 전제가 다르면 효과도 변화하며 부작용도 일어날 수 있다

모든 법칙성에는 그것이 적용되는 전제가 있다. 하지만 그 시대, 그 세계에서는 당연한 것에 관해서는 굳이 전제로서 기술되지 않기 때문에 성가신 일이 벌어진다.

애초에 경영 이론은 그 대부분이 미국에서 만들어졌다. 어렸을 때부터 주도적으로 행동하는 것의 중요성을 학교 교육에서 배워 온 미국의 경영자는, 말하자면 사업의 '드라이버'다. 그리고 그 경영자의 퍼포먼스를 보완하고 강화(부스트 업)하기 위한 '엔진' 중 하나가 전략이라 할 수 있다.

주도권을 잡을 수 있는 경영자가 있는 것을 전제로 유효하게 기능하도록 만들어진 경영 수법론이 바로 전략인 것이다.

하지만 전제가 다르면 적용할 수 있는 이론의 효과도 변화하고, 그 부작용마저도 생각할 수 있다.

⁞ 성과주의는 그것을 필요로 하는 미국에서 태어난 사고방식

예를 들어 '인치' 색이 강한 지시형 매니지먼트에서는 윗사람의 호불호를 포함한 주관적인 평가가 크게 영향을 끼친다.

일본의 한 외국계 기업의 인사부장에게 본국 미국의 매니지먼트로부터 지시가 있었다고 치자.

"지금의 사장을 자르게나."

"이유가 무엇인가요?"

"나는 그를 좋아하지 않아."

"……알겠습니다."

외국계 자본 기업의 일본 법인 인사 책임자는 일본 법인의 경영자와 본국의 매니지먼트라는 투 보스(두 계통의 다른 두 명의 상사) 상태에 놓이게 된다. 그리고 일본 기업의 감각으로는 생각하기 어렵지만, 이와 같은 대화가 평범하게 이루어지는 것이 외국계 기업이다.

보다 하위의 매니저라면 더욱 간단히 상사의 호불호에 의해 그만두게 되는 예도 수없이 일어나고 있는 것이 이런 '인치' 전제의 매니지먼트다.

이와 같은 배경에서 그 상태를 개선하고자 태어난 것이 성과주의를 바탕으로 객관성이 있는 평가 제도다.

이때 언어화와 주도적인 행동을 중시하는 미국 교육의 배경이 있다면 객관적인 지표를 기준으로 하여 그때마다의 인사 평가의 옳고 그름에 관한 논의도 이루어지기 쉽다.

그리고 1990년대 후반기부터 일본 기업에서도 성과주의 인사 제도가 보급되기 시작했다.

현실적으로는 당시 많은 일본 기업이 침체 상태에 빠졌기에 인건비를 보다 쉽게 관리하고 싶다는 경영자 측의 동기가 있었던 것도 성과주의 인사 제도가 일본 기업에 널리 도입된 배경에 있었다.

표면상으로는 '성과주의 지표를 사용하여 노력의 방향성을 명시하고, 승진과 승격의 기준을 알기 쉽게 하자'라며 평가 제도가 많은 기업에 도입됐다.

이때 만약 관리 측이 지표 이외의 부분도 제대로 보라고 매니저에게 철저히 지시하지 않으면,

'지표 이외의 것은 가령 회사를 위해서라고 해도 여러분의 평가로는 이어지지 않는다'

라는 회사로부터의 메시지가 되고 만다.

본래 **매니지먼트의 역할은 성과주의 지표에 반영되지 않는 부분에 대해서도 제대로 보고, 중장기, 전사적인 시점을 도입하여 납득할 수 있는 정당한 평가를 행하는 것**이다.

거기에서 나아가 영향력이 있는 인사 부문의 임원으로부터

"룰을 제대로 지키게끔 하는 것이 매니지먼트의 임무다."

라는 지시라도 나왔다면, 그야말로 눈을 뜨고 볼 수 없는 상태에 빠지게 된다.

매니저는 승격, 승급이라는 인사권을 박탈당하고, 단순히 룰을 철저하게 지키는지에 대한 감시 역할이 되어버린다. 현실적으로 그렇게 된

기업을 본 적이 있는데, 각 담당자는 매니저의 지시를 듣지 않는 상태가 되어있었다.

이것은 성과주의 지표 그 자체가 나쁘다는 이야기가 아니다.

성과주의의 도입을 검토할 때, 개인의 호불호가 반영되기 쉬운 '인치' 식 매니지먼트나 주도권을 취하는 것이 당연한 미국식 조직 문화가 전제에 있다는 점을 이해하고 있는지. 성과주의 지표를 철저히 지키다 보면 사업 부문으로서의 팀워크가 망가지고, 숫자만으로 달려나가는 이기주의가 만연하게 될 위험성을 알고 있는지. 그리고 도입 실태를 보면서 그 방법이나 운영 방식을 조정, 개선하기 위한 PDCA를 돌렸는지를 살펴보아야 한다.

모든 경영 이론은 불완전하다는 점을 알고 검토해야 하며, 도입 후에도 조정을 행해야 한다

가령 의료 부문에서 매출만을 우선해서는 건전한 상태라고는 할 수 없다. 경영 컨설턴트 업도 의사와 마찬가지로, 본래는 매출을 추구해야 하는 생업이 아니다.

매출 추구가 목적이 되면 자신들이 충분한 능력을 보유하고 있지 못한데도 불구하고 일을 따내러 가는 사태가 벌어지기도 한다. 자신들이 완벽히 구사하지 못하는 경영 이론을 제안, 적용해 버린 결과 큰돈을 지불한 클라이언트 측에 폐를 끼치게 되는 일도 벌어진다.

일부 예외는 있지만 맥킨지나 BCG 등의 컨설팅 회사가 가령 규모가 커졌음에도 상장하지 않는 것은 여기에 이유가 있다.

모든 사이언스는 언제나 언어를 통한 설명과 인과관계의 법칙화에 대한 도전이 그 존재 의의다.

그리고 경영에 관한 사이언스도 이와 마찬가지로 경영의 모든 것을 말하는 것은 이루어지지 못하고 있기에 그것에 도전하고 있는 상태라고 할 수 있다.

재무 회계도 기업의 퍼포먼스를 돈의 움직임과 상태로부터 '가시화'하기 위해 유효한 요소지만 경영 실태나 건전성을 본다는 목적으로는 그것 외에도 중요한 요소가 많다.

- **모든 경영 이론은 그것 하나만으로 경영을 말할 수 없다**
- **모든 법칙성은 특정한 전제 아래에서만 재현성이 있다**
- **새로운 수법에는 예측할 수 없는 부작용이 있을 수 있다**
- **조정이 필요해질 가능성을 충분히 예측해야 한다**

경영에 관한 사이언스도, 다른 사이언스의 분야와 마찬가지로 진화의 과정에 있다.

에드워드 데밍 박사(TQC 활동을 통한 1960~1970년대의 일본 기업의 세계적 약진을 돕고, 19880년대 이후에는 미국 정부나 기업을 지도했다. PDCA의 제창자로도 알려져 있다)는 1980년대에 이미 '경영 이론이 미국의 회사를 파괴했다'라고 말했다.

즉 실천에 사용하기에는 아직 불완전한 레벨의 경영 이론을 도입하는 것이 기업 내에 혼란을 불러일으킨다는 점을 지적한 것이다.

◉ POINT

모든 경영 이론은 언제나 불완전하다는 사실을 알아야 한다. 경영 이론에는 적용할 수 있는 전제가 있으며, 언제나 개선해야 할 여지가 남아 있다.

마케팅이란 고객을 기쁘게 하는 아이디어나 기획의 정밀도를 PDCA를 돌리면서 보다 높이는 것

마케팅이라고 불리는 업무는 크게 나눠 두 가지 단계가 있다.

① 시장을 공략할 때 그 시장은 무엇을 바라고 있는지를 명확히 한다. 즉 시장 여건을 명확히 한다
② 타깃 고객을 어떻게 기쁘게 할 것인지에 대한 아이디어를 만들어내고, 플랜을 세운다

제조업 및 판매업 분야라면 일반적으로 매일 루틴화된 업무에서, 마케팅 업무는 상품 매입과 개발 부분에서 시행된다. 바이어나 제품 기획 담당자도 일할 때 위 두 단계를 밟는 것이 원칙이다. 예를 들어,

'지금 판매하는 제품이나 서비스의 판매 데이터로부터 고객에게 지지 받는 키워드를 알아낸다'

'그 키워드를 바탕으로 고객이 더욱 기뻐할 제품이나 서비스, 혹은 어필 방법을 생각하고 아이디어를 낸다'

그리고 하루하루 PDCA를 돌려서 업무의 정밀도를 높이게 된다.

한편 사업의 경영자가 '마케팅 기능 강화'가 필요하다고 생각할 때는 '전략'과 마찬가지로 '시장을 출발점으로 한 PDCA가 돌아가지 않기' 때문에 '시장과의 괴리'를 느낄 때다.

여기에서는 우선 그 괴리가 도대체 무엇인지를 명확히 할 필요가 있으며, 그 후에 그 괴리를 메울 수 있는 시나리오 만들기인 플래닝(P)을 행한다.

앞의 마케팅 업무의 ①은 **시장을 공략할 시나리오를 만드는 데 필요한 '여건'을 명확화**하는 것이다. 이를 위해서는 다양한 질문 설계나 분석을 구사하여 고객을 프로파일링하기 위한 실태의 '가시화'를 행한다.

시장을 조사해 주는 조사 회사도 있다. 이들은 포커스 그룹 인터뷰, 정량 조사 설계, 실시는 물론 의뢰에 따라 기본 분석과 그 보고까지 해준다.

그리고 마케팅 업무의 ②는 일반적으로는 '마케터'라고도 불리는 사람들이 행한다. 이들은 다양한 창의적인 아이디어를 내어 시장을 기쁘게하여 주목을 끌거나 고객 모집이나 매출률 향상의 공헌으로 이어지는구체적인 대책을 플래닝 한다. 이들은 각각의 특기 분야나 능력을 갈고닦고 있지만 현실적으로는 경영 컨설턴트와 마찬가지로 개인차가 존재한다.

특히 후자의 크리에이티브 업무에 관해서는 그 시장이 무엇에 기뻐하고 '미소를 보이는지'를 떠올리는 것, 그리고 그 전제가 되는 ①의 **고객 프로파일링이 정밀도 높게 이루어졌는지**가 큰 열쇠가 된다.

▋ 고객을 프로파일링 하여 대처 수단의 정밀도를 높인다.

마케팅이 필요할 때는 일반적으로 '고객이 바라는 점과 유효한 판매 방식을 명확히 하고 싶을 때'다. 마케팅을 동반하는 B to C 비즈니스의 사업 전략을 입안하는 구체적인 수단을 간단히 정리해 보면 다음과 같다.

1. 사업에 관한 다양한 데이터를 '가시화'하여 의의를 추출하고, 시장과 경쟁 상황, 자사의 퍼포먼스를 숫자를 통해 명확히 한다

2. 시장이 제대로 보이지 않을 때는 우선 직접 고객, 그리고 타깃으로서 노리고 싶은 비고객 등에게 의견을 듣는다. 기본적으로는 그룹 인터뷰 등이 유효하며, 답과 반응으로부터 고객의 구매 동기의 배경, 바라는 점, 불쾌하게 느낀 점 등을 명확히 한다. 이때는 괜한 배려가 담긴 답이 이루어지지 않도록 회사 이름을 알 수 없도록 하는 것이 좋다. 이런 방식으로 고객의 모습이나 진짜 바라는 점을 알 수 있는 프

로파일링을 진행한다

3. 상기의 결과에서 '팔리는 제품 이미지', '효과적인 어필 방식'을 가설로서 그린다

4. 각 타깃층이 어느 정도의 구매 의욕을 가지고 어느 정도의 볼륨으로 존재하며, 기호성을 어느 정도 가지고 있는지 등을 명확히 하기 위한 정량 조사를 시행한다. 이를 통해 (3)에서 입안한 가설을 정량적으로 검증하고, 대처 수단의 영향도, 어느 정도의 매출을 예상할 수 있는지, 그 난이도는 어느 정도인지를 명확히 한다

특히 조사를 할 때는 질문을 꼼꼼하게 만들어야 한다. 편견이 일어나지 않도록 세심한 주의를 기울인 후에 실태를 끄집어낼 수 있는 흐름으로 설계하지 않는 한, 진짜로 알고 싶은 포인트 등이 선명하게 떠오르지 않는다.

한 번의 조사 설문을 검토하는 것만으로 10시간 이상이 걸리는 일은 흔하다.

전술한 것처럼 질문 문장의 표현에 따라 얻을 수 있는 '답'의 정밀도뿐만이 아니라 심할 때는 예스, 노조차도 달라지는 일이 있다.

시장의 미묘한 사정을 캐치하는 감성, 즉 충분히 언어화할 수 없는 정보로부터 의의를 읽어내는 힘을 키우기 위한 경험을 쌓아야 한다.

그리고 잊어서는 안 되는 것은, 이들 순서로 만든 B to C 사업에서의 전략(P)도, 어차피 초기 가설에 불과하다는 점이다.

진짜 실전은 P가 만들어진 것에서 시작하여 실제로 행한 뒤 예측이 틀린 포인트를 명확히 하면서 수정을 거듭하여, 고객의 프로파일링을 진행하며 대처 수단의 정밀도를 높여 나가는 것이다.

⊘POINT ···

마케팅에는 ① 시장 여건의 명확화, ② 시장을 기쁘게 하는 크리에이티브라는 두 가지 단계가 있다. 적절한 PDCA를 돌림으로써 고객의 프로파일링이 진행된다.

Part 3

'선무당 마케팅'이
사람 잡는다

경영 이론은 잘못된 방법으로 사용하면 아주 쉽게 자신에게 큰 상처를 주는 흉기가 되는 '양날의 검'이기도 하다. 나아가 데이터를 동반한 마케팅 수법은 얼핏 설득력이 있는 것처럼 보이기 때문에 더욱 위험할 수 있다. 하나의 사례를 소개해 보겠다.

어느 기업이 수익성 개선을 목적으로 다이렉트 메일의 효율을 높이고자 마음먹었다. 이를 위해 사업 부문 세 곳에서 공통으로 사용하던 정기 발행 카탈로그의 효율을 개선하고자 신설 마케팅 부서에 지시를 내렸다.

사장의 특명을 받은 마케팅 부서장은 마케팅 컨설팅 회사와 상담한 끝에 고객을 Recency(직전 구입 시기), Frequency(구입·이용 빈도), Monetary(구입 금액)라는 세 가지 축의 매트릭스로 분별하는 RFM 분석을 행했다.

 RFM의 각 축의 매트릭스를 바탕으로, 최근 들어 구입 이력이 없고 구입 금액이 크지 않은 고객에 대한 다이렉트 메일을 멈추기로 했다. 이에 따라 판촉비가 큰 폭으로 낮아졌고, 수익성이 큰 폭으로 개선되어 담당 부장도 좋은 평가를 받았다.

 하지만 해당 연도 이후, 이 기업에서는 매출이 늘어나지 않게 되었다. 또한 그때까지 점차 오르던 성장 곡선도 보합 상태에 빠졌다. 상층부에서는 영업 부문에 대해 '매출을 올리도록 조금 더 지혜를 써라'라고 요청했지만, 좀처럼 이전과 같은 매출이 발생하지 않았다.

 그 후 사장이 바뀌고 새로운 사장 아래에서 사업 활성화의 명을 받아 새로운 프로젝트가 설립되었다. 그 멤버 중 한 명이 현장에서 피부로 느끼며 줄곧 신경 쓰였던 점을 분석해 본 결과, 놀랄 만한 사실이 명확해졌다.

 A, B, C라는 메인의 세 사업부는 같은 고객 리스트를 사용하고 있었다. A 사업부는 단가가 낮은 상품을 높은 빈도로 판매했고, 수익성은 그렇게 높지 않았다.

 한편 C 사업부는 그 정반대로 단가는 매우 높고 수익성도 높지만 고객 수는 적고 구입 빈도가 낮은 상품을 판매했다. B 사업부는 다른 두 사업부의 중간 부분에 위치했다.

 앞선 RFM 분석을 행했을 때는 효율이 나쁜 A 사업부의 고객 리스트에 대한 카탈로그 발송을 크게 줄인 바 있었다.

이 프로젝트의 멤버가 '가시화'를 통해 명확하게 밝힌 것은 A, B, C 각 사업부의 제품을 각각의 고객이 어느 정도 구입하는지에 관한 실태였다.

마케팅의 올바른 방식을 습득하다

우선 알게 된 것이, 이 회사의 많은 고객은 처음 A 사업부의 제품 구입을 통해 고객이 되었다는 사실이었다.

이 기업이 시장에서 압도적인 점유율을 자랑하는 A 사업부가 입구가 되어 고객 리스트에 추가되었고, 그 후에 발송되어 오는 카탈로그를 보고 그중 일부 고객이 보다 고액이자 수익성이 높은 B, C 사업부의 제품을 구입하며 우량 고객으로 바뀌어 가는 케이스가 많았다는 점이었다.

나아가 A 사업부의 제품 구입 고객은 친구에게 해당 제품을 소개하는 경우도 많았다. 즉 A 사업부 단독으로서의 수익성은 낮았지만, 이 회사의 제품 구입의 입구가 되었으며 고객의 정착과 고객층의 확대 역할도 담당하고 있었던 것이다.

결국 회사 전체의 공헌도가 높았던 A 사업부의 고객을 리스트에서 큰 폭으로 줄인 것이 매출 침체가 일어난 원인이 되었다는 점이 명확히 드러나게 됐다.

마케팅 시책은 숫자 등의 데이터를 사용해 근거가 제시되기 때문에 얼핏 보기에 설득력을 지닌다.

마케팅 기능이 올바르게 돌아가게 만들기 위해서는 적어도 새로운 전략을 시행할 때나 신규 프로젝트 때, 시장의 인과관계를 내다보고 방향성을 제시하는 문제 해결 경험을 많이 쌓아 온 디렉터 역할에게 한 번쯤은 지도를 받는 것이 좋다. 이처럼 학문과는 다른 올바른 대처 방식을 습득하는 것이 현명하다 할 것이다.

◎POINT ···

시장에 대한 공략법을 보여주는 마케팅 데이터는 팩트를 기반으로 하기에 설득력을 지니며, 안이하게 취급하면 부작용이 나타날 수 있기 때문에 위험하다. 적어도 한 번은 문제 해결의 경험을 쌓은 디렉터의 지도를 받는 것이 좋다.

애초에 장사란 '지갑 속의 00만 엔을 1년 후에 얼마로 만들었는가?'이다

비즈니스에 관여하다 보면 반드시 수치의 책임이 동반한다.

영업이라면 '본년도의 목표 매출은 00엔. 전년 대비 110%를 달성할 것' 같은 식이다.

관리 부문이라도 경비 관리를 담당하는 부문이라면 해당 분기의 후반에 '판관비를 당초 예산 대비 95%까지 줄이도록'과 같은 지시가 나온다.

또한 사업부장이 되면 '매출 계획은 전년 대비 +10%로 입안하며, 반드시 전년도보다 수익을 증가시키도록' 등의 지시가 나온다.

조직은 점점 커지는 사업을 제대로 돌리기 위한 분업이자, 그 수치 책임에 관해서도 분담한다. 하지만 개개인을 평가할 때 안이하게 이 수치 책임만을 직결해 버리면 회사 전체의 최적 수준 따위는 아무래도 좋고,

자신의 평가 지표를 높이는 것만을 우선해 버리는 에고이즘이 만연하게 된다. 이것이 흔히 말하는 **'성과주의 지표 도입의 폐해'**다.

성과주의가 철저하게 이루어지는 외국계 기업 등에서는 '팀워크' 등 정량적으로는 계측할 수 없지만 중요한 평가 항목이 명문화되어 있다. 이런 항목에 대한 평가가 제대로 이루어지지 않은 경우는 윗사람의 강한 지도를 받게 된다. 하지만 성과주의 지표를 도입한 일본 기업에서는 매니저가 제대로 이것을 지도하는 기업이 거의 없다. 평가라는 중요한 제도를 너무 안이하게 도입하고, 불충분한 상태인 채 그것을 방치하는 기업이 너무 많은 것이다.

PL상의 원가는 절감되었더라도……

애초에 경영의 숫자를 어떻게 파악해야 하는지에 대하여 지금 다시 한번 생각해 보자.

사업에 관여하는 대다수의 사람들은 매상고, 매출 총이익, 영업 이익, 그리고 영업 외 수익, 납세액 등을 반영하는 PL(손익계산서)을 보며 논의하고 이것에 익숙해진다.

하지만 애초에 비즈니스는, 예를 들면 지갑 안에 있는 10만 엔을 1년 후(혹은 일정 기간 후)에 얼마로 늘릴 수 있는가에 관한 이야기다.

다만 사업의 규모에 따라 어느 정도의 로트 사이즈로 재료, 재고를 매입하기 위한 자금, 매장 인테리어나 인지도 향상을 위한 선행 투자와 같은 자금의 움직임에 있어서 지갑 안의 돈, 즉 수중 자금이 부족하지는 않은지 체크하며, 필요하다면 차입 등으로 자금을 융통할 필요도 있다.

따라서 비즈니스의 수익 상황을 보기 위한 PL과 재산 상황을 '가시화' 하는 BS(대차대조표)라는 두 가지 계통으로 나누어 사업을 판단하는 획기적인 방법이 개발되었다. 그런데 새로운 이론의 적용은 사용하는 방법에 따라 부작용도 일으키게 된다.

어느 수백억 엔 규모의 제조업 구매 담당 과장이 사장으로부터 수익성 개선을 지시받아 매입 부자재의 단가를 재검토했다. 그 결과, 업자와 교섭하여 대폭으로 단가를 절감하는 것에 성공했다.

어느 날, 그 과장과 자재 적재 창고에 들어갔을 때의 대화다.

"이 너트는 단가가 00엔입니다. 이 단가로 매입할 수 있는 기업은 일본 전체에서도 우리밖에 없을 겁니다."

"그렇군요. 그렇다고는 해도 이 너트, 같은 품번의 박스가 꽤 많은 양이 쌓여 있네요. 이것을 전부 사용하는 데 어느 정도의 기간이 걸리나요?"

"25년 정도일 것 같네요."

"……."

단가를 낮추고자 25년분의 부품을 단번에 매입하는 경영 판단 따위 들어본 적이 없다. 이것은 상층부, 윗사람이 현장의 실태 파악에는 관심이 없고, PL만을 보고 좋고 나쁨을 판단하며 KPI만을 평가하는 경우에 일어날 수 있는 일이다.

사업 규모가 어느 정도 커졌을 때는 그저 BS를 바라보는 것만으로는 이런 유의 잘못된 판단을 깨닫지 못할 수 있다.

KPI와 같은 관리 수법을 도입하는 것은 본래 매니지먼트의 정밀도를 높이기 위한 목적이자 결코 매니지먼트를 간단히 하기 위해서가 아니다. 이것은 KPI의 평가 지표를 논하기 이전에 그 상급자인 부장이 보고 곧장 "무슨 생각을 하는 거야! 곧장 반품 교섭을 행하도록!"이라고 일갈해야 하는 경우다.

⦂ 10만 엔 짜리 항아리와 100엔 짜리 볼펜, 돈을 버는 것은 어느 쪽?

이처럼 PL, BS와 같은 표면상의 숫자만 보며 비즈니스의 실태나 건전성을 깨닫지 못하는 일은 하루하루의 경영 현장 관리에서도 일어난다.

예를 들어, 여기에 장사를 시작하려는 사람이 두 명 있다고 치자.

두 명 모두 자본금은 10만 엔이다.

A는 10만 엔으로 희소품인 항아리를 매입하여 그것을 100만 엔에 팔고자 생각했다.

B는 50엔의 볼펜을 2,000개 매입하여 1개당 100엔에 팔고자 생각했다.

A는 이익률 90%로, 90만 엔의 총이익을 노린다.

B는 이익률 50%로, 10만 엔의 총이익을 노린다.

여기까지 숫자만을 보면 A가 높은 이익률의 비즈니스를 목표로 하는 것처럼 보인다.

그런데 B의 볼펜은 발매 후 한 달 만에 거의 재고가 없어질 정도로 매출 호조를 보였다. B는 곧장 1개월분의 재고를 추가 매입한다. 결국, 1년 동안 B는 총 12회의 매입(2만 4천 개)을 하고 볼펜을 팔 수 있었다.

한편, A의 항아리는 1년에 걸쳐 겨우 하나를 팔 수 있었다.

자, 같은 10만 엔의 자본금으로 시작한 이 두 명의 비즈니스의 1년 후의 PL은 어떻게 되었을까?

1년간으로 정리하면 A는 매출 100만 엔, 총이익 90만 엔, 이익률 90%. 그에 비해 B는 매출 240만 엔, 총이익 120만 엔, 이익률 50%.

이익률만을 보면 A의 비즈니스는 매우 뛰어나지만, 1년 동안 1개밖에 팔지 못할 정도로 시장이 작고 팔기 어려운 제품의 비즈니스였다.

한편, B는 이익률이야말로 크지 않지만 A보다도 자본금을 고속으로 회전시켜 사업을 행할 수 있었다.

상품의 ROI(Return On Investment, 투자 대비 효과)로 이들 두 사업의 수익성을 보면 A는 10만 엔의 매입 자금으로 총이익을 90만 엔 번 것에 비해, B는 같은 10만 엔으로 총이익을 120만 엔 벌었다.

상품별 ROI를 계산하면 A는 90만 엔의 총이익, 10만 엔의 매입 금액=900%인 것에 비해 B는 120만 엔의 총 이익, 10만 엔의 매입 금액=1,200%로, 1.3배 이상의 차가 생긴다.

만약 B가 취급한 볼펜이 무척 인기가 있어서 2주 만에 전부 팔리는 기세였다면 매출 금액은 480만 엔, 총이익은 240만 엔, 상품별 ROI는 2,400%로, 더욱 벌어진다. 장사나 비즈니스 퍼포먼스의 척도 중 하나는 수중에 있는 00만 엔을 어느 기간 내에 어느 정도로 늘렸는지다.

이에 따라 두 명의 비즈니스를 비교하면 PL만을 보고 비교한 인상과는 크게 달라진다.

⁞ 알기 쉬운 PL에만 의식이 향하는 경영자가 많다

실은 이것은 지극히 당연한 이야기다. 하지만 여러분의 회사 중에도 상사로부터 '일단 이번 분기의 PL을 만들어 줘'라는 지시가 나오거나 하지는 않는가.

미국의 경우 주주의 압력이 집행 책임자에게 강하게 영향을 끼치지만, 일본의 주주는 장기에 걸친 일본 기업의 저성장을 용인하고 있을 정도로 얌전한 것이 실태다. 이것은 세계적으로 봐도 특이한 상태다. 이 같은 환경에서 경영층이 이른바 학교 성적표를 보는 감각으로 PL의 수치를 맞추는 것이 과연 얼마만큼의 의의가 있는지, 보다 진지하게 생각해야 한다.

당기 수익의 수치를 맞추기 위해 장기적인 시점에서의 시책을 희생하고 결국에는 인원 감축까지 손을 대게 되는 것이라면, 가령 당년도의 수치 맞추기나 기관 투자가를 대상으로 한 설명은 가능하더라도 장래를 향한 사업 발전 가능성의 싹을 뽑는 것일지도 모른다.

본래는 수중의 금액을 일정 기간에 얼마만큼 늘렸는지를 보면 좋았던 것을 PL과 BS라는 표기 방식이 발명되어 널리 퍼진 까닭에, 알기 쉬운 PL의 겉모습을 꾸미는 것에 주력하는 경향이 강해진 경영자가 많은 것이 현실이다.

추가로 덧붙이자면 매출이나 수익성 개선에 종사하는 컨설턴트들도 BS를 보고 사업을 제대로 머릿속에 떠올리는 센스는 생각보다 갖추지 못하고 있다.

은행에서 어느 상장 기업으로 이사 대우를 받으며 파견된 사람이,

"기업은 일단 이익이다. 이익 외에는 없다."

라고 열변을 토하는 모습을 본 적이 있다.

굳이 트집을 잡으며 부정할 이야기는 아닐지 모른다. 하지만 기업과 사업을 올바르게 파악하고 올바른 사업 문화를 만들어 가는 것, 이것이 참모에게 중요한 시점이라고 할 수 있으리라.

⊘POINT ··

PL과 BS로 나누어 본다는, 알기 쉬운 표기 방식이 퍼진 까닭에 PL의 겉모습에만 주력하는 일이 벌어진다. 동일한 일이 비즈니스의 다양한 국면에서도 일어나고 있다. 언제나 자사 사업의 건전성이라는 시점으로 사업을 파악해야 한다.

Part 5

'업무 프로세스'의 최적화가
사업의 퍼포먼스를 정한다

'조직'하면 누구나 조직도를 머릿속에 떠올린다.

하지만 조직도는 경영자를 정점으로 하여 각 계층의 매니저가 관리할 범위를 표현한 것에 불과하다.

나는 새로운 조직을 검토하는 자리에 동석하는 일도 잦다.

시간을 들여 검토한 끝에 만든 조직도를 눈앞에 두고, 경영자나 인사부는 대개 만족스러운 표정을 지으며 "좋아. 이걸로 다 잘 풀릴 거야"라며 기대를 담아 말한다. 하지만 조직도를 그린 것만으로 사업이 잘 전개되지 않는다는 것은 모두가 알고 있다.

일본 기업에서 외국계 기업으로 이직한 경험이 있는 사람은 알고 있을 테지만, 외국계 기업에서 일하게 되면 가장 먼저 "귀하의 포지션은

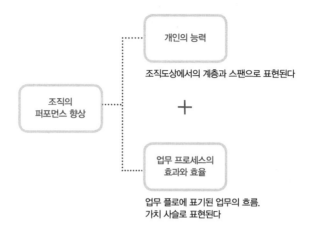

개인의 능력

조직도상에서의 계층과 스팬으로 표현된다

조직의
퍼포먼스 향상

+

업무 프로세스의
효과와 효율

업무 플로에 표기된 업무의 흐름.
가치 사슬로 표현된다

리포트 투(Report to) ○○ 씨('○○ 씨에게 보고한다'='○○ 씨에게 평가받는다')입니다"라며, 일본 기업에서는 사용하지 않는 표현으로 설명을 듣게 된다. '인치' 색이 강한 경영이라는 전제하에 이 리포트 투의 계통을 알기 쉽게 그린 것이 조직도의 서식인 것이다.

조직도는 능력이 뛰어난 매니저가 관장할 범위를 넓히거나 그런 매니저를 승격시킨다는 '인치'를 전제로 하여 인재 배치의 최적화 방안을 '가시화'한 것이라고도 할 수 있다.

'일을 잘하는 사람에게는 부하를 붙여주어(혹은 보다 늘려서) 더욱 큰 책임을 담당하게 한다'라는 것이 조직 운영의 기본 이론이다.

일을 잘하는 사람에게는 부하와 사용 가능 예산을 늘려서 더욱 큰 아웃풋을 기대하며 일을 시킨다. 그 본인도 매니지먼트 능력을 키울 수 있으며, 이것이 조직을 발전시키는 기본 중의 기본이라는 사고방식이다.

하지만 이것은 어디까지나 '능력이 뛰어난 사람'에 의존해 나가는 '인치'의 이야기이자 조직 전체를 '업무 시스템'으로서 퍼포먼스를 높이는 것과는 완전히 다른 이야기다.

예를 들어 사업부 안에 제품 개발부, 제조부, 영업부가 있다고 치자.

고객이 어떤 것을 희망하는지 등의 정보를 영업부에서 얻고 제품 개발에 반영하여, 제조부, 영업부 등 전체가 연동하여 시장에 제품이나 서비스 등의 '가치'를 제공한다는 흐름이 된다.

조직으로서의 기능은 업무 플로, 즉 업무 프로세스(비즈니스 프로세스와 동의어)로서 기능한다.

도요타에는 '기술 표준'이라고 불리는 사내 자료가 있으며, 거기에는 업무 등 사업 운영의 노하우가 업무 플로 등의 형태로 정리되어 있다.

도요타의 조직 변천을 지금까지 봐 왔지만, 도요타에는 조직도를 잘 꾸미는 것에는 그다지 관심이 없는 듯 보인다. 오히려 업무의 흐름을 중시하여 언제나 최우선으로 개선에 뛰어든 것이 도요타의 특징이다.

업무 프로세스는 각 부서에 서식 등의 '정보', 혹은 부품이나 재료 등의 '물건'이 인풋으로서 들어가, 그 부서에서 무언가의 부가가치를 더함으로써 다음 부서로 아웃풋 된다는 흐름이다.

예를 들어, 사업부 내의 업무 프로세스를 관리하고 최적화를 추진하는 입장에 있는 것은 사업부장이지만, 많은 경우 그 사업부장은 지금 사업부 내에서 어떤 업무 플로로 일에 부가가치를 더해 제품이 시장에 제공되고 있는지를 파악하고 있지는 않을 것이다.

하지만 이 업무 프로세스가 '이치'에 맞는 형태로 만들어지지 않으면 다양한 낭비나 비합리적인 움직임이 일어난다. 그런 조직에서는 예를 들어,

'기획 단계에서 이 정보를 반영해 주었다면 보다 정밀도 높은 제품을 추가 비용 없이 만들 수 있었을 텐데.'

'사업 정보는 빠르면 빠를수록 좋다. 일괄이 아니라 파악되는 대로 그때그때 넘겨주는 것이 좋다.'

도표 6-2 그의 머릿속 로직 트리

업무 프로세스의 흐름

각 부문이 인풋을 받아들이고, 거기에 작업을 통해 부가가치를 더하여 그 아웃풋을 다음 부서로 넘긴다. 이 연쇄가 가치 전달을 위한 업무 프로세스이자 업무 플로로서 나타난다.

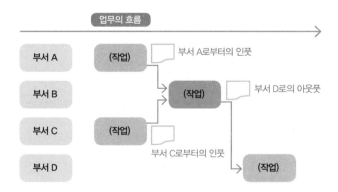

'100%의 확정된 정보가 아니더라도 사전의 내부 정보가 있다면 부품의 조달 수배를 선행할 수 있었을 테고, 양산 개시까지의 리드 타임을 단축할 수 있었을 텐데.'

등의 문제 제기가 많이 나타나게 된다.

여러 어패럴 브랜드를 보유한 기업에서 브랜드별 현 상황의 업무 프로세스의 '가시화'를 해 본 적이 있다. 본래 모두 동일한 업무 프로세스 형태여도 문제가 없었을 테지만 모두가 다른 절차를 밟고 있었고 각각 다른 과제가 부상해 있었다. 그것은 주로 아래 내용과 같다.

- 피드백 정보가 적절한 타이밍에 들어오지 않기에 기획의 정밀도가 높아지지 않는다
- 업무 플로의 이른 단계에서 필요 이상으로 정밀도를 높인 디자인 워크 등을 기획하고 있기에 낭비나 재차 수정이 발생한다

이처럼 전체적인 시점에서 바라보는 것만으로도 합리적으로 기능하지 않는 다양한 업무 흐름을 파악할 수 있다.

사람의 능력에 의존하지 않는 재현성이 있는 조직 퍼포먼스는, 이 업무 프로세스의 좋고 나쁨에 달려 있다. 이것을 업무 플로의 형태로 '가시화'하고, PDCA를 돌려서 개선 활동(A)을 지속하는 것을 문화로 만든 기업은 아직 많지 않다.

이 업무 플로에서 더욱더 적절하게 조직의 각 계층 간 적절한 정보가

오가며 자율적인 판단이 이루어지는 '신경 계통'이 제대로 기능한다면, 조직도에 그려진 조직은 하나의 생명체처럼 밸런스가 잡힌 움직임을 할 수 있게 된다.

◆POINT ··

건전한 '신경 계통' 만들기와 업무 플로의 최적화를 통해 사업체를 하나의 밸런스가 잡힌 유기체로서 움직이는 것이 참모 역할에게 부여된 조직 과제다.

Part 6

경비는 사업의 가치를 높이기 위해
보다 효과적으로 사용해야 할 경영 자원

최근, 경영기획실이 비용 절감을 위한 담당 부서가 되어 버린 기업이 늘어나고 있다.

경영층이 인식하는 과제 일부를 담당하는 것이 경영기획실의 목적이므로, 그런 의미에서는 경영층의 의사가 반영된 움직임으로 보는 것이 좋을 것이다.

다만, 여기서 생각해 봐야 하는 것은, '애초에 경비란 무엇인가'라는 점이다.

말할 필요도 없이, 경비란 장부를 맞추기 위해 단순히 낮추거나 삭감할 대상이 아니다.

경비는 매출이나 이익, 그리고 사업의 브랜드 파워(신용도)**를 포함한**

기업의 가치를 높이기 위해 보다 효과적으로 사용하는 방법을 계속하여 연구하여 자사의 강점으로 만들어야 할 경영 자원이다.

같은 효과, 같은 효능을 얻을 수 있다면 보다 지출이 적은 것을 고르고, 기능적으로 문제가 없다면 저렴한 것으로 대체하여 보다 경비를 낮추어 효율을 높이는 것 역시 중요하다.

하지만 그보다 더욱 중요한 점은 경비를 어떤 식으로 사용하면 매출이나 이익을 키우는 것으로 이어지는지, 보다 효과적이고 효율적인 수단에 계속하여 도전하는 것이다.

이를 통해 보다 정밀도 높은 경험칙을 얻을 수 있다.

제조 현장에서의 경비 절감은 직접적인 이익의 원천이 된다. 하지만 사업 전체로서 파악하면 이익의 원천은 결국 고객의 지지를 통해 늘어나는 매출에 의한 이익이다.

예를 들어, 판매 촉진에도 다양한 매체나 수법이 있다.

전단지나 DM, SNS를 사용한 것도 있을 것이다.

전년 동기에 사용한 방식보다 더욱 진화된 방식을 검토하여 매체를 전단지에서 DM으로 바꾸거나 보다 효과적인 카피로 변경하는 등 다양한 궁리를 거쳐 새로운 방식을 실시하고, 그 결과를 검증하는 것이 기본이다.

사업의 특성에 따라서도 다르지만 신규 고객을 모집할 때나 기존 고객을 대상으로 한다고 해도 거의 자사의 매장에서만 구입하는 고객과 다른 매장과 병행하여 이용하는 고객을 각각 어떻게 전년 동기보다 늘려나갈 것인가에 대해 매번 PDCA를 돌림으로써 시책의 정밀도가 점점 높아지게 된다.

즉 **효과와 효율이 더욱 높은 경비 사용법을 찾는 PDCA를 돌리는 것이 진정한 의미의 경비 관리**다.

지금은 많은 기업에서 도입한 ERP(Enterprise Resources Planning, 전사적 자원 관리)는 계획 주의를 전제로 한 시스템이다.

정밀도 높은 계획을 입안할 수 있다면, 각각의 권한 범위 내에서 자체적으로 그 경비를 사용할 수 있다.

하지만 현실적으로는 EPR를 도입한 기업의 매니저가 '다음 연도의 예산이 줄어들지 않도록 금년도는 이용 실적을 만들어 두자'라고 생각하는 경향이 있다.

얼마 전에도 어느 회사의 집행 임원이 "우리도 ERP를 도입했지만, 그때부터 각 해의 마지막 달에는 사업소의 비품이 늘어나더군요"라는 말을 했었다.

애초에 ERP도 '경비를 이만큼 맡길 테니 나머지는 하고 싶은 대로 효과적으로 써서 (전년도보다) 높은 아웃풋을 내 달라'라고 맡기는, 인치 색이 강한 미국식 매니지먼트의 전제하에 만들어진 시스템이다.

이 ERP는 관리 부문의 정밀도를 유지하는 구조로 만들어졌지만 경비의 효과, 효율을 높이는 기능을 가진 것은 아니다.

이것은 ERP 그 자체의 나쁜 점이라기보다 그 배경에 있는 매니지먼트 문화가 다르기에 발생한 것이다.

그 전제와 영향에 대한 이해 없이 단순히 '미국의 대기업인 ○○사도 도입했으니까'라는 이유로 과제나 운용 체제를 제대로 검토하지 않고 도입했기 때문에, 경비를 유효하게 이용하기 위한 PDCA를 돌리기 어려워져버린 예도 있다.

경비를 유효하게 사용하여 비즈니스를 확대하기 위한 지혜를 키우는 PDCA를 계속하여 돌리는 것이 기업의 퍼포먼스를 높이는 데 있어서의 대전제다.

물론, 비용을 낮추기 위한 아이디어나 기술을 도입하는 것은 나쁜 일이 아니다.

하지만 그보다 훨씬 우선순위가 높은 과제는 한정된 경영 자원인 경비를 사용하여, 마찬가지로 한정된 귀중한 경영 자원인 인재로 하여금 가치가 있는 문제 해결을 시키는 것이다.

이것이 전사적으로 이루어지는 상태를 실현하는 것이 단순히 납품 업자를 쥐어 짜내서 '더 싸게'라고 책상을 두드리며 교섭에 막대한 시간을 소모하는 것보다도, 자사가 빚어내는 부가 가치를 높이는 것으로 이어진다.

§ 업무 속에 숨어 있는 다양한 낭비는 현재화되어 있지 않다

도요타를 보고 '마른행주를 쥐어 짠다'라고 비판하는 사람도 있다.

분명 거래 경험이 길지 않은 거래처의 입장에서 바라보면 '이미 말라

버린 행주를 더욱 쥐어짜러 오는' 것처럼 보일 수도 있다. 나아가 전사원이 비용 절감에 뛰어든 탓에, 그중에서는 조금 심하게 느껴지는 요구를 하는 직원도 있을 수 있을 것이다.

하지만 본래 도요타의 사고방식은 낭비를 없애자는 것이다. 마구잡이로 값을 깎는 강요나 노동 강화가 아니다. 그보다는 '행주는 아직 마르지 않았다'라고 전제한다.

많은 경우 업무 속에 숨어 있는 다양한 낭비는 아직 현재화되지 않았다. 도요타의 경우 아래와 같이 제품의 가치 향상에 악영향을 끼치며 업무에 숨어 있는 낭비를 발견하여 그것을 개선한다.

- **동작의 낭비**
- **운반의 낭비**
- **재고의 낭비**
- **가공의 낭비**
- **대기의 낭비**
- **과잉 생산의 낭비**
- **불량, 수정의 낭비**

⋮ 가치 전달 프로세스를 최적화한다

또한 부품을 납품하는 회사의 비용 절감을 위해, 그곳의 공장에 들어

가서 공정 개선을 지도하고 도요타에 대한 납품 가격을 낮춘다.

도요타의 사고방식은 가치 전달 프로세스의 최적화 추진이다.

그저 값을 깎기만 하는 비용 절감과는 완전히 다르므로, 거래처가 가격 할인을 강요당하여 망하는 일은 절대로 없다.

거래처 측의 이익 폭은 제대로 확보하며, 어디까지나 부품이나 납품물을 만드는 방법을 개선하여 납품 가격을 낮추는 것이 기본이다.

결국 자동차를 만드는 데 있어 말단 부품 생산에서 자동차로 완성되기까지의 트리 상태에 그려진 제조 흐름 속에 숨어 있는 낭비를 현재화시키고, 철저하게 합리화를 진행하는 것이 도요타의 사고방식이다.

거래에서는 쌍방 간에 신뢰 관계가 없으면 스스로를 지키기 위해 다양한 결정이나 계약별로 주요 사항을 포함시켜야 한다. 그리고 많은 경우 이것이 납품 기업과의 거래상의 비용, 품질, 납기의 최적화를 방해하는 요인이 된다.

흔히 말하는 가치 체인(Value Chain, 부가 가치를 창출하는 과정)은 거래처에까지 이어진다.

따라서 거래처와 신뢰 관계를 구축하는 것이 진정한 비용이나 원가 절감으로 이어진다는 것은 두말할 필요도 없을 것이다.

애초에 경비는 전년도나 지난번보다 더욱 유효하게 사용하여, 보다 큰 효과를 높이기 위한 것이다. 결코 막무가내로 삭감해야 할 대상이 아니다.

경비는 매출이나 수익성을 높이기 위해 보다 효과적이고 효율적인 사용법을 PDCA를 돌리며 추구해야 할 경영 자원이자, 조직의 지혜를 모아 사용법 개선에 힘을 쏟을 대상이다.

Part 7

기업은 성장을 지향함으로써
많은 문제가 해결된다

기업의 조직은 피라미드형으로 그려진다.

그리고 기업은 조직도의 낮은 부분을 넓혀 가며 성장한다.

그렇다면 기업의 성장이 멈췄을 때, 조직은 어떻게 될까.

조직의 피라미드 안에 있는 사람들에게는 각각의 생활이 있으며, 기본적으로 향상심도 있다. 자기 자신과 조직의 PDCA를 돌리며, 기업에 공헌할 수 있는 가치를 높이고자 노력한다.

기업 측도 그것을 격려하고 능력을 갈고닦은 사람에게는 더 많은 부하를 붙여주며, 그가 발휘할 수 있는 가치의 폭을 넓혀 준다.

하지만 기업의 성장이 멈춰 버리면, 이 피라미드를 크게 만들 수 없게 된다.

본래, 인사부의 가장 큰 역할은 직원의 사기와 능력을 높이기 위한 제도를 도입하고 그것을 운영함으로써 기업으로서의 생산성과 성장성을 지원하는 것이다.

　한편, 경영 관리의 관점에서 인사가 노려야 할 또 하나의 역할은 인건비의 관리다.

　실제로 신입사원을 채용하면서 피라미드 형태를 유지하기 위해서는 전년 대비 $100\%+a$ 정도의 성장으로는 충분하지 않다.

　따라서 기업이 성장 기조에 있지 않고, 더불어 일반 주주가 있는 상장 기업인 경우는 수익성을 유지하기 위해 경영 관리를 의식하지 않을 수 없다. 이에 따라 인사부는 인건비의 상승을 억누르기 위해 인적 자원의 대사(代謝)를 신경 써야만 한다.

　세컨드 커리어, 조기 퇴직 등의 대사 촉진을 위한 프로그램을 보유한 기업은, 현실적으로는 성장이 둔화된 업계에 많다. 많은 대형 도시은행의 경우 40대 전반이 되면 어떤 순서대로 외부 기업으로 나가게 될 것인지를 결정해 나가는 것이 통례로 여겨지고 있다.

　대사를 생각해야만 하는 인사부에서는 조직이 커지면 설명 가능한 판단 기준이 필요해진다. 그때 안이하게 개인의 평가에 감점이 붙은 것을 대의명분으로 삼아 버리는 경향이 두드러지기 시작한다.

성장이 멈춘 기업에서는
서로의 발목을 잡아끄는 일이 일상화된다

어느 대형 은행의 관련사 사장과 이야기를 나눌 기회가 있었다.

"총알이 날아오지 않는 곳에 있는 녀석들만 잘나가더군요."

그 사장은 이렇게 말했다.

침체 상태에 있고 감점주의 평가가 이루어지는 기업에서는 도전하지 않는 자가 승격하게 된다는 무척이나 부조리한 상태가 일어나고 만다.

그리고 그런 환경 아래에서는 조금이라도 머리가 돌아가는 사람은 최선을 다해 리스크를 회피한다는 '현명한 선택'을 행하게 된다.

도표 6-3 사업의 성장이 멈췄을 때 일어나는 악순환

현재 일본의 많은 기업이 빠져 있는 악순환

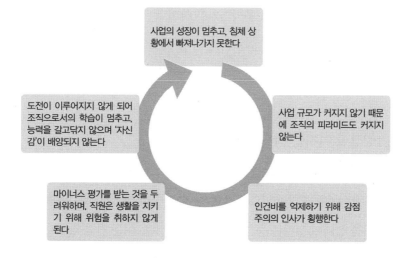

하지만 한편으로, 비즈니스퍼슨으로서의 성장을 생각하면 사실 진취적으로 도전하며 때로는 마이너스 평가를 받으면서도 그 실패로부터 배우는 사람 쪽이 능력을 갈고닦을 수 있는 것이 현실이다.

리스크를 안고 도전한 경험이 없고, 표면상의 '현명한 선택'을 반복해 오거나 '총알이 날아오지 않는 곳'에 있던 사람들은 경영 간부에게 필요한 커다란 사업 판단을 할 때의 '자신감'을 키울 수 없다.

그런 경영층은 사업을 키울 수 있는 도전을 할 때 판단하기를 주저하게 된다. 그 기업으로서는 성장이란 '덧없는 꿈'이 되고, 이 악순환에서 벗어나지 못하게 된다.

그리고 사업의 성장이 멈춘 상태의 조직에서 자신이 보다 좋은 포지션에서 보다 좋은 급여를 얻기 위해서는 자신의 포지션을 상대적으로 높일 수밖에 없게 된다.

여기에 더하여 상층부의 매니지먼트가 느슨하고 고수익인 채로 성장이 멈춘 기업에서는 위로 올라가기만 하면 높은 급여가 보증되기 때문에, 사내에서 서로의 발목을 잡는 일이 일상화되어 버리는 예도 있다.

⁞ 성장할 여지는 정말로 없는가?

애초에 기업이 성장을 지향하지 않게 되는 원인을 생각해 보면 경영층이 자신들의 경영 판단에 '자신감'을 갖지 못하거나 판단할 만한 재료를 갖출 능력이 없다는 등의 이유를 들 수 있다. 이는 결과적으로 도전이 이루어지지 않는다는 말이다.

"무슨 말씀을 하는 건가요. 국내 소비가 늘어나지 않는 지금, 매출을 늘리는 것이 간단하지 않다는 건 잘 알고 계시지 않나요? 무책임한 소리 하지 마세요."

이렇게 질책하는 말을 들을 것만 같다.

하지만 그렇다면 같은 사업 영역, 혹은 관련 사업 영역에서 성장을 이룩하고 있는 기업이 과연 한 곳도 없는가?

많은 경우, 종래의 사업 형태에 사로잡히지 않고, 어느 의미로는 게릴라적으로 사업 전개를 하는 기업이 나타난다.

더는 성장 잠재력이 없다고 여겨지는 어패럴 업계에서도 '유니클로'를 보유한 패스트리테일링은 전년도에 비해 성장이 둔화될 때마다 매스컴에서 다뤄지기는 하지만 장기적인 관점으로 파악하면 제대로 성장 기조에 있으며, 지금은 GU(패스트리테일링의 자회사)도 호조다.

그들은 해외 진출에 관해서도 공개적으로 보도되는 것 이상으로 몇 번이고 실패를 거듭하여 '막대한 수업료를 지불'하면서도 글로벌 전개도 과감히 행하고 있다. 매년 단위로서는 들쑥날쑥한 부분을 보이지만, 중장기 시점에서 보면 성장 기조에 있다. 또한 사업으로서의 진화, 성장을 생각하면 동업 타사를 훨씬 능가하고 있다.

또한 같은 어패럴 업계에서 '저널 스탠다드' 등을 보유한 주식회사 베이크루즈도, 패션 비즈니스에서 MD를 포함한 과학적인 경영을 철저히 추구함으로써 성장을 계속하고 있다. 소매업인 니토리나 돈키호테 등도 그런 가운데 태어난 새로운 형태의 기업이다.

애초에 시간의 경과와 함께 시장의 세그먼트화는 확실히 진행되기 때문에 사업의 난이도가 높아지는 것은 자명한 이치다. 그렇기 때문에 기업 자체가 자사에서 조직의 PDCA를 돌려서 진화를 계속하는 상태를 만들지 않으면 안 된다.

코카콜라 전 CFO인 회장 로베르토 고이주에타(Roberto Goizueta)는 재무 시점에서의 다양한 시책으로 사업 가치를 약 15배까지 높였다. 하지만 더 코카콜라 컴퍼니(미국)는 그 후 긴 침체 상태에 빠지고 말았다. 이윽고 영업 분야 출신인 네빌 이스델(Neville Isdell)이 CEO로 취임하자 다시금 기세를 되찾기 시작했다. 그는 세계지도를 가리키면서 "전 세계에는 아직 빨갛지 않은(코카콜라가 전파되지 않은) 나라가 아직 이만큼이나 있다!"라고 만면에 미소를 지은 채 말했다고 한다.

⁝ 기업의 존재 의의는 시장에 도전

성장하지 못하는 이유는 무한정 꼽을 수 있다. 그렇지만 다른 기업이 하지 않은 것도 산처럼 많다.

그것들은 미개의 영역에 있기에, 도전하면 반드시 예상치 못한 일이 일어나므로 그 시장을 개척하는 일은 간단하지 않다.

하지만 중장기적 시점으로 파악하면 **기업의 존재 의의는 시장에 도전하는 것에만 있다.**

과감한 도전을 통해 학습한 기업만이 타사가 가질 수 없는 경영 능력을 키워나갈 수 있다. 다양한 곤란이 기다리고 있긴 하지만 성장을 지향하는 것은 많은 문제를 해결해 준다.

그때 반드시 잊어서는 안 되는 것이 침체기가 아니라 가능한 한 성장 기조에 있는 도중에 아래의 문화를 만들어야 한다.

- '이치'에 맞는 경영 판단으로서의 도전을 할 수 있는 체제와 문화
- 그러기 위해 실패로부터 겸허하게 배우는 조직의 PDCA 문화 정착

다만 사람은 눈앞에 걸린 과일에는 자신도 모르게 손을 내밀게 되는 존재다. 이상론을 말하는 것은 간단하지만 현실에서는 좀처럼 이루기 어려운 일임은 분명하다.

✅ POINT

주거래 은행이 '(귀사에 경영 능력이 없다면) 다른 회사에 M&A를 요청하는 것은 어떤가요?'와 같은 제안을 하는 일이 없도록 과감히 경영의 PDCA를 돌려서 경영 능력, 사업 운영 능력을 높여 나가기 위해 C(학습)와 A(진화)를 거듭한다.

올바르고 적확한 정보가 들어오기만 한다면 경영자의 의사 결정 정밀도는 현격히 높아진다

경영자의 측근, 혹은 간부 직원과 친해지면 "우리 경영자는 말이죠……"에서 시작하여 때로는 불만도 포함하여 실로 이런저런 에피소드를 듣게 된다. 분명 사업이 제대로 풀리지 않을 때는 그 책임을 모두 경영자 탓으로 돌릴 수 있다.

꽤 오래전 이야기지만, 어느 회사에서 "지금 일어나는 문제의 이유를 더듬어 찾아내고 뿌리에 있는 원인을 명확히 합시다"라며 경영기획실에 새로 배속 받은 사람이 현 상황의 문제점의 인과관계를 체인(연쇄) 형태로 그린 자료를 만든 적이 있다.

그 사람의 자료에서는 수많은 문제점에서 시작한 인과관계의 체인이 모두 '경영자에게 문제 있음'으로 귀결되어 있어서 쓴웃음을 지은 기억이 있다. 경영자의 의사 결정에 문제가 있다면 '경영자가 나쁘다'로 끝나서는 안 된다. '그 경영자의 의사 결정의 정밀도가 왜 낮은지', '경영자 기능을 보좌하는 참모 역할은 무엇을 할 수 있는지'를 생각해야만 한다.

미국 GE의 경영자를 장기간 역임한 잭 웰치 씨는 많은 명언을 남겼는데, 그중 하나로 "그럭저럭 지적 수준을 갖췄다는 전제하에 같은 정보 인식을 공유할 수 있다면 모두 같은 판단을 내릴 수 있다"가 있다.

내가 아는 경영자들도 기본적으로 모두가 아래와 같이 생각한다.

'회사를 좋게 만들고 싶다'

'회사를 크게 키우고 싶다'

'주가를 높이고 싶다'

라고 생각한다. 그 기본자세는,

'(어떻게든) 직원을 (보다) 행복하게 만들고 싶다'

하지만 아무리 경영자가 기업을 그런 이상적인 상태로 끌고 가기 위한 경영 판단을 하고 싶어 하더라도, 그러기 위해 필요한 신뢰할 수 있는 정보가 올라오지 않는 상태에서는 다음 한 걸음을 내딛는 의사 결정은 할 수 없다.

▋ 침체된 기업의 자료의 특징은 '알아보기 어렵다'는 점

침체한 기업의 공통점으로 사내에서 오고 가는 자료의 내용이 하나같이 '막연하다'는 점을 꼽을 수 있다. 구체적으로 말하자면,

'이치에 맞지 않는다'

'알기 어렵다'

'의심할 여지가 잔뜩 있다(너무 많다)'

'잘 보면 인과관계가 불명확하다'

'팩트를 바탕으로 한 것인지 의심스럽다'

그리고 결과적으로

'위화감이 든다'

'확 와닿지 않는다'

이것들은 전부 PDCA를 돌리기 위한 P가 제대로 이루어지지 않았기 때문에 일어난다. 이 현상은 거기에서 일하는 사람이나 측근의 학력이나 출신 학교의 수준과는 상관없이, 어느 기업에서건 공통적으로 보인다.

정곡을 찌르자면 '이치'에 맞는 지적을 받지 않기 위해 인과관계나 필연성을 명확히 하고자 노력하지 않은 채, 그저 떠오른 생각이나 자신에게 형편이 좋은 플랜을 짜내고 있는 것은 아닐까 생각될 때도 있다.

이런 상태에 놓인 경영자의 대응은 다음 중 어느 하나다.

- 의사 결정에 '자신감'을 가지지 못하고 커다란 안건에 대해서는 결정하지 못한다
- 일단 자신에게 충성을 다하는(다한다고 생각되는) 사람이니까 신용해도 좋을 것이다

어느 경우든 경영자가 판단할 수 있는 재료가 되는 적확한 자료를 만드는 문화를 어떻게 양성하는지가 경영을 제대로 굴러가게 하기 위한 열쇠가 된다. 이것이 가능하다면 경영 레벨의 PDCA도 돌아가기 시작하고, 경영자의 판단 정밀도도 점점 높아진다.

┇ 경영자가 의사 결정에 '자신감'을 가지게 하는 것이 참모의 역할

사장이 된 사람은 우선 예외 없이 '자신이 재임하는 중에 어떻게든 성과라고 말할 수 있는 것을 남기고 싶다'라고 생각한다.

우량 기업을 만드는 경영자들은 다양한 대처를 하는 도중, 경영자의 의사 결정의 정밀도를 높이기 위한 자료의 레벨 향상이나 기업 문화 만들기를 반드시 행한다. 중요 안건의 의사 결정을 하지 못하는 경영자는, 이른바 '자신감'을 가지지 못하는 상태에 놓여 있는 것이다.

현실의 비즈니스 세계는 글로벌화, 인터넷과 IT의 영향에 의해 다원화되었고, 나아가 거기에서는 많은 플레이어가 언제나 다음 비즈니스

찬스를 찾아서 옥신각신하고 있다.

그런 것에 관해 '눈을 감고 있다면' 무섭지는 않지만, 현실적으로 그렇게 하고 있다 보면 시장은 한쪽 끝부터 타국이나 타사에 빼앗기게 된다.

'자신감'이 없기에 아무것도 결정하지 못한다는 것은 이 '눈을 감고 있는' 상태와 극히 닮아있다.

경영자가 의사 결정에 '자신감'을 가질 수 있도록 사업의 실태나 신규 비즈니스에의 대처에 관해 '가시화' 상태로 만드는 것도 참모의 역할이다.

만약 그럼에도 좀처럼 의사 결정을 하지 않는 경영자라면 때를 기다리거나 혹은 자신의 시간을 소중히 생각하여 다른 길을 걷는 선택도 필요하다.

참모 포지션에서 행하는 다양한 시도는 전부 자신의 피가 되고 살이 된다. 스스로 적극적으로 도전해 보기를 바란다.

❷POINT

경영자가 중요한 판단을 하기 위해서는 그러기 위한 재료가 필요한 것은 당연하다. 적절한 정보를 제때 갖추고 의의를 추출하여 제시하는 것은 참모의 역할이다. 경영자는 그것을 바탕으로 '에잇'하고 주관적으로 판단하면 된다.

인터뷰 스킬에는 EQ 능력, 즉 의의를 살피고 읽어내는 능력이 필수 불가결하다

자기 자신, 혹은 타인이 쓴 일본어 문장을 영어로 번역하려고 할 때 '번역하기 어렵네. 이 문장은 무엇을 말하려고 한 걸까?'라고 생각한 경험은 없는가?

실은 일본어는 문장이 논리적으로 구성되어 있지 않아도 왠지 모르게 '그럴싸하게' 들리는 언어다.

전술한 가세 히데아키 씨로부터 일본어에는 로직, 논리성이라는 개념이 희박하거나 혹은 애초에 없다는 말을 들은 적이 있다.

분명 텔레비전에서 보는 거리 인터뷰나 출연자의 발언 등을 들어 봐도 그럴싸하게 들리는 코멘트는 있지만, 잘 생각해 보면 논리성이라는 점에서는 불명료한 발언을 들을 때가 많다.

그렇다고는 하지만, 기업이라는 조직 안에서 PDCA를 돌려서 지혜를 공유하기 위해서는 각각의 인과관계를 언어화하여 연결해 나가는 사이언스가 필요하다.

수년 전에 아가와 사와코(阿川佐和子) 씨의 『듣는 힘』이라는 책이 베스트셀러가 되었다.

아가와 씨는 매주 텔레비전에서 방송되는 '사와코의 아침'에서 게스트와 대담을 나눈다. 이때 상대의 이야기에 동조함으로써 '함께 (대화라는) 댄스를 추는' 상태, 혹은 음악의 임프로비제이션(즉흥 연주)처럼 이야기를 끌어갈 수 있는 EQ 능력을 지니고 있다.

경영 컨설턴트에게는 기본 스킬 중 하나로서 인터뷰 스킬이 요구되어진다.

키맨과 대화할 기회가 많은 업무이므로, 일반적으로는 듣고 흘리는 일이 없도록 무엇을 알고 싶은지 리스트업해 두고, 그 리스트에 따라서 인터뷰를 한다.

하지만 아가와 씨는 사전 준비를 그렇게 많이 하지 않고, 해당 방송을 녹화한다고 한다. 프로의 기술이라고 말하면 그뿐이지만, 자신이 지금까지의 경험을 통해 무엇을 알아야 할지, 어떻게 하면 단번에 신뢰 관계를 쌓을 수 있을지를 체득하고 있는 것일 테다.

참모나 스태프 역할은 사내 과제의 중요성을 심각성, 긴급성, 얻을 수 있는 임팩트 등을 통해 판별할 필요가 있다.

그러기 위해서는 경영자, 임원, 간부, 사내의 키맨과의 공식, 비공식적인 자리에서의 대화를 통해 다양한 것을 알아야만 한다.

참모는 사내의 상담자

내가 신출내기 컨설턴트였던 무렵의 일이다.

대학을 졸업하고 막 회사에 들어온 신입 컨설턴트와 함께 어느 회사에서 몇 명인가의 매니저를 인터뷰했다. 각각은 진지하게 인터뷰에 답해 주었지만, 세 명 정도가 끝났을 무렵 그 신입 컨설턴트가 "다 똑같은 이야기네요. 더 듣지 않아도 되겠어요"라고 말했다.

분명 그가 준비한 질문 리스트에 응답한 세 명의 답에는 그리 큰 차이가 없었다. 그때까지 얻은 정보만으로도 로직 트리를 충분히 메울 수 있었다.

하지만 인터뷰를 행할 때마다 각각의 이야기 속에는 고민이나 자신이 생각하는 대책 등 생생한 들을 거리가 매번 가득 차 있다는 것이 내 인상이었다.

당시에는 '그렇구나' 하고 생각하는 정도였지만, 지금 생각하면 그는 자신이 언어화한 로직 트리의 칸을 채워 나가는 아웃풋 지향의 인터뷰 방법을 추구했던 것이다.

한편, 나는 일어난 개개의 현상에 관하여 그 사람이 무엇을 문제라고 생각하고 대책은 어떤 것이 있을 수 있는지, 이유가 뭔지, 이 사람은 무엇을 신경 쓰고 있는지 등 지금 수중에 있는 로직 트리의 바깥 측에 있는 지금의 화제를 '공기'처럼 둘러싸고 작용하는 인과관계를 찾고 있었다.

내 인터뷰 방법은 그때까지의 실천에서 키워 온, 근원에 있는 인과관계를 찾으러 가는 접근법에 해당된다.

그리고 그는 준비한 로직 트리를 채워서 완성하는 것에 집중한 인터뷰 방법이다.

이에 대해서는 어느 쪽이 좋다, 나쁘다는 말이 아니라 듣는 측의 입장과 목적에 따라 들을 수 있는 내용의 포커스가 달라진다는 예로서 언급하고 싶었다.

사업에 관해 필요한 식견 중 대부분은 사내에 있다.

하지만 많은 경우 경영층은 그 사내의 식견을 제대로 수집하지 못한다. 또한 이를 현장에 물어도 적확하게 언어화하여 답해 주지 않는다. 의사 결정의 정밀도를 높이기 위해서는 이런 것들을 찾아낼 수 있는 감지력, 즉 '읽어내는 능력'이 요구된다.

그리고 그에 따라 어떤 과제를 해결해야 하는지를 찾아내는 능력도 필요하다.

모두가 부담 없이 말을 걸 수 없는 것이 경영자라는 존재다.

따라서 필연적으로 참모 역할은 사내에서의 하소연 대상이자 상담 대상이기도 하다.

참모는 경영자가 지시한 사항을 해결하는 역할인 동시에, 경영자에 대한 정보의 스트레이너(여과기)로서 사내에서 일어나는 일의 의의를 해석하는 필터 역할이기도 하다.

그러기 위한 자질로서는 강한 의지는 있어도 사심이 없고, 공정하게 생각할 수 있는 인재여야 한다는 것이 대전제다.

과제의 본질을 찾을 수 있는 인간관계를 쌓는 것, 이야기를 통해 의의를 추출할 수 있는 능력이 필요하다.

⊘POINT

현장을 오감으로 알아야 한다. 다른 사람의 이야기로부터 의의, 인과관계를 파악하는 스킬을 갈고닦는다. 본질을 발견하기 위한 식견, 경험, 지식, 그리고 EQ 능력이 필요하다.

Part 10

공정성이 결여된 매니지먼트는
조직의 힘을 충분히 발휘하게 하지 못하며,
건전한 조직 문화를 저해한다

사업 규모가 작을 때, 혹은 기업이 아직 어릴 때는 경영자가 스스로 인재를 모으는 데 분주하다.

하지만 사업이 발전하고 규모와 조직이 커지게 되면, 그때까지 공헌해 준 인재의 능력으로는 보다 레벨이 높아진 사업 과제에 대응하기가 어려워질 때가 있다.

또한 경영자가 좋다고 생각하고 채용한 인재가, 실은 능력적으로 미숙하고 퍼포먼스를 발휘하지 못하는 경우도 있다.

그들은 측근으로 배치되는 경우도 많지만, 필요한 능력이 요구되는 레벨에 이르지 못하면 머리를 써서 경영자만을 보고 열심히 꼬리를 흔들며 충성을 다짐하는 자세를 표현하기도 한다. 이렇게 경영자에게 있어서 마음 편한 상태를 만들어서, 실은 자신들의 보신을 도모할 때가 있다. 이 상태는 경영자의 눈으로 보면 무척이나 사랑스럽게 느껴질 수 있다.

경영자도 자신이 데리고 온 인재에 대해 책임감을 느끼기에 어떻게든 그 인재를 사내에서 활용할 방법을 찾고자 자신의 머리와 시간을 쓰며, 어떤 의미로는 자신의 프라이드조차 걸어서 그 인재를 활용하고자 힘쓸 때도 있다.

하지만 이런 행위는 큰 잘못이다.

이에 따라 조직에는 이치에 맞는 판단이 이루어지지 않는 상태가 만들어지고 만다.

일단 기업에 들어가면 그곳에서는 개인의 능력과 실적을 바탕으로 공정하게 평가가 이루어지고 처우 받아야 한다. 우연히 경영자가 채용한 인재라고 하더라도, 일단 직원이 된 후에는 다른 직원과 같은 식으로 취급하지 않으면 안 된다.

이것이 기업에서의 공정성이라는 것이다.

남몰래 자신의 에고를 우선시하는 간부가 조직을 약체화시킨다

애초에 경영자의 귀중한 시간은 기업 입장에서 우선도가 높은 것부터 순서대로 배분하여 사용해야 한다.

사업 활동을 최적화한다는 이유로 공정하게 판단하고 직원들도 공정하게 취급하는 것은 지극히도 당연한 일이다.

만약 경영자가 사내에 있는 자신의 패거리에게 유리한 인사나 판단을 하고, 그것이 기업에 있어 바람직하지 않다고 사내의 다른 직원들이 이해하게 되면 사내에서 자신의 리더십을 크게 훼손하는 일이 된다. 그리고 나아가 이것이 계속되면, 결국은 단순한 호불호에 따른 지휘가 이루어지는 공포 정치와 마찬가지 상태가 된다.

'부하에 대해서는 3개월이 지나도 잘 알 수 없지만, 상사에 대해서는 3일만 바라보면 알 수 있다'라는 말도 있다.

100명이 있다면 100명 전원에 해당하는 말이라고 생각하지는 않지만, 일반적으로는 조직도의 아래 입장에서 바라본 쪽이 그 인물에 관해 그 실태를 훨씬 잘 알 수 있다.

사내를 대상으로 겉을 잘 포장하여 설명한다고 해도 직원 대부분은 순식간에 본질을 깨닫는다.

호불호로 모든 것을 정하는 경영자라면, 그 측근은 당연히 경영자에게 사랑받는 것을 우선하여 행동하게 된다. 또한, 아래와 같이 생각하는 경영자가 대기업에도 꽤 많다.

'인격이나 능력에 조금 문제가 있더라도 자신에게 충성을 다해 주는 인재로 주변을 채워 두는 것이 좋다.'

이것도 조직의 건전한 문화 발달을 저해해 버리는 큰 문제다.

사람에게는 누구든 본인 자신조차 의식하지 못하는 번뇌가 있다

나아가 질이 나쁜 케이스를 보자. 회사를 위한다는 대의명분하에 측근 간부가 '나도 조금쯤은 괜찮겠지'라고 자신의 '꿍꿍이'를 우선하기 시작하면 위에서는 보이지 않는 부분에서 에고이즘이 우선된 판단이 널리 퍼지게 된다.

그리고 그들은 자신이 지내기 편한 상태를 만들기 위해 자신의 영향력이 커지도록 조직을 짜는 등 기업으로서는 뿌리 깊은 문제를 만들어 버리기도 한다. 이것이 '인치'식 매니지먼트를 전제로 했을 때 가장 피해야만 하는 상태다.

양면성이 있거나 자신의 에고를 우선시 하는 등의 문제가 있는 간부는 경영자 앞에서는 겉을 꾸미고 있더라도, 자신의 영향하에 있는 조직에는 경영자의 권위를 방패로 삼아 공포 정치를 행한다. 또한 자신의 보신을 위해 이치에 맞지 않는 상태를 만들며, 결과적으로 조직을 약체화시킨다.

사람에게는 누구든 본인 자신조차도 의식하지 못하는 번뇌가 있다.

경영자의 번뇌를 제대로 자극하면서 자신에 대한 평가를 우선하도록 움직이는 교활한 간부가 많아지면 표면상은 온화하게 보이더라도 실상은 리더십을 잃은 조직을 만들어내게 된다.

참모 역할은 경영자가 공정한 판단을 할 수 있는 환경을 만들고, 이치에 맞는 의사 결정이 그때그때 각층부에서 이루어지는 것이 '가시화'되는 상태를 사내에 만들어야 한다.

참모 역할을 골라야 하는 경영자는 가령 측근 일부를 적으로 돌리는 일이 생기더라도 배짱이 두둑하며, 다수의 직원으로부터 신뢰를 얻고 있는 인재를 골라야 한다.

✔ POINT

경영자가 공정한 판단을 할 수 있는 환경을 만들고, 이치에 맞는 의사 결정이 그때그때 각층부에서 이루어지는 것이 '가시화'되는 상태를 사내에 만든다.

조직의 PDCA를
올바르게 운용하고
사업 운영 능력을 계속해서
갈고닦는다

Part 1

많은 일본 기업에 널리 퍼진
이름뿐인 PDCA

일본 경제는 '잃어버린 10년, 20년'이라고 불리고 있으며, 이것이 나아가 30년까지도 이어질 수 있다는 말까지 전해진다.

최근 일본의 경제선장률은 발전에 한창인 나라뿐만 아니라 선진국과 비교할 때조차도 같은 수준의 발전을 이루지 못하고 있는 것이 현실이다.

PDCA 사이클은 매니저먼트 사이클이라고도 불리며, 사업의 기획과 운영 정밀도를 높여서 사업의 진화를 촉진하기 위한 매니지먼트의 기본 동작이다.

따라서 기업이 PDCA를 진지하게 운용한다면 업적에 다소의 폭은 있더라도 중장기적으로는 성장이 이어질 것이다.

유럽과 미국, 그리고 신흥국의 기업들은 최근에도 경영자 스스로 PDCA를 돌리는 것을 기본으로 삼고, 과감히 도전을 거듭하여 업적을 늘려왔다. 일본 기업이 그것을 따라가지 못했다는 것은 PDCA 방식에 무언가 기능 부전이 일어나고 있다는 것과 다름없다.

애초에 일본 기업에서는 **조직 차원에서 돌리는 PDCA가 기본**이므로, 그 조직의 PDCA에 오류가 발생하고 있다는 말이 된다.

일본 기업에서 이루어지는 PDCA의 실태란?

실제로 일본 기업 안에서 이루어지는 PDCA를 바라보면 PDCA라는 미명하에 실은 PDCA라고는 부르기 힘든 것이 널리 퍼졌다는 사실을 알게 된다. 가령 다음과 같다.

• '해 두도록', '어떻게 됐나?'만 있는 '통으로 넘기는 PDCA'

• P가 없고, 그 때문에 C가 너무 조잡한 '주먹구구식 PDCA'

• 방자한 자기 자랑 대회로 변한 '알 게 뭐야 PDCA'

• 자기 해석만으로 말하는 '자기식 PDCA'

세상에 나와 있는 서적을 보아도 개인의 업무 기술로서의 PDCA에 적합한 것이 압도적으로 다수인 것이 현실이다.

분명 회사에 들어가서 신입사원 연수를 받을 때 'PDCA를 돌리도록'이라고 교육을 받는 일이 많다.

PDCA라는 사고방식이 개인 레벨의 노하우로서도 보급되어 나가는 것 자체는 무척이나 좋은 일이다.

하지만 정작 중요한 조직 능력을 강화하는 매니지먼트 사이클로서의 PDCA 사이클을 돌리는 방법에 대해서는 기업 문화로서 뿌리내리기에 성공한 일부 기업 외에는 흔적도 없이 사라져 버리고 만 것이 많은 일본 기업의 실태다.

또한, PDCA의 P의 일본어 번역이 '기획'이 아니라 '계획'이 된 탓에, 어느샌가 계획 달성을 위한 PDCA가 되어버린 예도 볼 수 있다.

분명 영업 부문과 같은 계통의 조직에서는 계획 달성의 측면이 강해지는 점은 수긍이 가는 바다.

하지만 불합리한 목표 수치를 거의 일방적으로 강요당하고 일의 진행 방식에 대한 개선(A)도 이루어지지 않은 채 쓸데없이 숫자의 진척 상황만을 체크(C)하고, 매니저로부터 "어떻게 할 거야? 나머지 2주 동안 계획을 달성할 수 있는 거야?"라고 '이치'도 없이 그저 압박만 당할 뿐이다. 이래서는 이름뿐인 PDCA라고 말하지 않을 수 없다.

PDCA가 전성기의 일본 기업을 강화했다

애초에 조직 차원으로 돌리는 PDCA는 1970~1980년대에 전 세계가 주목한 일본 기업의 글로벌 시장에서의 대약진을 지탱한 기업 능력 강화를 위한 매니지먼트 방법론이었다.

이 PDCA 보급의 주체가 된 것이 챕터 1장에서도 다룬 것처럼 경영의 품질을 높이기 위한 TQC(전사적 품질 관리) 활동이었다.

당시 일본 기업 사이에서는 TQC 활동의 성과를 인정받은 회사에 보내는 데밍상을 수상하는 것이 유행했다.

하지만 방침 관리의 실천 등 당시 TQC 활동을 전사적으로 도입하기에는 막대한 공수가 필요했다. 이 때문에 현장의 부하를 생각하여 가능한 한 단기간 내에 '수상'까지 끌고 가는 것을 경영층이 바라게 됐다. 그런데 기업 현장에서는 '수상' 그 자체를 목적으로 한 탓에 TQC 유행 말기에는 수단과 목적이 본말전도하여 자료의 날조가 이루어지는 케이스까지 나오고 말았다. 이렇게 활동의 형해화가 진행된 탓에 붐은 이윽고 종식하게 되었다.

일본 기업의 재활성화에는 본래의 PDCA가 필수

현장 책임자가 현장의 자율적인 판단으로서 '자료를 날조하더라도 현장에 추가적인 부하를 주고 싶지 않다. 점수를 따낼 수만 있다면 불만은 없을 거야'라고 생각하는 것은 너무나도 일본 기업에서 일어날 법한 이야기다.

하지만 그야말로 이런 상태가 벌어졌다는 것은 이미 매니지먼트의 관여하에 조직의 정점에서부터 '경영의 PDCA'가 돌아가지 않았다는 것을 상징한다.

TQC를 도입하는 기업이 증가함에 따라 그 붐의 후기에는 지도를 하는 대학교수들의 절대적인 숫자도 부족하게 되어, 초기에는 거의 일어난 적이 없었던 날조 자료가 그대로 통용되는 케이스도 생기게 됐다. 그리고 그것이 원인이 되어 '그런 것 따위 해 봐야 소용도 없어'라는 입소문도 일부에서 퍼지게 됐다.

다만 이 TQC 활동의 의의와 강력함은 당시 일본 기업이 글로벌 규모에서 약진한 기적을 배워야 한다는 분위기가 유럽과 미국 기업에까지 널리 퍼지게 되었다.

일본 기업의 도입 실태를 시찰하러 온 유럽 기업도 있었고, 나도 TQC 활동의 장점과 이를 본격적으로 도입할 때의 어려움, 그리고 실제로 실시할 때의 관리 측의 마음가짐에 관해 이야기한 적이 있다.

TQC 활동의 보급에 따라 많은 기업에 매니저 레벨에서도 PDCA에 대한 올바른 이해가 침투되었고, 당시에는 사내에서 이에 관해 열변을 토하는 광경을 흔히 볼 수 있었다.

지금도 우량 기업의 경영자와 이야기하다 보면 '그렇게 어려운 일이 아니다'라며, 올바른 PDCA를 돌리는 방식에 관해 당연한 것처럼 말하곤 한다.

하지만 문화로 만들지 못했던 다른 많은 기업에서는 당시의 파워풀한 PDCA의 진짜 활용법, 주의해야 할 점을 체감한 바 있는 매니저층은 이미 60대 이상의 나이가 되었다.

그들은 이미 정년을 맞이했거나 촉탁직 취급을 받고 있다. 그들이 당시의 방법론을 이용해 지도할 수 있는 입장이 아니게 되어버린 것도, 세상이 PDCA를 제대로 이해하지 못하게 된 원인 중 하나라고 할 수 있을 것이다.

✔POINT

기업이나 사업의 재활성화를 위해서는 우선 조직에서 돌리는 PDCA에 대한 올바른 이해가 필수 불가결하다.

침체 상태를 빠져나가지 못하는 이유는 '조직의 PDCA'를 올바른 방식으로 돌리지 않기 때문이다

"지금의 일본 기업의 PDCA 실태는 『PDCA 프로페셔널』(졸저, 도요케이자이신보사 출간)에서 그려진 PDCA와는 상당히 다릅니다."

이전, 내각부에서 관민 교류로 대기업에 파견 나와 있는 사람과 대화를 할 기회가 있었다. 그 사람은 기업에서 벌어지는 '있을 법한 PDCA'를 다음과 같이 말했다.

P(플랜): 회사의 이익 기회를 훼손하고 손해를 끼치더라도 자신만이 출세·승진할 수 있는 시나리오를 '망상'한다

D(두): 구체적인 목표나 절차를 전혀 지시하지 않고, 부하에게 '네가 해'라고 통으로 던진다

C(체크): 그런 상태이므로 제대로 돌아갈 리가 없으며, 이어서 실패는 자신의 탓이 아니라는 '변명과 발뺌'을 하고자 어떻게 부하 탓이나 다른 부서 탓으로 돌릴 수 있을까를 체크한다

A(액션): 상기의 PDC를 통해 자신은 일을 하는 척하며, 계속하여 자신의 승진을 위해 상사에게 아부한다

이 내용을 들은 나는 다음과 같이 답했다.

"현실에는 그런 기업이 꽤 많습니다. 그것을 올바른 형태로 되돌리는 것이 일본 기업의 큰 과제라고 생각합니다."

그러자 그 사람은 실로 한심한 표정을 지으며 말했다.

"그런 것은 일부 기업의 이야기에 불과하고, 많은 기업은 그렇지 않다고 단호히 부정해 주시길 바랐는데……."

나는 다시금 말했다.

"그게 바로 제가 이 책을 쓴 이유입니다."

이 '있을 법한 PDCA'가 너무 재밌었기에, 본인의 승낙 하에 다음 날 강연에서 소개했다. 그러자 강연이 끝난 후 여러 회사의 사람들이 나를 찾아와서 말했다.

"우리 회사도 완전히 말씀하신 그대로예요!"

이렇듯 묘한 방식으로 이 '있을 법한 PDCA'가 진짜로 세상에 만연해 있다는 것이 증명되고 말았다.

기업이 그와 같은 상태라면 아무리 훌륭한 전략 시나리오를 손에 넣

었다고 해도 그 가치나 실효성을 발휘할 수 없다.

애초에 그런 상태라면 경영의 방향 설정조차도 충분히 기능하지 않는다고 생각해도 좋으리라. 다만 많은 일본 기업은 이러한 상태에 빠진 이유를 '일본 기업의 경영자가 리더십이 없기 때문'이라고 결론짓는다. 그러나 이는 너무도 단편적인 평가다.

'창업 시의 기업 문화가 계승되지 않았다'

'샐러리맨의 말로 격인 사장만 가득'

등 현상 면에서 지적할 바는 많이 있다.

그렇게 된 이유나 원인을 생각해 보면 침체 상태에 있는 기업, 특히 대기업의 경우에는 그 많은 수에 다음과 같은 공통된 배경이 있다.

- 고도성장기, 혹은 시장의 '기세'에 올라탐으로써 성장을 이룩한 '파도타기 경영'이었다. 때문에 정교하게 실태를 파악하고 '이치'에 맞는 판단을 하면서 방향을 설정할 힘을 조직 내에서 키우지 못했다
- 일단 업적이 나빠지게 되면 성공을 위한 코스를 잃게 되고, 스스로 '이치'에 맞는 형태로 돌파구를 찾아내지 못한다. 때로는 '마법'처럼 들리는 컨설턴트의 제안을 사거나 즉흥적인 시책을 행했다가 실패하며, 이에 대한 검증이 충분히 이루어지지 않은 채 방치하여 '자신감'을 잃었다
- 과거와 같은 기세에 오른 성장은 멈추고, 거기에 단년도의 결산을 중시하는 풍조가 강해진 결과, 당장의 이익 확보를 우선한 탓에 경비 절

감을 실질적인 우선 시책으로 삼고 말았다. 결국, 실질적인 성장이 멈춘 대부분의 기업에서 전술한 것처럼 인사부도 인건비의 억제를 우선하게 됐고, 감점주의가 팽배한 인사가 널리 퍼지게 됐다

• 사내에는 자기 자리 지키기 문화가 강해졌고, 리스크를 피함으로써 많은 비즈니스퍼슨으로서의 '능력'이 갈고 닦이지 않게 됐다

• 리스크가 없는 일에 종사하고, 감정이 붙지 않는 것이 승진하기 좋은 환경이 장기간에 걸쳐 이어졌다. 이 탓에 본래는 경영 판단을 함에 있어 필수인 '도전'에서 배운 경험이 부족한 경영층이 형성되고 말았다

• 경영자가 조직이 위축 상태에 빠진 원인을 파악하지 못하고, 일단 분기말의 장부 숫자 맞추기를 반복한다. 결국, 성장을 위한 방향성이나 시책에 관해서는 그저 큰소리로 외칠 뿐 아무도 이를 행하지 않는 상태가 된다

이 일련의 경위를 생각하면 이런 침체 상태에 빠진 기업에서는 세상의 파도나 유행에 휘말린 탓에 조직의 PDCA를 통한 배움이나 앞날의 예측을 통한 대응이 이루어지지 못하고 있다는 사실을 알 수 있다.

건실하게 성장하는 회사는
시장을 출발점으로 한 PDCA를 '조직 차원에서 돌린다'

그런 한편, 건실하게 성장을 실현해 온 기업도 많다.

이런 기업의 공통점은 **시장을 출발점으로 한 PDCA가 조직 차원에서 돌아가고 있다**는 점이다.

이것은 시장, 현장과 경영 사이에서 조직의 각 계층 간의 PDCA가 건전하게 돌아가는 상태를 말한다.

경영층도 사업 운영의 실태를 '가시화'한 후에 의사 결정을 할 수 있으므로, 그 시야는 100%는 아니더라도 무엇이 보이고 무엇이 보이지 않는지를 안 상태에서 경영의 방향 설정을 할 수 있다.

우선 이런 사실을 솔직히 받아들이고 어떻게 조직으로서 제대로 PDCA를 돌릴 것인지 고민해야 한다. 그리고 경영자나 참모가 그러고자 하는 의지를 지니는 것에서부터 모든 일이 시작된다.

◎ POINT

'조직의 PDCA'가 기능하는 기업만이 영속성이 있는 성장을 실현할 수 있다. 경영의 기본 동작으로서 변하지 않는 기본, 이것이 조직 차원에서 돌아가는 시장을 출발점으로 한 PDCA다.

Part 3

'PDCA가 돌아가지 않는다는 것'은
매니지먼트가 되고 있지 않다는 말과 같다

"우리 회사는 PDCA가 돌아가지 않아서……."

이렇게 말하는 사장이나 기업 간부가 매우 많다.

실제로 PDCA가 중요하다는 것 자체는 이해하고 있지만 하루하루의 매출 만들기 등에 집중하다 보니 사내에서 PDCA가 정밀도 높게 돌아가는 체제를 만드는 일은 점차 뒤로 미루게 되는 듯하다.

전술한 PDCA가 기능하지 않는 예를 조금 더 상세하게 해설해 보겠다.

'통으로 넘기는 PDCA'

경영층, 매니저가 PDCA를 '구호'처럼 외치지만 나머지는 현장이나 담당자에게 통으로 넘긴 채 '해 두도록', '어떻게 됐나?'만 연발하는 상태.

바꿔 말하면 경영층과 매니저가 자신들은 '해 두도록'이라고만 말하는 되는 특권 계급이라고 착각하는 상태다.

이것은 올바른 PDCA가 철저히 돌아가고 있으며, 이미 조직의 능력이 높은 상태일 때만 성립하는 것이다.

애초에 새로운 프로젝트란 윗사람이 그 프로젝트가 건전하게 기능하고 있는지를 확실히 점검하고 필요한 지시를 내리거나 보조하여 더욱더 갈고닦음으로써 성공 확률을 높여 나가야 한다.

그것이 올바른 PDCA의 자세라는 것을 눈곱만큼도 이해하지 못하고 있는 곤란한 상태다.

'주먹구구식 PDCA'

P와 C의 정밀도가 낮음에도 불구하고, 자신들이 제대로 PDCA를 돌리고 있다고 생각하는 상태.

예를 들어 어떤 상품 카테고리의 매출이 나쁜 경우 그 매입 담당 바이어를 '그 녀석의 매입 능력이 좋지 않다'며 마구잡이로 배치전환해 버리는 케이스.

물론 믿을 만한 바이어가 남아 있거나 하는 특수한 사정 하에서는 낭비가 발생한다는 사실을 미리 인지하고도 지금을 갈고닦는다는 의미에서 그런 식으로 조직을 운영할 수도 있다.

하지만 본래는 매출이 나쁜 원인, 요인을 파악하여 명확히 해나가는 C가 필수다.

- 주어진 매입 방침에 무리는 없었는가?
- 바이어 본인의 MD 분석이나 판단 방식에 잘못된 확신이나 절차의 잘못은 없었는가?
- 바이어에게 지도가 이루어지지 않고 통으로 넘기는 상태는 아닌가?

등 실제 이유를 찾아내지 못하면 다음 P에 수정 사항을 반영할 수도 없고, 또한 업무 절차나 확인 서식의 개선(A)도 이루어지지 않는다.

'그의 매입 능력이 좋지 않아'라며, 너무나도 조잡한 '주먹구구' 학습만 이루어지는 허술한 PDCA.

'알 게 뭐야 PDCA'

프레임워크 등을 사용하여 체제를 갖추고 있어 얼핏 '그럴싸하게' 만들어진, 겉보기에만 좋은 보고 자료가 대량으로 쌓인다. 임원 회의는 보여주고 싶은 부분만을 어필하는 '자랑 대회'로 변질되고, 더욱 중요한 '예측 실패'에서 얻을 수 있는 배움에는 거의 손을 대지 않는 형해화된 PDCA.

각 담당 간부는 자신에게 불리한 부분을 숨기며, 경영자가 보기에는 마치 각각의 담당 분야의 PDCA가 제대로 돌아가는 것처럼 보이는 자료를 만드는 '능력'만 갈고닦는다.

따라서 경영자는 '자사에서는 PDCA가 돌아가고 있다(정확히는 내가 신뢰하는 부하들은 전부 제대로 PDCA를 돌려주고 있을 것이다)'라고 생각하지만, 어째선지 업적은 침체 상태다.

경영자는 '모두 열심히 PDCA를 돌리고 있는데 실적은 오르지 않는다 (실은 사장이 올바른 PDCA가 돌아갈 토양을 준비하지 않은 것이 원인이지만). PDCA 따위 업적 향상에는 공헌하지 못하는군'이라고 생각한다.

결국 좋은 부분만을 보여주며 예측이 실패한 부분에 대해서는 은폐가 이루어지는, 경영자에게 PDCA가 기능하지 않는다는 자각이 없는, 질이 나쁘고 골칫거리인 '알 게 뭐야 PDCA'.

'자기식 PDCA'

PDCA 자체가 얼핏 생각하기에는 알기 쉬운 개념이기 때문에 일어나는 자기 해석, 자기식 PDCA가 이루어지는 상태.

일을 잘하는 사람이 말하는 PDCA에는 분명 유효한 노하우, 보다 정확히 말하면 테크닉이 고안되어 포함되는 법이다.

하지만 Plan-Do-See와 PDCA를 구별할 수 없게 되거나, 혹은 근거가 희박한 채 무리하게 강요당하는 계획 달성 수단으로 특화해버리는 일도 많다.

결국, 강요당한 수치 목표를 달성하기 위한 '무작정 PDCA'로 변해버리게 된다.

조직 차원에서 돌리는 PDCA에는 정확한 방식의 P가 필수

애초에 조직의 PDCA 정밀도를 높이고 스피드를 올려 진화시키는 책임은 경영층에게 있다. 또한, 돌아가는 각각의 PDCA 사이클은 그 상위에 있는 매니저에게 퍼포먼스를 향상시킬 책임이 있다.

단순히 'PDCA를 돌리도록' 정도의 지시만으로 '통으로 던져' 버리면 정말로 개선이 필요한 부분은 은폐되고, '저희 부서는 대단합니다(그러니까 이사로 승진시켜 주세요)' 레벨의 바보 같은 자랑 대회가 펼쳐지는 프레젠테이션 대회가 열리는 것이 고작이다.

이것은 세븐&아이 홀딩스의 스즈키 도시후미 전 회장이 과거 이토요카도의 업무 개혁에 착수했던 때의 이야기다.

점장 및 제너럴 매니저를 순서대로 지명하여 그들이 행하는 PDCA를 발표하게 하는 업무 혁명 회의를 열기로 했다.

스즈키 전 회장은 회의에 앞서 자신이 사장 시절, 긴 시간 동안 실장을 겸임했던 경영개혁실의 스태프를 발표 세 달 정도 전부터 점장 및 제너럴 매니저에게 파견했다.

이들을 통해 보고 방식을 지도하여 자의적인 은폐나 좋은 부분만을 일방적으로 프레젠테이션 하는 일을 막고, 경영 시점에서 필요한 형태로서의 보고가 이루어지게 하기 위해서였다.

이것은 매니지먼트 레벨의 '가설과 검증(P와 C)'의 정밀도를 높이기 위한 연구(A)라고도 할 수 있다.

실제로 각 기업의 경영 회의에 참석하며 자주 직면하는 것은 '이것만으로 사장에게 결재하라고 강요하는 것은 너무 심하다'고 생각되는 레벨의 기획(P) 자료가 제출되고, 이어서 이치에 맞는지조차도 불명료한 설명이 이루어지는 장면이다.

이때 사장의 머릿속은 아마도 이런 생각이 차 있지 않을까.

'사업의 내용에 관해 본래 알고 싶은 형태로는 정보 파악이 되고 있지 않다. 이렇게 올라오는 자료에는 알고 싶은 부분이나 실태가 적확히 그려져 있지 않다. 하지만 이 데이터를 모아서 이렇게 그래프로 만들어서, 혹은 비교 대조를 통해 정리하여 그 의의까지 정리해서 가지고 오라는 지시를 내가 직접 세세하게 내릴 수는 없다. 지금의 경영기획실에 지시한다고 해도 가려운 부분을 긁어주는 수준의 자료까지 갈고닦을 수 있다고는 생각하기 어렵다. 본 건에 관한 리스크는 한정적인 듯하고, 기안해 온 본인들은 해볼 만하다고 말하니까, 본 안건은 결재해도 되지 않을까?'

하지만 PDCA의 기획(P)이 제대로 이치에 맞는 형태로 정리되지 않으면 검증(C)을 할 방법이 없다. 결국 '해외 진출에 실패했습니다', '역시 해외 비즈니스는 어렵네요'라고 주먹구구식 마무리로 끝나고 만다.

어디에서 예측 실패가 있었는지를 사후에 찾아내는 것은 시간과 수고가 소요되고, 사후 검증이라는 것은 나중에 이루어지는 일이므로 작위적으로 조작하는 것도 가능하다.

나아가 애초에 PDCA가 올바르게 문화로서 자리 잡히지 않은 기업에서는, 아무도 '예측이 실패한' 부분을 자진해서 표면화하여 주변으로부터 욕을 먹고 싶다고는 생각하지 않는다.

많은 경우 그대로 방치되며, 거기에 자의적인 의향도 섞여서 인과관계의 실태와는 동떨어진 가짜 C에 의한 '치우친 학습'만이 남게 된다.

조직 차원에서 돌리는 PDCA에서는 정확한 방식에 따른 P가 필수라 할 것이다.

⦂ PDCA의 정밀도와 속도를 높이는 계층적인 분업

나 자신이 참모 역할의 포지션이자 의사 결정 프로세스에 관여할 수 있는 회의에서는 이렇게 말하며 끼어들 때가 있다.

"그 기획에 관해서는 내용의 검증도 포함하여 저희가 일단 맡아서 확인한 후 다시 한번 보고하도록 하겠습니다."

정밀도가 낮은 자료나 보고가 받아들여지는 때는, 유일하게 경영자 자신이 사내 누구보다도 사업의 주요 사항이나 시장의 미묘한 사정을 이해하고 있으며 자신의 머릿속으로 사업상을 떠올려서 스스로 PDCA를 돌리는 경우뿐이리라.

이 경우라면 경영자가 자신의 머릿속에서 이루어진 기획을 검증하기 위해 '이 정보를 가지고 오도록', 혹은 '이 정보를 모으도록'이라며 지시를 내린다.

이것은 직소 퍼즐의 빠진 조각을 찾는 것과 같으며, 그 정보만 손에 넣을 수 있다면 경영자 자신이 머릿속으로 P를 정리하여 실천으로 옮길 수 있다.

하지만 사업이나 조직의 규모가 어느 레벨을 넘기거나 경쟁 상황이 격심해지면 경험을 통해 축적한 경영자의 지혜와 오감으로 얻은 정보만으로는 시장의 변화를 계속해서 파악하기 어려워진다.

원맨 경영자가 이끄는 기업이 어느 순간부터 갑자기 실적이 늘어나지 않는 것은, 대개 이런 상황일 때다.

가령 원맨 경영자의 머릿속에 있는 세계에서 벗어나는 일 없이 제대로 사업 운영이 가능하다고 해도, 사업 운영의 노하우는 그 경영자의 머릿속에만 있는 상태다.

따라서 그 상태대로는 중요한 경험칙이 조직 내에 충분히 공유되지 않는다. 장래 언젠가 분명히 찾아올 경영자의 교체나 후대 경영자로의 사업 승계 시 후대 경영자에게는 충분한 노하우가 전해지지 않은 상태가 되어 버린다.

PDCA 사이클은 매니지먼트 사이클이자, 애초에 조직을 올바르게 움직이게 하기 위한 것이다. PDCA가 돌아가지 않는다는 것은 매니지먼트가 되고 있지 않다는 말과 같다.

매니지먼트의 최고 레벨은 경영자이므로, 사장 스스로가 "우리 회사는 PDCA가 돌아가지 않는다"라고 말하는 것은 "나는 경영을 (본래 필요한 정밀도로) 행하고 있지 않다"라고 말하는 것과 마찬가지다.

그리고 PDCA가 건전하게 기능하지 않음에도 '우리 회사는 PDCA가 돌아간다'라고 잘못 확신하는 것은 자신이 제대로 경영을 하지 못하고 있다는 것조차도 깨닫지 못하는, 극히 심각한 상태라고 할 수 있다.

사업이 어느 규모를 넘겼을 때나 시장에서의 경쟁으로 인하여 더욱더 정밀도를 요구하게 되었을 때, 이런 상태라면 몸통이 커진 사업을 하나의 인격처럼 운영하는 것은 절대 불가능하다.

시장을 출발점으로 한 조직 차원의 PDCA가 기능하지 않게 된 기업은 점차 '시장과의 괴리'를 일으킨다.

경영자 자신이 시장의 미묘한 사정을 파악하여 대처 수단을 정하는 PDCA를 돌릴 수 있는 동안에는 그렇더라도 큰 문제는 없을 것이다.

하지만 그 레벨을 넘겨서 사업 규모가 커졌을 때의 솔루션이 바로 PDCA의 계층적인 분업이다.

◆POINT ···

자사의 PDCA가 형태만 남은 '통으로 넘기는 PDCA', '주먹구구식 PDCA', '알게 뭐야 PDCA', '자기식 PDCA' 상태가 되어 있지는 않은가.

Part 4

조직의 PDCA는 우선 매니저 층을 이해시키는 것에서부터 시작한다

조직의 PDCA를 돌리기 위해서는 서식이나 회의 운영 절차의 '엔진(메커니즘)' 설계가 필요하다.

하지만 그 이상으로 중요한 것이 있다. 조직 안에서 PDCA의 질과 정밀도의 향상을 책임지며 당사자로서 PDCA를 돌리고, 돌리게끔 하는 주체가 되는 매니저나 경영자 자신이 PDCA의 '드라이버(방향 설정을 하는 운전자, 액셀을 밟는 자)'로서의 기본적인 사고방식을 이해하고 방법을 학습하는 것이다.

'PDCA란 무엇인가'에 대한 이해는 기업에 따라, 그리고 개인에 따라 크게 다르다.

지금부터 20년 정도 전, 일본의 어느 대기업 제조사에 새로 취임한 사장이 다음과 같이 말했다고 한다.

"PDCA는 이미 낡았다. PDCA 다음은 무엇인가?"

그는 컨설팅 회사를 써서 새로운 전략론, 조직론을 도입하기 시작했다.

당시를 기억하는 그 회사의 집행 임원으로부터 이런 얘기를 들었다.

"경영층이 그 기본 동작인 PDCA를 진화시키기는커녕 낡았다고 단정해 버린 것이 그 후의 경영 실패로 이어졌다고 생각합니다."

PDCA의 본래 목적은 C에서 P로의 흐름에서의 플래닝 정밀도 향상, 그리고 비즈니스 모델의 진화(A)를 촉진하는 것이다.

조직을 강화하기 위한 매니지먼트, 매니저 시점에서의 PDCA의 올바른 모습이 무엇인지? 그리고 장기간에 걸쳐 성장을 실현하는 기업에서는 도대체 어떤 PDCA가 실천되고 있는지?

이런 주제를 다룬 책이 세상에 없었기에 직접 집필한 것이 졸저 『PDCA 프로페셔널』이다. 이 책은 자동차를 예로 들어 '애초에 자동차의 운전이란?'에 대한 해설과 그 운전 방식에 중점을 두고, 마지막 장에서 고성능 차량 설계 절차를 구체적으로 기재하는 식으로 구성되어 있다.

한 명의 인격 안에서라면 당연하게 행해지는 것이라도, 이것을 조직으로 행할 때는 그것을 제대로 이해한 후에 조종할 필요가 있다.

조직 차원으로 돌리는 PDCA를 최적화할 때, 그 열쇠가 되는 역할을 담당하는 것은 매니저다.

'기본적으로 선하지만, 기본적으로 게으른' 사람이 올바른 PDCA를 돌릴 수 있도록 하는 드라이버 역할이다.

그들이 윗사람으로서 자신의 조직에 PDCA를 돌리게 하기 위한 방법론에 관한 이야기이므로 우선 부하를 둔 매니저와 경영층이 완벽히 이해하고 자신의 언어로 지도할 수 있을 정도로 실천해야 할 PDCA란 무엇인가에 대해 이해하는 것이 최우선이다.

또한, 루틴 업무의 PDCA라고 하면 서식이나 회의의 설계를 머릿속에 떠올리는 사람이 많은 듯하다. 하지만 현실에서는 애초에 그 업무는 어떻게 행하고 어떤 식의 문제 해결에 뛰어들어야 할 것인지를 적확하게 정하는 '업무 정의'가 선행되어야 한다. 이것이 가장 중요하게 여기며 머리와 시간을 써야 하는 준비 작업이다.

이 '업무 정의'가 우선 있어야만 그 업무를 보다 좋은 것으로 진화, 즉 PDCA의 A를 실행할 수 있다.

> ### ✓ POINT
>
> 자신이 담당하는 조직에서 돌리는 PDCA의 정밀도를 높이는 책임자는 매니저다. 그들이 담당 부서의 업무, 문제 해결의 방향성을 올바르게 지시하고, 담당자의 PDCA가 올바르게 돌아가는 상태를 만들어야 한다.

Part 5

PDCA는 기업을 진화, 성장시키기 위한 매니지먼트의 기본 동작

PDCA란 이미 널리 알려진 것처럼 기획(Plan), 실행(Do), 검증(Check), 개선(Action)의 머리글자를 따서 만든 것이다.

'기획한 것을 실행하고, 그 결과를 검증하여 얻은 학습을 다음 기획에 활용한다'라는 Plan-Do-See, 혹은 '가설과 검증'이라고도 불리는 사이클에 추가로 업무 방식 개선(A)을 넣은 것이다.

즉 PDCA를 돌리는 방법도 포함하여, 업무 프로세스의 정밀도를 계속하여 높여가는 단계를 추가한 것이다.

전술한 것처럼 애초에 PDCA 사이클은 통계적 품질 관리를 연구하던 에드워드 데밍 박사가 일본에 도입했고, 그의 이름을 따서 데밍 사이클이라고 불리기도 했다.

애초에 제조업의 공정 개선, 품질 관리에 뛰어든 데밍 박사는 제조 프로세스를 가치를 제공하는 사업 활동, 즉 가치 전달 체인까지 범위를 넓혔고, 그러한 사고방식을 경영 그 자체의 품질을 높인다는 단계까지 진화시켰다.

경영 원칙을 '경영 이념의 도입', '교육·훈련의 중요성', '조직 간의 벽을 허문다' 등의 13가지 항목으로 정리했고, 그 실천에 관해 논하는 마지막 14번째 항목 '변혁을 달성하라'에서 그 수단으로서 PDCA 사이클을 돌려야 한다고 설파했다.

일본에서는 TQC 활동하에 '경영 품질'이라는 표현이 사용되고 침투했으며, 에즈라 보겔 박사의 『Japan as Number One』이라는 책이 세계적인 베스트셀러가 될 정도로 일본 기업은 전 세계에서 대약진을 달성, 1980~1990년대에는 '일본에 배워라'라는 풍조가 세계로 퍼졌다.

일본 기업을 발전시킨 성과를 인정받은 데밍 박사는, 그 후 역수입 형태로 미국에서도 받아들여지게 됐다.

그 매니지먼트 철학을 미국 기업이나 정부로 넓힌 큰 공적 덕에, 미국에서는 기술 분야의 최고 영예이자 개인으로서는 스티브 잡스, 빌 게이츠 등의 극히 일부 성공자만이 받은 미국 국가기술상(National Medal of Technology and Innovation)을 수상했다.

데밍 박사는 미국에서는 PDCA의 C를 Study의 S로 바꿔 PDSA로서 보급했다. 그리고 많은 기업에서는 사내의 과제를 대처할 때 작은 팀으로서 자율적으로 대처하는 PDCA의 분업이 '소집단 활동'이라는 형태로 퍼지게 되었다.

또한 데밍 박사의 사고방식에 대해서는 피터 센게(Peter Senge)가 이것을 더욱 진화시키고 모델화하여 『제5경영』으로 발표했다. 이 책의 오리지널 판에는 피터 센게의 의뢰를 받은 데밍 박사의 기고문도 게재되어 있다.

PDCA 사이클은 경영의 기본 동작으로 여겨져 왔지만, 전술한 것처럼 형해화되어 이름뿐인 PDCA 상태가 된 경우도 많다. 이 때문에 지금은 PDCA 그 자체를 비판하는 문장을 목격할 때도 있다.

하지만 그 내용을 보면, 예를 들어

Plan: **현 상황을 바탕으로 하지 않은 무모한 계획**

Do: **거짓말, 수동적인 체질을 낳는 마이크로 매니지먼트**

Check: **시야 협착을 낳는 단기적인 체크**

Action: **검증을 하지 않은 채의 전년 계획의 반복**

출전: 『미군식 사람을 움직이는 매니지먼트(米軍式 人を動かすマネジメント)』 다나카 야스히로(田中靖浩)

이라고 PDCA의 틀에 맞춰서, 본래의 방법과 완전히 다른 부적절한 활동이 이루어지고 있는 것에 관해 문제시화하고 있다는 것을 알 수 있다.

이것은 실제로 일본 기업에 횡행하는, 무모한 계획 달성을 무리하게 강요하며 일방적으로 현장에 밀어붙이기 위한 '이름뿐인 PDCA' 중 하나다.

나아가 이것은 PDCA의 P를 계획이라고 번역한 것에서 시작된 비극이라고도 할 수 있다.

플래닝(Planning)을 사전에서 찾으면 계획이라고 번역되는 경우가 많다.

하지만 계획이라는 말은 많은 일본 기업에서는 예산(Budget)이라는 의미로 사용한다. 따라서 어느샌가 예산인 계획(예산) 목표의 달성 상황을 확인하고(C), 매니저가 개선을 독려하는(A) 것이 PDCA라는 해석이 일부 기업에서 퍼지고 말았다.

여기에서 중요한 것은 이런 식의 문제가 발생하고 있다고 PDCA 그 자체를 부정해 버리는 '주먹구구식 PDCA'를 행하는 것이 아니라, 그 잘 못된 방식을 수정(A)하는 것이 '경영 수법으로서의 PDCA'에 맞는 올바른 PDCA라는 점이다.

▎경영 기법으로서의 PDCA란

올바른 방법으로서의 PDCA를 간단히 정리해 보겠다.

P(기획): 조직에서 돌리는 PDCA는 조직 내에서 공유하기 위한 언어화나 차트화가 필수이자 사실에서 의의를 추출하여 정리한 P여야만 한다.

또한 P가 '이치'에 맞게 만들어지지 않는 한 검증(C)은 그저 의미 없는 덧붙임이 되고 만다.

실행 플랜(P)은 아무렇게나 하고 싶은 것이나 희망 사항을 쓰는 것이 아니라 앞서 소개한 로지컬 싱킹의 방법에 따라 도전적으로 입안해야 한다.

그저 수치 목표만이 P가 되어 버린 케이스를 볼 때가 있다.

하지만 그것만으로는 무모한 목표 수치를 밀어붙이는 일도 발생하게 되고, '방법을 생각하라'며 매니저가 '통으로 던지며' 강요하는 행동으로 이어지게 된다.

분명, 판매 부문처럼 수치 목표의 진척 관리가 중요한 부문도 존재한다.

다만 본래의 P는 단순한 수치 목표가 아니라 **그 시책이 왜 올바른가를 '이치'를 바탕으로 뒷받침하는 사고의 흐름을 '가시화'한 후에 만들어야 하는 것**이다.

이 전제에 있는 것은, 매출은 기합만으로 오르는 것이 아니라 절차, 수단 등의 방법론을 개선하여 달성한다는 사고방식이다.

P를 올바르게 세우는 방법을 지도하는 것은 전사의 최적화를 도모하는 경영자의 책임이며, 일반적으로는 참모 역할의 서포트하에서 이를 추진하게 된다.

D(실행): 일방적인 'Do This(해라!)'는 현장이나 담당자를 생각하기를 멈춘 '로봇'으로 만들어 버리고 만다.

또한 '해 두도록'이라고 말할 뿐인 통으로 던지는 행위만 있다면, 현장은 제멋대로 상상하면서 실행할 수밖에 없게 된다. 모든 기획에는 Why(왜)가 필수다. 이 Why가 현장과 공유되어야만, 현장은 상정 외의 사태에 대응하며 완전하게 실행할 수 있다. 그리고 현장을 관리하는 매니저는 담당자가 안심하고 업무나 문제 해결에 뛰어들 수 있는 환경을 만들어야만 한다. 실제로 실행을 담당한 담당자가 마음껏 기술을 선보일 수 있는 무대를 만드는 것은 매니저의 역할이다.

C(검증): 이 C를 '주먹구구'식이 아닌 어떤 부분에서 예측에 실패했는지를 특정할 수 있도록 하기 위해서는, 먼저 P를 후술하는 방법에 따라 '이치'에 맞게 만들어야 한다.

C는 일반적으로 검증이라고 불린다. 여기에서는 사실에서 얻은 의의가 언어화되기 때문에 조직에서 공유할 수 있는 '학습'을 얻을 수 있으며, 이는 다음 P에 반영된다.

A(개선): Plan-Do-See(가설과 검증)에서 PDCA로의 진화 시에 덧붙여진 A는, 업무 프로세스를 개선하고 진화시키기 위한 단계다.

예를 들어, 결과의 검증(C)을 위한 서식 설계나 회의 방법은 PDCA의 정밀도를 높이기 위해 언제나 개선의 여지가 있다.

특히, 본격적으로 PDCA를 기동한 후 '주력 상품의 재고 소화 상황은 서식에 매주별 추이를 꺾은선 그래프로 그려서 가시화하는 편이 좋다'

등의 개선(A)을 거듭함으로써 C와 다음 P의 정밀도를 높일 수 있다.

그리고 PDCA가 제조 프로세스의 최적화 활동에서 유래한다는 점을 생각해 보면 서식이나 회의 방식의 개선뿐만 아니라 업무 프로세스의 개선, 다음 레벨로의 진화, 발전(Advance)으로 파악하는 것이 개선(A)의 실태에 합치된다고도 할 수 있다.

◆ POINT

PDCA란 계획(=예산, Budget)을 달성하는 수단이라는 오해는 PDCA의 P, 플랜을 '계획'이라고 번역함으로써 시작됐다.

PDCA를 건전하게 돌린다면
실패는 가치를 창출한다

IBM을 크게 키운 토마스 왓슨은 많은 명언을 남겼는데, 그중 하나가 다음 말이다.

'**성공의 확률을 두 배로 늘리고 싶다면 실패의 확률을 두 배로 늘리면 된다**(If you want to increase your success rate, double your failure rate.)'

'실패의 수를 두 배로 하라'가 아닌 같은 기간을 상정한 후에 실패 확률을 두 배로 하라는 것은 다음과 같은 의의를 지닐 터이다.

- 미지의 분야에 대한 도전 속도를 높인다
- 시책을 선택하는 데 안전을 우선하기보다는 다른 사람이 하지 않은 도전을 과감히 함으로써 실패의 확률을 두 배로 늘린다

'사람은 실패로부터 배운다'라고 한다.

자신이 기획한 모든 것이 '예측'대로 진행되면 물론 이런 생각도 들 것이다. '역시 나는 옳아. 나는 대단해(이상, 끝)'

하지만 결과가 '실패'로 끝났다면 어딘가에 수정할 여지, 즉 '예측 실패'가 있었다는 말이 되며, 당초에 그린 인과관계에 불비가 있었다는 말이 된다. 그렇게 되면 올바른 인과관계를 명확하게 하고자 당초의 사실 확인이나 그리던 선택지의 정당성 등을 다시 한번 재검토할 필요가 있다.

'실패해도 계속 시도하면 반드시 성공한다'라는 말은 '복권도 계속 사면 언젠가 당첨된다'처럼 운을 하늘에 맡기는 단순한 확률 이야기가 아니다.

PDCA를 돌려서 '예측 실패'가 발생한 원인을 명확히 밝히고 '학습'을 계속함으로써 시야가 넓어져서 성공의 길이 점차 명확해지며 발밑도 밝혀진다는 것을 의미한다.

░ PDCA의 올바른 습관을 만든다

여기서 문제가 되는 것은 조직을 경영자가 제대로 통솔하지 못하는 상태이자 기업의 성장이 장기간에 걸쳐 정체된 경우다.

이 경우 사내에는 '꿍꿍이'가 만연하며, 사람의 발을 잡아끌고 자신이 우위에 서려고 하는 '작은 악당'이 배회하게 된다. 그뿐 아니라 많은 경우 경영자는 사내의 그런 무리가 저지르는 '악행'을 깨닫지 못한다.

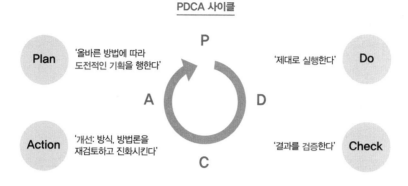

도표 7-1 **성공 확률을 높이는 PDCA 사이클**

PDCA 사이클

Plan '올바른 방법에 따라 도전적인 기획을 행한다'

'제대로 실행한다' **Do**

A | D

Action '개선: 방식, 방법론을 재검토하고 진화시킨다'

'결과를 검증한다' **Check**

P

C

나아가 '책임 소재를 명확히 한다'라는 대의명분하에 누군가에게 실패한 책임만을 추구하는 것을 우선시하는 간부나 측근이 영향력을 떨칠 때가 있다. 이런 상태의 기업에서는 직원들이 가령 적극적인 마음을 가지고 있다고 해도, 우선 자신의 몸의 보전을 우선하지 않을 수 없게 된다.

따라서, 우선 '실패'라는 위험을 부담하지 않으려는 사고가 작동하고 만다. 또한, 같은 잘못을 몇 번이고 반복하는 사람이 상층부에 있을 때가 있다.

절대적인 존재인 경영자로부터 무언가의 이유로 총애를 받고 있을 때도 있으며, 그중에는 실패를 다른 사람의 탓으로 돌리는 능력만 뛰어난 사람도 볼 수 있다. 이 경우, 그 사람은 경영자로부터 혼이 나지 않게 꾸미기 위한 PDCA를 돌리며, 그에 적합한 기술을 체득한다.

흥미로운 것은 그런 사람은 비즈니스에서 돈과 사람을 써서 경험한 모처럼의 실패에서는 전혀 아무것도 배우지 못한다는 점이다.

그 때문에 매번 제대로 풀리지 않는다. 하지만 실패 책임은 타인에게 넘기고, 자신은 혼이 나지 않는다. 그리고 다음 프로젝트를 향한다. 다시 실패한다. 결국 돈만 써서 인재도 버리고, 누구도 아무것도 얻지 못한다. 그런 상태를 바보 같다고 생각한 인재는 회사를 떠난다.

이래서는 기업이 제대로 굴러갈 수 없다.

본래 '실패'했을 때 자신의 커리어에 리스크를 걱정하지 않고 '도전'할 수 있는 토양을 갖추는 것은 경영자나 관리자 측의 역할이다.

또한 현 상황 파악이나 과거를 돌아보는 프로세스를 다양한 방법으로 '가시화'함으로써 각종 인과관계를 명확히 할 수 있으며, '꿍꿍이'가 들어설 여지를 줄일 수 있다.

기업의 돈줄이 끊겨서 숨이 간당간당하게 된 상태라면 더는 어쩔 도리가 없지만, 그렇게까지 궁지에 몰린 상황이 아니라면 '시간과 돈을 들인 실패는 기업의 자산'으로 만들 수 있다.

이것을 모두가 납득할 수 있는 상태로 만들기 위해서는 PDCA의 올바른 습관 만들기부터 시작해 보자.

◇POINT ....

'실패'의 은폐는 모처럼 기업으로서 배움의 기회를 잃게 만드는 큰 죄라고 할 수 있다. 직원이 자신의 보신을 위해 그런 것을 생각하지 않아도 되는 환경을 만드는 것이 매니지먼트의 역할이다.

Part 7

실패를 개인의 책임으로
돌려서는 안 된다

"우리 회사는 P, D뿐이고, 검증(C)이 없습니다."

이렇게 말하는 사장이나 간부를 자주 만나게 된다.

주변의 좋은 분위기에 올라타서 성장을 실현한 회사가 어느샌가 막다른 상태에 몰렸을 때, 주로 이런 발언을 듣게 된다.

지금까지 실행해 온 것에 대해 제대로 검증이 이루어지지 않는 경우 제대로 풀릴 때는,

"봐봐! 역시 내가 대단해."

실패하면,

"이미 지나간 일을 이러쿵저러쿵 떠들지 마."

이래서는 모처럼 돈과 수고들 들여 시도한 것에서 '학습'을 얻을 수 없

다. 심한 경우에는 목소리가 큰 사람의 독단과 편견으로 가득 찬 잘못된 C를 조직이 학습해 버리는 일도 발생하게 된다. 이것은 인류 역사 속에서도 빈번히 일어난 일이며, 지금도 일어나기 쉬운 일이다.

실패를 전부 개인에게 귀결시키고 책임을 지게 한 후에 종결하는 기업이나 조직이 실제로 많다. 하지만 기본적으로는 그것만으로 끝내는 것은 잘못된 것이라는 사실을 깨달아야 한다.

PDCA의 P에서 주의해야 할 네 가지 포인트

'실패'에는 이유가 있다. 그 '실패'에서는 의사 결정 단계에서 한 '예측'의 어디가 잘못이 있었는지를 명확히 하고, 원인을 귀결 지어야 한다.

PDCA를 제대로 돌리기 위해서는 기획(p) 단계에서 주의해야 할 포인트가 있다.

- **현 상황 파악**
- **의의의 추출, 방향성의 명확화**
- **생각할 수 있는 여러 시책의 평가와 선택**
- **실행 계획 만들기**

기획(p)을 할 때는 이런 포인트를 지켜야 한다. 이것이 절차대로 이루어져야만 실패했을 때나 기획을 조정할 때, 어디에서 예측 실패가 있었는지를 특정할 수 있게 된다.

이에 따라 기업이든 행정이든, 조직으로서 해서 좋은 일과 나쁜 일을 적확하게 학습할 수 있으며 조직의 레벨이 향상된다.

다른 말로 하면 **'기업이든 행정이든, 본래 조직이란 사람과 마찬가지로 학습하기 위해 존재한다'**라는 말이다.

일반적으로 '일을 잘하는 사람'은 그때까지의 경험으로부터 많은 Do's and don'ts '해서 좋은 것, 나쁜 것'에 대한 성공 법칙을 가지고 있다. 조직으로서는 이와 같은 '일을 잘하는 사람'을 늘리고 싶은 법이다.

그러기 위해서는 신규 사업의 설립이나 장기 부진 상태에 있는 사업의 재검토 등 난이도가 큰 프로젝트가 제대로 성공하지 못한 경우에 그 프로젝트의 책임자를 단순히 실패자로 취급하는 것은 백해무익하다.

경영 측은 프로젝트의 난이도를 정당하고 공정하게 평가해야만 한다.

어려운 프로젝트를 담당하게 된 자를 두고 사람들이 '저 녀석은 꽝을 뽑았다'라고 여기는 상태는 건전하다고 할 수 없다.

무리가 있는 전략 시나리오나 초기 설계가 이상한 개혁 플랜의 경우 처음부터 당사자가 '실패가 내 탓이 아니게끔 여겨지게 하는 변명을 어떻게 준비해야 할까'를 생각하지 않을 수 없게 된다.

신규 전략이 제대로 풀리지 않은 기업은 왜 제대로 풀리지 않았는지에 대하여 경영 시점에서 자사의 방법론에 문제가 있는지 어떤지를 체크할 필요가 있다.

프로젝트를 진행하는 환경 조성이나 인선 방법에 문제가 없는지를

PDCA를 돌려보는 것이다.

물론 그 프로젝트에 적합하지 않은 인재를 선정했고, 그 인재의 문제 해결 능력, 방향 설정 능력 부족이 원인이 되어 실패하는 경우도 현실적으로는 존재한다. 이 경우는 그 인재의 능력 개발 과제도 물론 중요하다.

하지만 그보다 앞서 **왜 그 사람이 뽑혔는지 하는 것 자체, 즉 그 사람이 뽑히게 된 근거, 과정 등의 의사 결정을 한 쪽에 문제**가 있다는 것을 알아야 한다.

인사 결정권을 가진 사람의 평가 방식에 문제가 있을 수 있다. 또한 단순히 사람의 호불호나 편애 등으로 정하는 인사 결정 방식에 문제가 있는 경우도 있다. 이것은 아직 '인치' 색이 강하고 미숙한 단계에 있는 기업에서 흔히 볼 수 있다.

발언권이 있는 누군가의 의견이 강한 탓에 문제가 있는 인재가 등용되어 버리는 일도 벌어진다.

인사에 대한 강한 영향력을 지닌 사람의 기준에 문제가 있다는 말은, 즉 그 사람의 판단 절차나 방법에 관해 PDCA의 A가 기능하지 않는다는 것이므로, 이에 대한 개선(A)이 필요하다고 판단해야 한다.

참모는 기준이나 절차의 과제로서 문제점을 '가시화'할 때 객관적인 시점으로 넉살 좋게 절차 개선(A)의 이야기로 끌고 가는 편이 좋다.

"아니, 우리는 인재가 없어서 어쩔 수 없어요(그 인재를 등용시키지 않을 수 없었다는 변명)."

만약 정말로 그렇다면 애초에 프로젝트의 시작은 그 시점에서는 뒤로 미뤘어야 했다. 조직에 능력이 없는데 충분히 전망도 서지 않은 프로젝트를 시작하는 것은 초보자를 갑자기 많은 관중을 앞에 둔 무대에 세워서 연주를 시키는 것과 마찬가지다.

조직에 능력이 없다면 우선 그 능력을 키우는 것부터 착수해야만 한다.

"우리에게 그럴 시간은 없어요."

그렇게 말하며 준비 부족 상태에서 시작하는 신규 프로젝트는 매년 실패를 거듭한다. 그 시간에 차라리 제대로 시간을 들여 준비를 했다면 어땠을까?

능력을 키우기 위해 육성한다는 의의도 겸하여, 단계적으로 레벨을 올려 프로젝트를 세워야 한다. '사람을 보는' 능력에 '자신감'이 있다면 능력이 있는 인간을 외부에서 채용해도 좋다.

혹은 사내의 우수한 인재가 업무를 겸임할 수 있도록 새로운 조직 운영 방법을 강구할 수도 있다.

경우에 따라 인재의 능력을 '가시화'하여 실질적으로는 사장이 자신의 눈으로 모든 판단을 할 수 있게 할 필요가 있다. 이렇게 성공 확률을 높이고, 어느 정도는 미래를 예측할 수 있는 상태를 만드는 것도 필수다.

❖POINT

예측 실패가 있었을 때는 어디에서 예측이 잘못되었는지를 명확히 하고(C), 절차 개선(A) 혹은 다음 P의 정밀도 향상으로 이어간다.

Part 8

PDCA는 도전하는 용기의 원천이 되는 '자신감'을 키운다

들은 것을 그저 지시대로 하는 사람이 큰 프로젝트를 성공시켰다는 이야기 따위 들어본 적이 없다.

프로젝트를 성공으로 이끄는 사람은 반드시 자신의 열정을 바탕으로 일에 뛰어든다.

성공 시 얻을 수 있는 평가나 보수도 머릿속 어딘가에 있을 테지만, 그 프로젝트에 몰두하는 사람은 그것을 달성하는 것 자체에서 의의를 찾는 경우가 많다.

가령 어려운 일이 기다리고 있더라도 사업을 건전하게 성장시킬 수 있다면 틀림없이 많은 사람이 행복해진다.

이전, 풀커미션 서비스(완전 보수제) 세계인 브리태니커 대백과사전의 판매에서 세계 넘버원의 매출을 장기간에 걸쳐 달성한 사람으로부터 이야기를 들은 적이 있다.

"능력 없는 세일즈맨은 자기 자신이 팔지 못해서 곤란한 상태에 빠집니다. 반면, 능력 있는 세일즈맨은 상대(고객)가 곤란한 상태라고 생각하기에 상대를 위해 팔아야 한다고 생각합니다."

이 '다른 사람을 위해 한다'라는 동기를 지닌 행위가 옥시토신이라는 긍정적인 행복을 느끼게 하는 호르몬을 분비시킨다고 한다.

이 상태가 되면 모든 것을 긍정적으로 받아들이며, 도전하는 것도 불사하게 만든다고 한다.

또한 **'제대로 풀리는 기업은 예외 없이 직원이 성장하고 있다'**라는 말도 있다.

PDCA가 조직에 제대로 뿌리를 내린 기업은 그야말로 그런 상태에 달해 있다고 할 수 있다.

기업의 발전에는 도전이 따르는 법이다.

그리고 도전에는 예측 실패가 따른다.

만약 도전이라는 말에서 공포를 느낀다면 '실험'이라는 말로 바꿔 말해도 좋다.

근거가 희박하다고 해도 도전을 불사하는 사람은 자신을 믿을 수 있는, 즉 어떻게 해서든 자신의 PDCA 능력으로 극복할 수 있을 것이라는 '자신감'이 있는 상태다.

하지만 그런 '자신감'을 가지지 못한 프로젝트 멤버나 담당자가 새로운 것에 도전하려는 생각을 품게 만들기 위해서는, 어느 정도는 어떻게든 달성할 수 있을 것이라는 전망이 서도록 해야 한다.

미지의 분야에 도전할 때나 사업이 시장과의 괴리를 일으킨 상태에서는 우선 로지컬 싱킹에 의한 가상의 '공간'을 그려서 시나리오를 작성해야 한다.

그리고 실천에 들어가고 나서 과거를 돌아보며 PDCA를 돌리기 시작하면 탁상 위의 공론이 아닌 Do's and Don'ts가 명확해지게 된다.

이에 따라 자연스레 자신의 체험을 통해 언어화된 경험칙이 축적되며, 이것이 '자신감'으로 바뀌게 된다.

즉, 도전하는 자신을 믿을 수 있는 '자신감'을, '이치'를 바탕으로 쌓아나갈 수 있는 것이 바로 PDCA인 것이다.

⊘ POINT ··

트리거는 열정이든 필연성이든 뭐든 좋다. 우선 본인이 확실히 이해한 후 PDCA를 돌리고, 개인과 조직의 '자신감'을 양성하는 사이클을 시작한다.

Part 9

미지의 영역을 나아갈 때
PDCA가 발밑에 등불을 비춰준다

미지의 영역에 발을 들일 때는 누구에게나 용기가 필요한 법이다.

인간은 다른 포유류보다 뛰어난 지능을 가진 덕에 발전해 왔다. 위험을 간파하고 회피하며 생존 확률을 높이는 것으로 이어가는 '앞을 내다보는 힘'을 지니고 있다.

하지만 이 '앞을 내다보는 힘'은 미지의 것에 대한 공포심을 불러일으키며, 변혁을 일으킬 때 심리적 저항이 일어나는 원인도 된다.

그렇다면 '이치'를 바탕으로 생각할 수 있는 사람이 완전히 새로운 프로젝트에 발을 들일 때, 이 공포심을 어떻게 극복하면 좋을까?

일반적으로는 우선 PDCA의 P로서, 현 상황에 대한 실태 파악에서 시작하여 '이치'에 맞게 플래닝한다.

그때 '이치'에 맞는 사고방식, 즉 앞서 말한 로지컬 싱킹을 통해,

'현장주의를 근거로 사실을 바탕으로 하여 현 상황을 파악하고 분석한 후에 얻은 방향성을 따져 보면, 이 시책이 가장 잘 맞을 것이다'

라고 '예측'의 정밀도를 가능한 한 높인 시나리오를 만든다.

그리고 다음의 실천 단계에 들어갔을 때는 정밀도 높게 고속으로 PDCA를 돌려서 결과 검증을 통해 학습을 이어 나간다.

'이 숫자의 차이가 발생한 원인은 다른 곳에 있었다'

'의의의 추출이 불충분하다'

라며 분석에서 부족했던 부분을 수정한다.

'이 분석이 아니라 다른 측면에서 바라보는 편이 좋았다'

라며 로직 트리 그 자체를 재검토한다. 그리고,

'시책의 난이도 평가가 잘못됐다'

라며 대체안을 평가, 선택한다.

이것을 반복함으로써 이 새로운 플랜에 따라 뛰어든 시장, 사업의 구조나 실태가 어떻게 되어있는지가 명확해지게 된다.

비즈니스의 세계에서는 일반적으로 경험을 쌓으면 쌓을수록 자신의 능력은 높아지게 된다.

'여기까지는 들어가도 괜찮다'

'여기를 넘어선 곳은 포기하는 것이 좋다(좋을 것이다)'

이것은 앞서 말한 Do's and Don'ts를 얻는 것뿐만이 아니라, 그 사업 분야에서의 지리 감각과 같은 것을 체득한 덕에 처음에는 보이지 않았

던 미래를 보다 정밀도 높게 예측할 수 있게 되었기 때문에 가능해진 판단이다. 이를 통해 발밑을 점차 내다볼 수 있게 된다.

이것은 동시에, 가령 예측이 벗어났다고 해도 그때의 리스크가 그리 크지 않다는 것도 읽을 수 있다는 말이다. 즉 '걱정할 필요 없다'라며 '자신감'을 가지고 발을 들일 수 있게 된다는 것을 의미한다.

PDCA가 제대로 돌아가기만 하면 반드시 결과 검증에서 배움이 있으며, 그 영역에 관한 '학습'이 이루어진다.

처음에는 안갯속, 어둠 속을 걷는 느낌이었던 프로젝트에서 '해도 좋은 것, 나쁜 것'이 점차 명확해지는 상태다.

바꿔 말하면 발밑이 점차 밝혀지거나 혹은 시야가 넓어진다는 것과 마찬가지다.

결과의 검증인 PDCA의 C를 반드시 행하고 '이치'에 맞는 형태로 인과관계를 명확히 하여 언어화하는 것만으로도 '길을 나아가는 힘'이라는 귀중한 지혜가 축적된다.

⊘ **POINT** ···

제대로 된 로지컬 싱킹 방식에 따라 PDCA의 P를 행함으로써 지도를 그린다. 그리고 결과의 검증(C)을 행함으로써 '발밑'을 밝히고, '앞'을 내다볼 수 있게 된다.

Part 10

PDCA를 제대로 기능하기 위해 필요한
'엔진과 드라이버'

입안한 플랜(p)의 PDCA를 돌리기 위해서는 검증(c)을 효과적으로 행할 수 있도록 '실천 설계'를 해야 한다.

그러기 위해서는 우선 사업 책임자, 혹은 상급자의 의지로 아래 셋을 행해야 한다.

① 보고를 위한 서식 만들기

② 회의체 그 자체의 설계

③ 그리고 정해진 정례 업무의 경우는 PDCA를 돌리는 업무의 정의, 업무 플로에의 반영, 그 업무 절차의 명확화

이것들이 PDCA를 돌리기 위한 준비이자, 말하자면 '엔진' 설계에 해당한다.

이 '엔진' 설계를 잘했는지 못했는지에 따라 PDCA의 정밀도가 달라진다.

우선 ①보고 서식은 무엇에 착안하여 '가시화'할 것인가, 거기에서 어떤 의의를 추출할 것인가, 즉 C에서 다음 P로의 사고 프로세스를 명확히 그려야 한다.

②의 회의체는 ③의 플로 안에 자리 잡게 된다.

하지만 '엔진'을 정교하게 설계한다고 해서 그것만으로 PDCA가 이상적인 형태로 기능하리라고 생각하는 것은 큰 착각이다.

그 아무리 고성능의 자동차, 예를 들어 포르쉐나 페라리라고 해도, 그 차가 가진 능력을 제대로 발휘하기 위해서는 운전하는 능력(기술)이 필요하다.

비교적 운전이 간단한 승용차라고 해도 최저한의 지식과 연습은 필수다.

하물며 PDCA를 정밀도 높게 돌리는 것에 도전하는 PDCA의 시작 단계에서는 PDCA의 시동을 켜는 원동력이 되는 의지와 에너지, 열정을 갖춘 드라이버 역할의 존재가 필수다.

결국, ①의 보고 서식 그 자체가 '드라이버'인 상급자의 의지를 제대로 반영해야 하며, ②의 회의의 장은 서식으로는 충분히 표현할 수 없는 '드라이버'의 의지를 드러내고, 담당자의 움직임을 조정하는 장이기도 하다.

이들을 올바르게 기능하게 만들기 위해서는 우선 ③의 업무 그 자체를 '드라이버' 자신이 명확하게 지시하여야만 하며, 필요한 레벨의 정밀도로 '업무 정의'를 행하고, 그것을 더욱 진화시켜 나가야 한다.

사내 조직에 대한 PDCA의 정착 프로젝트를 담당할 때가 많다. 그 프로젝트에서 사용하는 시간의 대부분이 ① 서식 만들기나 ② 회의체 설계가 아니라 ③ 업무 정의에 소요된다.

이것은 각 주요 부서가 대처해야 할 문제와 과제, 그리고 접근법이 명확하지 않은 채 조직도만 그려서 업무를 '통으로 던지는' 일이 벌어지는 기업이 압도적으로 많다는 것을 의미한다.

또한 침체된 기업에서 공통적으로 보이는 것은 매니저로부터의 '가르침'이 그다지 행해지지 않는다는 점이다.

각 담당자가 자신의 업무를 마음대로 하는 것이 아니라 '영업 방식', '인기 상품을 간파하는 힘' 등 본래 통으로 넘기거나 무작정 위임해서는 안 되는 업무 절차, 진행법을 명확히 해야 한다.

어느 부분이 담당자의 재량 범위로서 자유롭게 정해도 좋은 부분인지를 명확히 정해 주고, 올바르게 문제 해결에 대처하는 상태로 만드는 것은 매니저의 책임이다.

①에서 ③에는 전부, 전체적인 시야를 바탕으로 PDCA를 최적화할 책임을 부담하는 상급자의 의지를 담아야 한다.

그리고 '기본적으로 게으른' 사람들의 등을 밀어서 업무의 문제를 해결하게 하고, 업무의 정밀도를 계속해서 높이는 개선(A)을 하는 것이 '드라이버'인 상급자의 임무다.

Part 11

PDCA의 진짜 묘미는 업무·사업 프로세스의 개선과 진화를 나타내는 A

PDCA가 제창되기 전까지 일본에서는 Plan-Do-See(가설과 검증)가 일반적이었다.

얼마 전 세븐&아이 홀딩스의 회장에서 물러난 스즈키 도시후미 씨도 이토요카도의 업무 개혁 당시 Plan-Do-See와 동의어인 '가설과 검증'을 철저히 구사하여 그룹을 수익성 높은 사업체로 키워나갔다.

PDCA를 이 '가설과 검증'과 같은 뜻으로 사용하는 사람도 꽤 많지만, PDCA 사이클에는 일본에서는 개선이라고 번역되는 Action의 A가 추가되어 있다.

PDCA 사이클은 애초에 '제조'의 세계에서 만들어진 사고방식이다.

제조에서는 그 프로세스에 언제나 개선을 더하여 진화시키는 것이 요구된다.

품질, 비용, 그리고 리드타임(납기)의 세 가지 축이 제조의 지표이자, 이들을 언제나 개선함으로써 '보다 저렴하게, 보다 품질이 좋은 것을 보다 단기간에 시장에 제공'할 수 있는 경쟁력이 있는 상태를 만들고자 한다.

그리고 그 개선이라고 번역되는 A는 제조 프로세스를 더욱 좋은 상태로 '진화'시키는 Action을 의미하며, 'PDCA를 스파이럴업시킨다'라는 표현도 사용하곤 한다.

애초에 '제조'에서 시작된 PDCA는, 1980년대에 번성했던 TQC 활동 중 제조 프로세스의 개선에서 가치를 제공하는 기업 경영 프로세스까지 퍼지게 됐다는 것은 앞에서 이미 설명한 바와 같다.

여기에서는 PDCA의 A를 통해 가치 딜리버리 프로세스, 즉 세상에 가치를 제공하여 그 대가를 얻는 사업 활동인 비즈니스 프로세스(가치 체인과도 같은 말)를 진화시키게 된다.

따라서 PDCA의 A는 비즈니스 프로세스에서의 품질, 비용, 리드타임을 올리기 위한 다양한 절차를 진화시키는 것을 의미하며, 나아가 PDCA 그 자체의 정밀도와 스피드를 향상시키는 것까지도 포함한다.

- 서식
- 회의 방식(사전 준비, 당일의 진행법 등)
- 업무 그 자체, 그리고 업무 플로의 절차, 업무 진행법

이것들이 개선의 대상이 되며, 필요에 따라 이들을 서포트하는 IT 시스템도 포함할 수 있다.

이것은 사업체의 기능과 퍼포먼스를 진화, 향상시키는 것을 의미하므로, 그야말로 이 A가 PDCA의 진짜 묘미라는 말이 된다.

✔POINT

우량 기업은 강함, 유연함, 겸허함을 가지고 있다. 이런 것들을 바탕으로 우량 기업은 파도가 높든 폭풍이 와도 타사보다 착실하게 항해할 수 있다. 조직력의 강화를 추진하기 위한 '단계'로서 PDCA의 A가 자리매김한다.

Chapter
8

인간의 '업'에 대처한다

'마찰을 두려워하지 마라'라고 말하는 사람은 진정한 기업 개혁을 경험한 적이 없다

"마찰 따위 두려워하지 마. 과감하게 행동해."

창업 경영자가 직속 상사였을 무렵, 자주 이런 말을 들었다. 일본 기업에서 '마찰 등을 두려워하지 않고' 개혁에 성공할 수 있는 것은, 당대에 성공을 구축한 절대적인 권력자인 창업자 본인 정도다.

기업 안에서 절대적인 힘을 가진 원맨 경영자는 사내에서는 '신'과 같은 존재가 되며, 자신의 의지가 모든 것이자 '내 뜻에 따르지 않는 자는 나가라'라는 공포 정치도 불사하는 경영이 가능하다.

이것이 가능한 이유 중 하나는, 상장 기업이라 해도 업적이 대폭으로 악화라도 되지 않는 한, 전년 대비 ±0%인 채 오랜 기간 변화가 없는 상태나 매출이 미묘한 감소 경향이 이어지는 상태라고 하더라도 경영자의 교대를 요구하지 않는 일본 주주의 무심함에 있다.

본래, 기업에서 조직의 피라미드 형태를 어느 정도 건전하게 유지하고자 한다면 전년 대비 10~15% 정도의 성장은 필요하다.

그것이 실현되지 않는 상태는, 적극적인 도전과 그로부터 얻는 학습, 즉 PDCA를 게을리하는 상태, 혹은 PDCA가 기능하고 있다고 생각하지만 실은 기능하지 않는 상태다.

그와 같은 상태가 길게 이어지면 본인들은 하루하루 바쁘게 일에 매진하고 있다고 생각하더라도, 알지 못하는 사이에 그 사업 운영이 사고 정지를 일으키고 변화 없는 타성 상태에 빠지게 된다.

기업에서 '개혁'이 요구되는 것은 이런 상태일 때다.

§ 기업이 침체되거나 개혁에 실패하는 것은
경영자나 경영 체제에 그 근원이 되는 문제가 있다

보통의 기업에서 변혁, 개혁을 하고자 하면, 자신들에게 불리한 상태가 되거나 그럴 가능성이 있는 개혁을 막기 위해 꿈틀대기 시작하는 무리가 있다.

가령 앞서 말한 '과감하게 해'에 숨은 뜻으로 '내가 지켜줄 테니까'가 포함되어 있다고 해도, 이 원맨 경영자도 개혁에 반대하며 꿈틀거리는 자들의 움직임을 정확히 파악하고 있지는 못한 경우가 많다.

중국의 한나라 말기, 영제의 곁에서 그를 섬기던 악명 높은 환관인 '십

상시'처럼, 기업의 진화를 방해하는 성가신 무리는 절대적인 권력을 지닌 경영자의 곁에 반드시라고 해도 좋을 정도로 둥지를 틀고 있다.

그들은 '공정함'을 잃은 경영자의 '이치'에 맞지 않는 판단, 어떤 의미에서는 '느슨함'이 투사되어 만들어진 '그림자' 같은 존재다.

기업이 정체 상태에 빠지거나 개혁이 성취되지 않는 근본에는, 틀림없이 경영자가 가진 가치관이나 그의 행동 방식에 그 원인이 있다.

애초에 기업이나 사업 방식 그 자체는 좋든 나쁘든 경영자 자신을 반영한다.

상황을 판단할 때 임시방편으로 최적인 것만 찾기에 급급한 경영자에게는 통일감이 결여된다. 그가 전개하는 사업은 그야말로 모자이크와 같다.

또한 조직 전체를 공정하게 보고 지휘한다는 의식과 구체적인 노력이 결여된 경영자가 이끄는 조직은, 얼핏 온화한 조직처럼 보이더라도 그 무대 뒤편은 '꿍꿍이'가 들끓는 방자한 상태가 되어있을 수 있다.

특히 측근으로서 배치된 인재는 좋든 나쁘든 경영자의 사고 스타일, 취향, 습관이나 사고방식의 편견조차도 반영된 사람들이다.

동족 경영의 색이 강하고 측근이 친척으로 가득 한 기업도 많이 있으며, 창업 때부터 경영자의 지시에 따라 수족처럼 움직이고 함께 해 온 멤버인 경우도 있다.

어느 쪽이든 경영자는 그들이 불변의 충성심을 가지고 있다고 여기며, 가령 본인들에게는 그 지위에 필요한 능력이나 공정함이 결여되어 있다고 해도, 경영자로부터 총애를 받아 그 지위에 있는 존재다.

그들은 현재의 '꿀' 포지션을 유지하고 싶어 하며, 조직 측에서 보면 회사에는 크든 작든 '문제가 있는' 인재가 섞여 있는 것이 현실이다.

내 경험에서 보면, 일반적으로는 조직 속에 도저히 어찌할 수 없을 정도로 커다란 '부조리' 소굴을 이루고 있는 케이스는 그렇게까지 많지 않다.

다만 경영자가 절대적인 힘을 가지고 있을수록, 그 주변에 강한 '꿍꿍이'를 가진 자가 '악령'처럼 둥지를 틀기 쉬우며, 기업의 영속성 있는 번영을 방해하는 작용을 하는 '큰 악', 즉 대단한 에고이즘까지 성장해 버린 경우도 가끔 있다.

'인치'를 전제한 미국 기업에서는, 상장 기업에서 사업 침체 상태가 이어지면, 그런 경영은 경영자와 함께 리셋되어 버린다. 하지만 주주가 얌전한 일본의 경우는 '꿍꿍이'를 가진 자들이 자리를 잡아 버린다.

⠿ 조직의 '악'은 이렇게 태어난다

이런 사람들은 경영자가 자신의 의지로서 '현 상황을 타개하기 위해 개혁을 추진한다'라고 선언하면, 표면상으로는 '맞습니다. 개혁은 필요합니다'라고 100% 경영자가 듣기 좋게끔 찬성하는 목소리를 던진다.

하지만 현실에서 그들은 자신의 손익을 무엇보다 우선시한다.

그리고 결과적으로 겉으로는 복종하는 척하면서 내심 반대한다. 그리고 안타깝게도 원맨 경영자는 그것을 깨닫지 못할 때가 많다.

실제로 개혁이 시작되면 그들은 '어차피 제대로 안 풀리겠지', '어디, 능력 좀 봐 볼까'라며 콧방귀를 뀌며 팔짱을 낀 채로 멀리서 구경한다.

하지만 때때로 진짜 '능력'이 있는 경력직으로 입사한 간부 인재나 외부 컨설턴트가 등장할 때가 있다. 그 사람들이 움직여서 사내에 변화가 일어나기 시작하면, 그들은 그것을 위협이라고 느끼고 움직임을 방해하기 위한 행동을 개시한다.

변혁이 크면 클수록 그들은 자신의 지금 포지션에 끼치는 영향을 우선 생각하고, 온갖 지혜와 수단을 써서 영화나 텔레비전 드라마에서 볼 수 있는 레벨을 훨씬 뛰어넘는 방법을 생각하여 개혁을 좌절시키기 위해 뒤에서 움직이기 시작한다.

현실적으로는 기업을 진화시키는 개혁이 성공하는 편이 그들에게도 큰 장점이 있는 것은 틀림없다. 하지만 사람이라는 것은 일어날 수 있는 변화 때문에 자신이 얻고 있는 것을 잃을 가능성에 공포를 느끼는 법이다. 그들은 개혁에 의해 자신이 얻었던 특권을 잃는 사태를 피하고 싶어 하는 것이다.

'개혁'을 할 때 대처하는 과제는 기업에서 볼 때 새로운 시도가 대부분이다.

경험이 적은 개혁 초보자가 추진하는 경우에는 필연적으로 수많은 예측 실패가 발생한다.

능력을 갈고닦은 사람은 앞을 내다보는 능력이 뛰어나며, 예측 실패를 극복하면서 대처해 나갈 수 있다. 그럼에도 개혁 방지파는 그것을 큰 문제인 것처럼 들고일어나 경영자의 귓가에 속삭이기 시작한다.

"현장에서는 이와 같은 개혁을 바라지 않습니다."

"성과로 이어지지 않는 낭비가 발생했습니다."

"현장에 스트레스를 주고 있고, 비명의 소리가 들려오고 있습니다."

"현장에서는 예전 방식이 나았다며, 역시 사장님이 재등장해주기를 바라는 목소리가 많습니다."

이처럼 경영자의 귀에 개혁에 대한 부정적인 인상을 주는 정보를 계속해서 불어넣는다.

자신의 '이익'만을 우선하는 그들의 '지혜'는 순수하게 에고이즘에 바탕을 둔 동기에서 태어난다.

자신들의 '이익'을 우선하여 다른 대다수가 피해를 입게 되는 사고방식, 행동을 취하는 존재를 에고이스트라고 부를 수 있다. 나아가 조직, 집단에서는 이것을 '악'이라고 할 수 있다.

그리하여 그들은 경영자에게는 보이지 않는 무대 뒤편에서 '악'의 머리를 굴리며, 자신들의 비즈니스 능력 따위는 완전히 제쳐두고 자신들의 자리 보전을 위한 치열한 공격을 반복한다.

⦂ '꿍꿍이'가 방치되는 기업에는 이기주의가 만연한다

우량 기업에서는 의사 결정의 '가시화'가 제대로 이루어지는 문화가 만들어져 있고, 이기주의에 대해서도 견제가 움직이는 분위기가 있다.

하지만 자신들의 관계에 기대는 가족 기업이나, 가령 얼핏 원맨 체제처럼 보이지만 사실 위에서의 건전한 압력이 통하지 않고 사내에 '꿍꿍이'가 방치된 상태인 기업에서는, 이런 에고이즘이 매우 쉽게 '번식'한다.

만약 지금, 여러분이 일하는 기업에 그런 '꿍꿍이'가 그리 널리 퍼지지 않은 상태라면, 그것은 선배들이 남겨준 위대한 긍정적인 유산이라는 점에 마음속 깊이 감사해야 할 것이다.

'꿍꿍이'가 꿈틀거리는 기업에서 개혁이 이루어질 때는, 그것이 사실인지 아닌지는 별론으로 하고 개혁의 추진자에 대해 '여직원에게 손을 댔다' 등의 가십이 떠도는 경우도 무척이나 많다.

개혁 시의 마음가짐을 '악마처럼 세심하게, 천사처럼 대담하게'라고 표현한 사람이 있었다.

계획 단계는 '세심하게', 움직일 때는 '대담하게' 진행하는 것은 물론 올바르다. 하지만 경영자의 주변에서 무엇이 일어나고 있는지에 관해서는, 실제로 실행하는 단계에서도 특히 처음에는 '세심하게' 안테나를 움직여야 한다.

일단 표면화된 마찰은 가만히 방치해 둔다고 진정되지 않는다.

개혁을 추진할 때는, 무엇보다도 개혁의 플랫폼인 경영자와의 신뢰 관계가 필수다.

- 경영 상태의 '가시화'와 현 상황의 문제 공유를 할 때는 제대로 시간을 들여 팩트를 기반으로 다양한 각도에서 행한다
- 경영자가 그 개혁의 필요성에 대해서 충분히 이해하게끔 설명한다
- 나아가 다양한 예측 실패가 일어날 때, 경영자에게 제대로 지금의 상황과 전망에 관해 설명한다

경영자의 정의감에 과도하게 기대하기 전에, 스태프, 참모 역할로서는 무엇보다도 개혁에서 마찰이 가능한 한 일어나지 않도록 하는 자세를 취하고 사내의 안테나를 가동하는 것이 필수다.

✅ **POINT** ···

기업은 본래, 언제나 건전한 변화를 일으키며 도전을 계속해야 한다. 하지만 그 틈을 비집고 퍼져 있는 에고이즘은 변화에 대한 공포심을 품는다. '개혁'에서는 준비 단계뿐만이 아니라, 실행할 때도 '악마처럼 세심하게. 천사처럼 대담하게'.

Part 2

개혁을 시작할 때는
존중을 바탕으로 임한다

가령 길을 걷다가 악의가 없음에도 어깨나 가방, 우산 등이 상대방에게 부딪혔을 때, '죄송합니다'라는 한 마디를 먼저 꺼내면 그 자리의 분위기는 크게 달라진다.

우연히 부딪힌 상대방이 만에 하나 '난폭한 무력파'였을 때는 그 자리에서의 대처 방식에 따라 큰 사태가 이어질 수도 있다.

세계의 역사를 돌아보면 상대국 사이와의 공포심이나 경계심 때문에 필요 이상으로 군비를 확장하고, 만인에게 있어 행복한 사태가 되지 않는다는 사실은 알고 있음에도 결국 야심이나 체면상 전쟁의 방아쇠를 당기고 만 사례도 많다.

제2차 세계대전 시, 일본과 독일이 핵무기 개발이 진행하고 있을지도 모른다는 공포심때문에 미국은 막대한 예산을 써서 핵무기 개발을 추진했다. 하지만 그 후, 일본과 독일에는 핵무기가 없다는 것이 판명되었고, 과학자들은 '그야말로 핵무기 개발은 불필요'하다고 주장했다.

하지만 이미 투입되어 버린 예산뿐 아니라 그 너머에 있는 원자력 에너지의 이권이 얽힌 데다가, 출자자들의 미래의 '이익'을 실현하기 위한 '압력'이 가해졌다. 나아가 거기에 패권을 지향하는 자의 '꿍꿍이'가 얽힌 결과, 대통령의 승인도 애매한 채로 일본에는 출자자가 서로 다른 두 유형의 원자 폭탄이 투하되어 그때까지의 인류사에 전례가 없는 규모의 커다란 비극을 불러왔다.

국가는 생물과 같은 존재이자, 언제나 변화를 계속하며 움직인다.

때로는 별다른 깊은 생각 없이, 순수한 영토 확장의 욕구 아래에서 타국을 침략하는 나라도 있다. 반면 단순히 상대방 측의 '꿍꿍이'를 알 수 없어서 불충분한 정보와 치우친 정보에 의해 자국의 보신이나 공포심때문에 시작된 전쟁도 존재한다.

이렇게 생각해 보면, 수많은 인류의 비극의 전제에는 상대에 대한 이해 부족 등 일방적인 공포심이 자리 잡은 것이 원인이 된 일이 많으며, 나아가 거기에 '욕망'에 바탕을 둔 동기가 얽힐 때 그 방아쇠가 당겨졌다는 것을 깨닫게 된다.

만약 한 발 더 깊숙이 들어가서 상대의 사정을 이해하고 상대의 입장에 선 상호 이해가 이루어졌다면 그 움직임도 달라졌을 것이다.

- 어깨가 부딪치지 않도록 주의한다
- 만약 부딪쳤다면 '실례했습니다'라고 확실히 전하며 머리를 숙인다
- 애초에 자신의 걷는 방식이 다른 통행자에의 존중이 결여된 것은 아 닌지 '되돌아보고' 행동을 수정한다

⁞ 사람은 기본적으로 선하지만 기본적으로 게으르다

우리에게 친숙한 기업의 변혁에도, 이것과 비슷한 측면이 있다.

자신들의 지금의 안녕을 위협하는 움직임은 기존 체제 측에게는 불쾌한 법이다.

기업의 진화, 시장 변화의 대응은 필수 불가결하다는 것은 알고 있어도, 그것을 기업 문화로 만든 기업은 안타깝게도 극히 일부에 불과하다.

대다수 기업에서는 지금의 상태에 악의 없이 안온하게 지내는 간부층이 존재한다. **사람은 기본적으로 선하지만 기본적으로 게으르다.**

개중에는 자신이 속한 기업의 불이익 따위는 아랑곳하지 않고, 자신의 승진에만 관심을 가진 사람도 있을 것이다.

미국 기업의 경영자는 주주로부터 사업을 성장시키기 위한 전권을 위임받는다. 더군다나 스스로 사업의 업적 향상을 위해 PDCA를 돌린다.

전술한 것처럼 예를 들어 미국 인텔의 경영자는 자신이 개최한 회의에 대해서는 자신이 그 의사록을 작성한다. 이를 통해 자신의 책임하에 행해진 결정 사항과 그 논거를 자신의 의지하에 발신한다. 경영자의 의

지를 바탕으로 진화를 추진한다는 것은 예를 들어 이런 것을 말할 것이다. 그런데 많은 일본 기업은 지금껏 과거의 고도성장기 같은 '가마에 탄' 경영 방식을 유지하고 있다.

그런 상태에서는 '화합'을 전제로 하여 불필요한 잡음을 가능한 한 억제하여 개혁을 추진하는 방식이 필요하다.

위에서의 압력이나 매니지먼트가 느슨한 기업의 경우, 개혁에 착수해 보면 극단적일 때는 거래액을 조작하여 사리사욕을 채우고 있던 사실을 은폐하려고 하는 사례 등 에고이즘이 그야말로 굳건한 상태에 빠진 경우도 있다. 이렇게 되면 경영자의 과감한 대응밖에 방법이 없다. 만약 경영자가 그런 대응을 할 수 있는 상태라면, 이 사업의 가치를 바라는 시장을 위해, 그리고 거기에서 일하는 직원을 위해서라도 얼른 어딘가의 우량 기업에 M&A를 요청하는 것밖에 방법이 없을 것이다.

⋮ 개혁 시에는 우선 상대에 대한 존중을 지닌 채 움직인다

하지만 지금까지의 내 경험상, 세상의 기업은 전부라고는 할 수 없지만 그 많은 수는 저항 세력이 본질적으로는 존경, 즉 예의가 부족한 것에 화를 내며, 진짜 대의명분이 있는 부분에 반대하는 것은 아니다.

본래 대의가 있는 개혁에 대해 '그 녀석은 마음에 들지 않아', '내 체면을 망가뜨렸어'라고 느낀 사내에 힘을 가진 자의 사소한 동기에 의해, 어느샌가 '개악'이라는 딱지를 붙이고 만신의 힘을 다해 개혁을 망가뜨리는 행동이 시작된다. 개혁을 함에 있어 가장 먼저 신경 써야 하는 점, 그것은 **존경을 지닌 채 움직여야** 한다는 점이다.

내가 관여해 온 기업 개혁도 100% 다 성공한 것은 아니었다.

성취하지 못했던 개혁이나 V자 회복의 프로젝트가 좌절된 원인은, 모두가 경영자의 측근에 있는 일부 현 상황 유지파의 움직임 때문이었다.

나중에 생각해 보면, 각 국면이나 사전에 충분한 존중에 바탕을 둔 배려를 했다면, 그런 움직임 중 대부분은 분명히 막을 수 있었을 것이다.

'사람은 기본적으로 선하지만, 기본적으로 게으르다'라는 것은 틀림없는 사실이다.

그리고 단순히 '사람은 기본적으로 악하다'라고 단언할 수는 없다.

분명 일부 기업에서는 '완벽한 에고이스트'화된 사람이 존재한다.

이 사람들에게는 자기 보신이나 야심이 그 동기에 있으며, 자신에게 있어서의 장점의 유무만으로 모든 것을 판단한다. 그리고 많은 경우, 올바른 PDCA를 돌리지 않기 때문에 재현성이 있는 비즈니스 능력을 갖추고 있지 못한다. 그야말로 조직의 중요한 위치에 있어서는 안 되는 인재라 할 수 있다.

하지만 그들을 제외하면 개혁 반대파의 대다수는 아래와 같은 부정적인 감정을 품고 있다.

- **지금의 포지션에서 쫓겨날 가능성을 두려워한다**
- **자신이 해 온 것을 부정당하는 것이 불쾌하다**

이것은 변화에 대한 공포심에 불과하다.

존중을 가지고 빠른 단계에서 개혁의 필연성을 이해시키거나, 거듭된 상담 등을 행하여 변화에 대해 품고 있는 공포심을 경감시켜주는 것은 충분히 가능하다. 또한 명확한 대의를 바탕으로 개혁의 방향성을 사실을 바탕으로 명확히 전함으로써, 중추에 있는 완고한 한 명을 움직이지는 못하더라도 사내의 많은 찬성자의 공감을 얻는 것은 가능하다. 그에 따라 대세를 움직일 수도 있다.

이처럼 개혁 추진 측이 해야 할 것, 지혜를 짜내야 할 점은 그저 분석하여 자료를 만드는 것 말고도 많이 있다.

잊어서는 안 되는 기본 중의 기본은, 모두 딱히 악의가 있어서 그렇게 행동하는 것은 아니라는 점이다. 문제가 있는 행동 대부분은 사람의 약한 부분에 기인하는 점이라는 사실을 인정하는 것이 사람에 대한 존중이다.

⊘POINT

본래, 이해만 한다면 잘 알아듣고 행하는 것이 일본인의 특징이다. 그것을 마주하지 않고 피하거나, 설명 없이 무작정 하려 들기 때문에 이야기가 틀어진다.

Part 3

사람의 '업'을 억제하는
PDCA 사이클

조직에서 돌리는 PDCA의 기본은 결과나 현 상황의 C에서 다음 P로의 연결 단계에서 팩트와 인과관계를 '가시화'하는 것이다.

사적인 경우든 일로서 하는 경우든, 개인이 돌리는 PDCA는 자기 자신의 학습이자 결과로서 목표를 달성하기 위한 방법론이다.

이 PDCA를 조직에서 행할 때는 적어도 상하 계층, 즉 부하는 자신의 업무에 관해 상급자에게,

'과거, 그리고 현 상황은 어떻게 되어 있는지'

'무엇이 문제인지'

'왜 그것이 과제인지'

'왜 그 시책을 선택해야 하는지'

'비용 대비 효과나 진척 상황의 확인은 어떻게 행할 것인지'
를 '이치'에 맞는 형태로 명시해서 설명해야 한다.

조직에서 돌리는 PDCA는 모든 활동이 '이치'에 맞는 형태로 이루어지고 있다는 점을 언어, 그래프, 차트 등을 통해 '가시화'하는 행위를 동반한다. 본래, 적극적인 문제 해결이 중심이어야 할 매니저 층의 일로서,

- 전체적인 시야를 바탕으로 올바르게 현 상황을 파악한 후에
- 적절한 가설을 세우고
- '이치'에 맞는 시책을 선택하여 전개한다
- 그 진척 상황을 다양한 각도에서 바라본다

라는, 잘 생각해 보면 지극히도 당연한 기본 동작이 이루어지는 상태를 만드는 것이 조직에서 돌리는 PDCA인 것이다.

안타깝게도 PDCA가 일본에 침투한 것은 1980년대이며, 그 방식을 아는 당시의 매니저 층은 이미 그 많은 수가 사내에 없다.

결국, 그 PDCA를 기본 동작으로서 문화로 만든 기업만이 시장을 기점으로 하여 적확한 수를 쓸 수 있는 상태다.

그곳에서는 사업 운영의 실태가 '가시화'되고 언어화되어 말해지며, 자의적인 '음모'가 통용되기 어려운 의사 결정과 사업 운영이 가능한 환경이 만들어진다.

반면, 경영 이론이나 방법론 내의 보편적인 부분까지도 '그것은 낡았

으니 보다 새로운 것을'이라는 얼빠진 소리를 꺼내며 그 중요함을 이해하지 않고 그만둔 결과, 업적이 악화되고 침체해 버린 기업도 있다.

그런 기업에서는 그야말로 경영의 기본 동작인 PDCA를 제대로 지도해 줄 사람도 이미 그 위치에 없으며,

'PDCA가 만능이라는 건 환상이다'

라며 PDCA라는 4글자의 단어만 보고 제멋대로 자기류의 이미지를 말하는 사람에 대하여, 그것을 올바르게 타이르는 사람은 사라진 상태다.

이렇게 PDCA의 기본 동작이 뿌리내리지 않았거나 지켜지지 않는 기업에서는, 사업 운영에서 다양한 문제가 일어나기 쉬우며 그런 문제가 방치되기 쉽다.

PDCA의 P에서 '왜 그 과제를 우선하여 대처해야 하는가(과제 정의)'와 '왜 그 구체적인 시책을 선택하여 실행하는가(시책 평가)'가 제대로 '가시화'된다면 기업 관점에서 해당 투자, 시책이 정당한지 어떤지는 누가 봐도 명확해질 수 있다.

이 PDCA를 제대로 돌리는 데 있어서, 참모 역할이 알아야 하는 테크니컬적인 이야기는 분명 많이 있다. 하지만 PDCA가 제대로 기능하지 않는 이유 중 대부분은 상급자 측이 PDCA를 최적화할 책임자, 드라이버 역으로서 '해야 할 행동'을 실천하지 않는 점, 즉 매니지먼트의 부하와의 커뮤니케이션이 부족하다는 점으로 집약할 수 있다.

현실적으로 경영자나 상급자가 행해야 하는 것은, 실은 그렇게 어려운 것이 아니다. C를 할 때,

① "지금의 과제는 무엇인가?"

② "이치에 맞는 형태로 알기 쉽게 사실을 바탕으로 그래프화, 차트화

등으로 '가시화'하고, 의의를 추출하여 대책을 설명해 주기 바란다.

0일 0시까지, 잘 부탁해."

③ "아직 잘 모르겠는데."

(그 경우는 ②로 돌아간다. 만약 괜찮다면 ④로 나아간다)

④ "좋아, 알겠어. 고마워."

④를 말할 수 있을 때까지, 이것을 반복하면 될 뿐이다.

경영자는 자신이 안심할 수 있는 상태에 이르기까지, 사업의 운영 상
황의 '가시화'를 진행하고 PDCA가 돌아가는 상태를 만들어야 한다.

그러기 위해서는 참모 역할이 움직여서 조직의 PDCA가 문화로서 정
착할 수 있도록 노력해야 한다. 참모 역할은 위에서든 조직에서든 신뢰
를 얻게 된다. 이것이 경영자와 참모의 역할 분담이라고 할 수 있다.

⊘ POINT ⸱⸱

PDCA가 적절하게 돌아가고 필요한 것이 적확하게 '가시화'되는 사업 운영에
서는, 자의적인 일부의 '이익'으로 이어지는 판단이 쉽게 이루어지지 않는다.

Part 4

발칙한 무리가 '교활함'의 능력을 갈고닦는 '악의 PDCA'를 봉인한다

"CC(참조)로 넣어서 보내드렸는데. 안 읽으셨나요?"

하루하루 도착하는 대량의 메일 속 정보 공유의 의미인 CC로 메일이 도착하고, 그 표현이 알기 어려워서 그대로 막대한 메일의 산속에 묻고 방치해 버릴 때도 있다.

그 메일이 중요한 연락 사항이었던 탓에 대응이 늦어져서 자신이나 자신의 업무 부문에 불리한 상태가 일어나기도 한다.

이것은 '꿍꿍이'가 만연한 기업이나 KPI, 수치 책임의 달성만이 전부가 되어 버려서 에고이스트 집단화가 진행 중인 기업에서 많이 볼 수 있는, 경미한 레벨의 '함정에 빠뜨리는' 기술이다.

다만, 숫자의 달성만으로 평가가 이루어지는 기업에서는 종종 매니지먼트 측이 그런 행위를 다잡는 것에 관심을 보이지 않을 때도 있다.

이렇게 매니지먼트가 부하의 품행을 제대로 파악하지 않고 결과만을 보고 평가하는, 그야말로 '매니지먼트 부재' 상태에 있는 기업에서는, 수단을 가리지 않고 '상대적으로' 자신의 위치를 향상시키고 자신이 보다 좋은 포지션으로 올라가고자 행동하는 인재가 나타나기 쉬운 토양이 만들어져 버린다.

또한 경영이 성선설만으로 이루어진 탓에, 사내에 '꿍꿍이'가 만연하게 되어 모처럼 잘 풀리던 사업을 엉망으로 만들고 만 기업도 있다.

'그렇다고 해도 사업세가 커지기만 하면 된다'라고 말하는 경영자도 있다.

제대로 된 일을 하는 사람의 발을 잡아끄는 행위가 횡행하는 기업에서는, 사업 활동에 아무것도 기여하지 않는 행위가 일상화되며 귀중한 시간을 낭비하게 된다.

그들은 시장 가치를 창조한다는 의미를 잊어버리고 있으며, 그런 무리의 진짜 문제는 기업으로서는 아무런 가치도 없는 행위에 자신의 지혜와 시간을 써서, 자신의 발칙한 '교활함'의 능력을 갈고닦는 PDCA를 돌려 버린다는 점이다.

어느 기업에 무척이나 머리가 잘 돌아가는 여성 임원이 있었다. 이야기를 나누면 그녀의 머리 회전이 좋다는 것을 쉽게 알 수 있었지만, 애석하게도 사내를 움직일 때의 지시는 지극히도 명령형이었다. 알아보니 지금까지 책임자가 된 프로젝트를 거의 성공시키지 못했다는 것을 알 수 있었다. 그녀는 새로운 프로젝트의 이야기가 있으면 반드시 자신이 책임자의 역할을 맡아서 나서곤 했다. 하지만 제대로 풀리지 않을 것 같으면 곧장 담당자의 능력이 없는 탓으로 돌리고, 자신은 서둘러 다른 일로 바쁘다는 점을 어필하기 시작했다.

결국, 그녀는 이것을 반복함으로써 실패를 다른 사람의 탓으로 하는 능력만을 갈고닦아 온 것이다. 또한, 자신의 위치를 높이는 것에 대한 위협을 배제하기 위해 자신과 경쟁의 위치에 있는 인재에 대해서는 다양한 수단을 구사하여 사외로 쫓아내고자 손을 썼다.

사실이든 아니든, 일부분의 이야기들을 이어붙임으로써, 전부 다 거짓말은 아니지만 어느 사람을 악인으로 만들어 경영자에게 설명하곤 했다. 이것도 정치 능력의 하나인 것은 분명하지만, 그 동기는 의심할 여지없이 '에고이즘'이다.

현장에서 PDCA를 돌리며 배운 자만이 비즈니스의 능력을 갈고닦을 수 있다

조직의 의지를 정리한다는 목적에서의 '정치 능력'은, 그것이 긍정적인 것이라면 기업에 있어서 유효하다. 하지만 개인의 '이익'만을 우선하는 행위는 기업에 있어서 '악' 외에는 아무것도 아니다.

현실에는 기업에 있어서 마이너스의 가치밖에 지니지 않는, 사람을 함정에 빠뜨리는 행위에 특화된 인재가 상석에 올라가는 사례가 없지 않다.

기세가 좋았던 어느 상장 소매 체인 기업이 어느새 급속도로 성장이 둔화되었다. 시장 시점에서 봐도 그 기업이 하는 행위가 명백하게 이상하게 보일 지경이었다.

그 기업의 전 집행 임원, 그리고 관련 기업의 임원과 이야기를 나눠보니, 그 뒷사정으로 이런 이야기가 있다는 것을 알게 되었다.

그 회사의 중추 부근에 있던 은행 출신의 한 임원은, 사람의 발을 잡아끄는 재주가 뛰어났다. 회사의 개혁을 추진하던 당시의 사장에게 미인계를 써서 물러나게 했고, 나아가 경영자의 차점 후보 인재에 대해서도 마찬가지 수법으로 자신이 경영자의 자리에 올랐다.

하지만 그 타이밍 즈음부터, 그 회사는 침체 상태에 빠져 버리고 말았다. 아마도 지금의 경영자 자리에 있는 현 사장은 이 회사의 사업이 순탄하리라고 예측했던 것 아닐까. 과거의 고도성장기와는 다르게, 지금은 능력이 없는 자가 경영자가 되어도 사업세가 늘어나는 그런 달콤한 시대가 아니다.

물러난 예전 사장은 지금, 자신의 능력으로 다른 비즈니스를 발전시키고 있다. 그리고 두 명을 물리치고 경영자의 자리에 취임한 현 사장은, 업적의 악화에 대해 적절한 대응을 하지 못한 채, 날아오는 화살을 정면으로 맞고 있다.

비즈니스 능력은 자신이 PDCA의 중심에 서서 경험을 통해 배운 자만이 갈고닦을 수 있다.

당연한 이야기지만, 사람은 자신이 오감을 써서 정보를 얻고, 지혜를 써서 생각하고, 실제로 행한 일의 결과를 돌아보면서 배우는 것이다.

- 상품 개발에 진지하게 임한 사람은 상품 개발 능력을 높일 수 있다
- 영업에 특화된 사람은 고객의 문제를 해결을 할 수 있는 제안을 행함으로써 신뢰를 얻고 숫자를 키운다
- 점포의 입지 개발에 임해 온 사람은 입지 개발의 전문가가 된다

자고로 많은 시간을 써서 많이 생각하고 실행하고 돌아보며 배운 것에 관해서는 시간이 흐름에 따라 자연히 그것이 자신의 특기 분야가 된다.

젊은 시절부터 경영 시점에서의 과제에 임해 온 사람은 경영자로서의 사고방식을 습득하고, 곤경에 대한 극복에도 뛰어난 사람으로 성장한다.

⋮ '교활함'의 능력만을 갈고닦은 인재가 경영자가 된 기업은 성장이 멈춘다

한편, 다른 사람을 물러나게 만드는 것, 실패를 타인의 탓으로 돌리는 것 등 '교활함'을 통해 살아남고 위로 올라선 사람은, 그 '교활함'을 빈틈없이 발휘하는 능력만을 갈고닦게 된다.

이 같은 책략만으로 그 자리에 오른 경영자는 기업, 주주, 종업원, 그리고 시장에 폐를 끼치는 존재일 뿐이다.

참고로 성장이 멈춘 데다가 잘 했을 때 점수는 주는 가점주의가 아니라 실패했을 때 점수를 빼는 잠정주의가 정착된 기업에서는 감점되지 않은 사람만 살아남고, 능력을 갈고닦지 않은 인재에 의한 경영 간부층이 만들어진다는, 도무지 반갑지 않은 상태가 될 때도 있다.

실제로 진지한 노력을 통해 성장한 기업 중에는, PDCA를 돌려서 '꿍꿍이'를 방지하는 기업 문화를 채 구축하지 못하고 무방비한 상태로 조직의 규모만 커져 버린 경우도 있다. 그곳에 '교활함'의 능력만 갈고닦은 인재가 간부로서 들어가서 결국 경영자가 되었을 때, 그 기업의 성장은 단번에 멈춰 버린다.

이것은 일반 기업뿐만이 아니라, 컨설팅 회사와 같이 문제 해결을 생업으로 하는 프로페셔널 조직에서도 마찬가지다.

오히려 신뢰 관계에 의존하여 하루하루 문제 해결에 힘쓰는 프로페셔널 조직일수록 '꿍꿍이'를 지닌 자에 대해서는 무방비해져 버리는 측면이 있다. 결과적으로 컨설팅 회사에서의 조직 문제라는, 그야말로 '중이 제 머리 못 깎는' 상태도 현실에서는 일어나고 있다.

'교활함'의 PDCA를 돌릴 수 없는 환경을 만든다

'교활함'의 능력을 갈고닦아 버린 인재는 실패를 타인의 탓으로 돌리며, 본질적인 사업 능력 이외의 부분에서 사업의 서식을 맞추고 외모만을 꾸미는 기술을 많이 가지고 있다. 때문에 겉으로는 좀처럼 본색을 드러내지 않는 기술을 터득한다.

제조업에서 다양한 유형무형의 인센티브를 구사하여 판매 회사에 밀어내기 판매를 통해 매출을 올리는 일 등도 극히 전형적인 사례다.

숫자는 만들어지더라도 사업을 늘릴 힘을 겸비하지 못하고 있기에, 많은 빚을 뒤에 남길 뿐이다. 사후에 그것을 처리하기 위해서는 우수한 인재의 많은 수고와 노력이 소요될 뿐 아니라, 기업에 다양한 감점 요소를 쌓아 올리는 결과를 낳는다.

얼핏 재능이 있는 것처럼 보이더라도, 이런 인재는 결코 등용해서는 안 된다.

그리고 현재의 구성원이 교활함 같은 쓸데없는 기술을 습득할 여지가 생기지 않도록, 조직의 PDCA를 철저히 돌려야 한다.

본래는 경력직 채용 시 외부에서 그런 인재가 사내로 들어오지 않도록 해야 하지만, 좀처럼 채용 단계에서는 이를 간파하기 어렵다.

전술한 여자 임원도 처음부터 '교활함'의 능력을 가지고 있던 것은 아니다.

처음에는 조금 '교활한' 것을 시도했는데 그것이 비난을 받지 않았기에, 그 후에는 조금 더 대담하게 행동했고, 이것을 반복하여 결과적으로 그 능력을 갈고닦게 된 것이다. 물론 본인에게도 문제는 있지만, 그 근원은 그런 기척이나 편린을 깨달았음에도 보고 못 본 척을 한 경영자에게 있다.

재빠르게 본인에게 경고를 발하고, '교활함'의 능력을 갈고닦는 PDCA

를 돌리지 못하게 하는 환경을 만들어야 한다.

그런 무리가 사내에서 '잘 들어. 자신의 평가를 높이기 위해서는 이런 수단을 쓰면 돼'라고 평가를 시작하지 않고 우선 적극적인 활동에 시간을 쓸 수 있도록, 업무 과제를 명확히 하는 조직으로서 건전한 PDCA를 돌리는 상태를 만들어야 한다.

만약 개선의 여지가 없는 인재라는 점이 밝혀졌다면 경영진이 재빨리 인사 대응을 해야 한다. 이것이 기업 문화를 건전하게 유지하기 위한 매니지먼트 측의 임무다.

◆**POINT** ··

'꿍꿍이'에 무방비한 회사는 침체 상태에 빠지고, 때로는 '죽음'에까지 이른다.

Part 5

돈, 권력, 자신의 평가 등 '이익'을 우선하는
조직 문화는 이윽고 기업을 파괴한다

한때 성과주의의 도입이 붐을 이룬 결과로서, 각자가 자신의 평가 지표인 KPI만을 우선하다가 회사 전체가 이상해진 탓에 이를 서둘러 수정했다는 기업의 이야기를 많이 듣게 된다.

KPI를 클리어하면 자신의 평가도 오르고, 그것이 연봉이나 승진에도 직결된다는 인사 제도를 운영하면 '그것이 전부는 아닐 텐데', '그것만으로는 이상해질 텐데'라고 생각하면서도 그 KPI를 높이는 것에 모두가 전념한다.

이론상으로는 KPI를 제대로 조직의 계층과 조합하면 전체가 최적이 되는 시스템을 만들 수 있다. 하지만, 현실에서는 어지간한 프로라고 해도 그런 수준의 뛰어난 KPI 체계를 만들어낼 수 없다.

각 담당자의 연도별 KPI를 매니저가 승인하는 운영 방식을 택한 기업도 있지만, 그 매니저가 부작용이나 사각이 없는 완벽한 KPI 체계를 만들어낼 수 있는지에 관해서는 꽤 의문이 남는다.

또한, 가령 이상적인 체계를 만들어냈다고 해도, KPI는 통상 단년도 내의 평가 지표로서 설정된다. 단년도의 숫자만으로 평가한다는 것은, 바꿔 말하면 장기적인 시점에서의 시책은 평가가 이루어지지 않는다는 의미이기도 하다.

부적절한 KPI의 운용이 기업을 파괴한다

이것은 어느 수천억 엔 규모의 기업에 관한 이야기다.

이 회사는 사람을 소중히 여기는 기업 문화를 가지고 있었다.

하지만 단년도 평가의 성과주의 지표인 KPI를 도입하고 나서 얼마 되지 않아 사업부 내에서 인재 교육에 시간을 쓰다 보니 인건비를 포함하여 수익 책임을 부담하게 되었다. 그렇지 않아도 바쁜데 매입 담당자나 영업 담당자의 작업 효율이 점점 떨어지게 되자 매니저들이 다른 방법은 없는지 생각하기 시작했다.

그 후 전략 면에서의 사업 확대 시나리오가 성공을 이루었고, 경력자 입사도 포함하여 조직이 커지게 됐다. 그러는 사이에 어느샌가 인재는 키워 쓰는 것이 아니라는 생각이 퍼졌다. 그 결과, 사내 공모제라는 규정을 이용하여, 실은 사전에 당사자와 이야기를 맞춰 두고 다른 부서에서 빼내 오는 형태가 되어 버렸다.

처음에는 회사 전체가 인재를 키워 온 덕에 우수한 간부 재목이 많은 회사였지만, 승격, 승급이 모조리 단년도 평가의 KPI를 토대로 이루어지게 된 후로는 인재를 키운다는 것, 다시 말해 평가 면에서는 낭비로 인식되는 것을 아무도 하지 않게 되었다.

이 회사는 관계를 맺는 외부 사람들로부터는 '차가운 회사', '공기가 희박한 회사'라고 불리게 되었다. 과거에는 업계 내에 비교할 곳이 없는 우수한 회사였지만, 결국 지금은 그 문화에 혐오를 품게 된 핵심 간부 인력이 떠나 버리고 업적도 침체하고 있다.

또한, 이 회사에서 성과주의의 도입을 추진한 사장의 참모는 어느 단계에서부터인가 이 문제를 깨닫게 된 듯하였지만, 그 책임을 지적받기 전에 회사를 떠나 좋은 조건을 유지하여 다른 조직으로 옮겼다.

KPI를 포함한 성과주의의 인사평가 제도를 도입할 때는 본래 수치화되지 않는 부분을 매니저가 판단해야만 한다. 또한 그것을 적용하는 매니저 측의 능력 향상이 동반되어야만 한다. 하지만 이런 점이 의외로 경시되기 쉽다.

일의 보수로서 상응한 돈, 권력(지위)을 제시하는 것은 중요하지만, 그것만이 전부가 된다면, 그 상위 매니저의 역할은 도대체 무엇일까.

'차입 자금은 금리가 높은 쪽에서 낮은 쪽으로 흐르며, 대부, 예입 자금은 금리가 낮은 곳에서 높은 곳으로 움직인다'와 마찬가지로, 돈을 포함한 자신에게 있어서의 '이익'이라는 손익은 누구에게나 알기 쉬운 판단 기준이다.

돈이 소중한 것이라는 점에 대해서는 의문의 여지가 없다.

하지만 중요한 것은, 그것이 모든 것에 우선하는 것은 아니라는 점이다.

돈을 바탕으로 '이익'을 얻는 금융의 세계에서는, 돈에는 색이 없기에 매니지먼트가 KPI의 추구를 강화하게 되면, 윤리는 제쳐두고 자신의 숫자만을 추구하는 일만 횡행하기 시작한다.

경영자는 보살과 부동명왕의 얼굴 두 가지를 나눠서 사용해야 한다

마찬가지로 금융 외의 일반 기업에서도 '이익'만을 우선하는 감각이 만연하게 되면, 모럴을 철저히 지키는 문화가 약한 경우 그들은 돈이나 자신의 평가만으로 사업의 큰 줄기를 바꾸는 것조차도 마다하지 않게 된다. 그렇게 되면 돈이나 평가만으로 도리도 바뀌고, 자신의 몸이 안전하다고 생각되는 경우에는 체제를 배신하고 붕괴시키는 것에도 아무런 죄책감을 품지 않게 된다.

나아가 문서화된 결정 사항의 틈을 파고들어 자신에게 유리하도록 행동하는 무리도 나타나고, 그 잔꾀가 통용하게 되면 본래 피할 수 있었던 에고이즘의 만연을 조장하는 일로도 이어진다. 결국, 여기에서 중요해지는 것은 스스로가 자비의 보살과 번뇌를 엄중히 감독하는 부동명왕의 얼굴 두 가지를 나누어 사용하는, 경영자를 비롯한 매니지먼트의 자세다.

매니지먼트의 역할은 그것을 개별 담당이나 부문의 수치로 판단할 수 있는 이외의 요소를 바탕으로 판단하는 것이다. 즉, 한 단계 위의 시점에서 볼 때 어떤 것이 최적인지, 나아가 이번 분기뿐만이 아니라 사업의 앞날을 바라보는 판단이 필요하다.

KPI를 도입한다면 KPI에 반영되지 않는 장기 시점의 과제인 브랜드 가치 향상, 직원 지도 등의 조직 개발은 매니저가 제대로 바라보고 평가와 지도를 해야만 한다.

만약, 회사의 인사 제도가 KPI를 전부로 삼아 우선시하고, 사업 전개상 이상한 일이 벌어지고 있다고 느껴진다면 그 수정에 뛰어들어야 하는 것이 참모의 역할이다.

⋮ 제대로 일하는 사람이 평가받는 제도를 만드는 것도 참모의 역할

어느 중앙 정부에서 일하는 사람으로부터 이런 말을 들은 적이 있다.

"위기감을 느끼지 않는 조직은 썩게 됩니다. 위기감을 느끼지 않는 중앙 정부나 돈이 듬뿍 있는 도시의 관공서나 교육 기관은 이미 그렇게 되어 버린 것 같습니다. 저는 줄곧 일본 경제를 지탱하고 있는 것은 일본 기업이라고 생각했었습니다. 하지만 지금의 일본 대기업의 실태를 보면, 역시 마찬가지로 썩어 있는 것처럼 보입니다. 도대체 무엇이 일본 경제를 지탱하고 있는 건가요?"

나는 곧장 답했다.

"흔히 말하는 '현장'이라고 생각합니다. 고객이나 제조에 진지하게 마주하며 임하는 영업이나 제조 현장 사람들, 세상을 더욱 좋게 만드는 물건을 제공하고 싶고, 사회에 공헌하고 싶다는 동기로 움직이는 제품 개발 기술자들은 눈앞의 문제에 진지하게 임하고 있습니다. 다만, 이런저런 의미에서 그들이 정당하게 평가받고 있다고는 생각지 않습니다만."

어떻게 '개인의 이익'을 우선시할까 하는 다른 마음을 품지 않고 진지하게 가치의 제공에 임하는 사람들이 높은 평가를 받을 수 있는 사업 운영 시스템(=자연적으로 그렇게 되는 상태)을 만드는 것.

이것이 경영자의 사명을 보완하는 위치에 있는 참모가 행해야만 하는 일이다.

❷ POINT

일에 몰두하는 많은 수의 직원은 자신이 할 수 있는 것 안에서 의의를 찾고 있다. 직원의 눈앞에 '당근'을 내거는 것보다도, 모두가 어떤 방향으로 노력해야 하는지를 자신의 손으로 제대로 정립하는 것이 매니지먼트의 역할이다.

Part 6

진정으로 조심해야 할 것은
'비겁한 자'의 존재

영화나 소설 등에서 히어로는 적과 마주 싸운다.

현실 세계의 적에게는 적 나름의 스스로를 정당화할 수 있는 이론이 있지만, 스토리로서 이를 보는 사람에게는 히어로에게는 정의를 지킨다는 대의명분이 있으며, 적 역할은 쓰러뜨려야 할 상대로서 그려진다.

그런데 그런 스토리에서 히어로가 패배할 때를 생각해 보면, 그것은 적의 '강함'에 지는 것인가?

모두가 좋아하는 히어로물 이야기를 되돌려 생각해 보기 바란다.

심플한 어린이용 스토리를 제외하면, 히어로를 위기 상황에 빠뜨리거나 때로는 패배의 원인이 되는 것은 많은 경우 아군의 배신 등 '비겁자'의 존재다.

기업의 개혁도 저항 세력과 싸움의 양상을 띨 때가 있다.

이때, 최후의 결정타로서 승패를 나누는 것은 아군이라고 생각했는데, 실은 상대 측에 붙어있던 '소인배'의 존재다.

그들은 자신의 몸을 지키기 위해, 혹은 자신의 '이익'을 생각해 자신에게 유리한 측으로 움직이는 것을 자각도 하지 못한 채 정당화해 버린다.

전술한 것처럼 개혁 시에는 어찌 됐든 저항 세력을 만들지 않도록 존경을 가지고 임해야 하는 것은 기본 중의 기본이다.

하지만 결과로서 저항 세력이 나타나고, 이들과 싸움의 양상을 띠게 된 경우에는 이 '비겁자'의 움직임에 주의가 필요하다.

많은 경우, 히어로는 사람을 사랑하기 때문에 그런 '소인배'에 대하여 방심하게 된다. 마음을 놓은 탓에 상대 측에게는 알려져서는 안 되는, 사소한 것이긴 해도 발목이 잡힐 수 있는 내용을 상대 측에게 전해버리고 만다.

이 '소인배'에게 상대 측의 움직임을 파악하는 역할, 이른바 스파이 역할을 담당케 한 경우 등은 이 리스크가 극단적으로 높아진다.

이 '소인배' 본인은 자신이 그저 다른 사람보다 현명하게 행동한다고 생각한다.

양쪽 모두에 좋은 얼굴을 하다가 마지막에는 이길 것 같은 쪽에 붙으려고 든다. 거기에는 대의는 없고 자신의 생존 혹은 자신에게 있어서의 '이익'밖에 없다.

⁝ '비겁한 자'는 자신에 대한 '신뢰'를
자신의 '이익'에 이용한다

여기에서 일본의 현대사에 대사건의 그림자에 있던 존재에 대해 다뤄
보고자 한다.

다카하시 고레키요(高橋是清)는 세계 공황의 영향, 그리고 대흉작에
의해 일본 경제가 위기 상황에 빠졌던 1932년, 일본 은행으로부터 전액
인수를 전제로 한 국채 발행을 결정했다. 그리고 이것을 주축으로 한 경
제 시책을 통해 세계에 앞서 일본 경제를 부활시켰다.

다만, 이것은 민간으로부터의 매입이 있어야 성공하는 이야기라는
점, 이것은 사실 써서는 안 되는 수단이라는 사실은 다카하시도 잘 알
고 있었다. 그는 과거의 부하이자 당시의 일본은행 총재였던 후카이 에
이고(深井英五)와 의논하여 민간의 국채 구입 능력에도 한계가 보여왔기
때문에 인플레의 발생을 억제하기 위해 이 수법을 종식시킨다는 판단을
내렸다.

하지만 당시의 군부는 군비 확장을 바라며, 적자 국채 발행의 지속을
주장했다.

그리고 당시, 빈부의 격차가 가장 현저했던 지방 출신자가 많았던 청
년 장교를 중심으로, 일본의 현 정권에 대한 불만이 팽배하여 1936년,
결국 결기가 일어나 2·26 사건이 발생한다.

오카다 게이스케(岡田啓介) 총리는 난을 피해 탈출했지만, 다카하시
고레키요를 비롯한 수많은 중진이 스스로를 정의라고 믿어 의심치 않는

군부의 손에 의해 암살당했다.

이에 따라 일본은 적자 국채의 발행을 멈추는 명령을 내릴 사람이 없어졌고, 군부는 정치에 강한 영향력을 가진 채 태평양 전쟁까지 돌입하게 된다.

결국, 순수하게 정의를 위해, 일왕을 위해라고 확신하고 일으킨 이 2·26 사건의 주모자들은 전원 총살형을 당하게 된다.

그들이 자신들을 정의라고 확신한 배경에는 '일본 국왕도 자네들의 행동을 지지할 것이다'라고 그들의 정당성을 계속하여 찬양한 군부에 상관의 존재가 있었다.

일본 경제를 건전하게 만들기 위한 정책을 실행한 다카하시 고레키요.

지금이야말로 세계에서 일본의 지위를 확립할 때라고 말하며 꿈을 좇으며 강건하게 움직였던 군부.

결과적으로 그 '속셈'의 위에 올라타서, 지방의 비참한 실태를 눈앞에서 봤기 때문에 행동으로 옮긴 순수한 청년 장교들.

그리고 앞 무대에는 나오지 않았지만, 그 청년 장교들의 '일왕도 자네들을…'이라며 사실과는 다른 자의적인 의향이 섞인 정보를 불어 넣던 상관.

이 역사적 사실은 히어로, 악당이라는 단순한 대립 구도로 설명할 수는 없지만, '꿍꿍이'가 얽히고, 거기에 두 가지 얼굴을 나눠 가며 '정의는 우리에게 있다'라고 믿는 자들을 움직이던 존재가 있었다는 말이 된다.

'비겁자'는 자신에 대한 '신뢰'를 자신의 '이익'을 위해 이용한다.

이 '비겁자'는 기업이 새로운 스테이지를 향해 개혁을 진행할 때, 어떤 의미에서는 가장 성가신 존재가 될 수 있다.

◎POINT ··

> 여러분 옆에 있는 '소인배'는 두 가지 얼굴을 보이고 있지는 않은가. 어떤 것이든 자신에게 '이익'이 있는 방향으로 끌고 가려고 하는 무리는 아닌지 잘 간파할 것.

Part 7

경영자의 통솔이 이루어지지 않는 조직에서는 '세력' 의식이 만연한다

'왜 우리 회사에서는 성장을 향한 개혁이 이루어지지 않는 걸까?'

그렇게 의문을 품은 적은 없는가?

그 이유를 구조적으로 해설해 보겠다.

기업 내에는 영업, 상품, 판촉 등의 라인 계통 업무, 그리고 관리 계통의 스태프 업무가 있으며, 나아가 사업에 따라서는 영업 기획 등의 라인 스태프 업무가 있다.

이들은 기업에서 말하는 일반적인 집행 계통의 조직이다.

이들 각 부문을 하나로 묶는 것이 보통 부장의 위에 위치하는 사업부장이나 집행 임원이며, 영업 계통의 총책임자가 최고 집행 책임자(COO), 그리고 재무투자 임원(CFO)이나 정보시스템 담당 임원(CIO) 등이 조직도의 옆이나 아래에 늘어서고, 그들을 묶는 최고 자리에 위치하는 것이 최고 경영 책임자(CEO)다.

집행 임원 위에는 이사회가 있다. 집행 체제의 상위에 위치한다는 점은 틀림없지만, 본래 이사회는 주주의 대표다.

주주는 그 기업의 이념이나 제공하는 가치에 공감하고 있다는 점을 일단 전제로 하지만, 그들이 바라는 것은 결국 **'사업 가치 향상'**이라는 결과물이다.

이 사업 가치는 주가라는 형태로 표현되며, 그 주가는 그 기업의 장래성에 대한 판단과 배당의 원천인 당기 영업 이익에 의해 정해진다.

이 장래성은 현 사업의 성장성, 신규 제품이나 신규 비즈니스에서 기대할 수 있는 사업 확대와 매출 증가, 혹은 신규 시책에 대한 평가로부터 산출된다. 이 현 상황의 수익성을 따져 볼 때 알기 쉬운 지표로 사용되는 것이 영업 이익이다.

사업이 침체 사태에 빠져 장래성이 보이지 않고 영업 이익이 늘어나지 않으면, 그 기업은 건전한 발전 상태에 놓여 있지 않다는 말이 된다.

경제 환경 등에 좌우되기도 하지만, 그 침체 상태가 자사에 기인한 내적인 이유라고 하면, 사업의 방향성이나 집행 방식에 대해 검토를 하고, 때에 따라서는 이를 재검토한다.

이에 관해 판단하는 것이 본래는 이사회이며, 실태를 파악하고 적절하게 대처를 해야 하는 입장에 있는 것이 이사회로부터 선임된 CEO다.

집행 임원은 하루하루의 사업 운영을 각각 분담하여 나누고 있지만,

그 최상위에 있는 CEO가 회사의 사업 상황을 공유하고 제대로 각 부문이 품고 있는 사정에 대한 정보 공유를 포함한 전사 시점에서의 PDCA를 돌리며 매니지먼트를 하지 않는 한, 각 집행 임원은 자신이 분담한 범위의 퍼포먼스를 높이는 것에만 의식이 향하게 된다.

만약 그 상태에서 CEO가 전사 레벨의 시점에서 사업 활동에 관해 참견하다 보면 '언제나 위에서 권력을 휘두르기에 일에 집중할 수 없다. 사업이 커지지 않는 것은 그 탓이다'라는 말이 나온다.

실제로 기업에 따라서는 원맨 경영자가 시장과 '괴리'를 일으키고 있는 실태를 충분히 이해하지 못한 채 조바심 때문에 회사를 크게 뒤흔들며 점점 자신의 무덤을 파게 되는 예도 있다.

성장이 멈춘 것은 겸허한 PDCA가 돌아가지 않기 때문

또한 각 집행 임원은 '내가 맡은 일을 참견 받거나 건드리지 않았으면 좋겠다. 부탁이니까 내버려 두고 내 멋대로 하게 해줘'라는 마음을 품고 있는 경우가 많다.

이 경향은 집행 임원의 시야가 협착한 상태일 때뿐만 아니라, 본인의 당사자 의식이 강하고 자력으로 어떻게든 침체 상태에서 벗어나고자 노력할 때도 강하게 나타난다.

결국 지금의 상황이 현 체제의 노력 범위에서 제대로 회복할 수 있는 상태인지를 판단하는 것은 이사회의 역할이 된다.

하지만 일본에서는 이사의 최고직을 집행 책임자인 사장이 맡고 있으며, 이사도 관장 부문을 가지고 있거나 집행 임원을 겸하고 있거나 하는 케이스가 아직 많다.

사내에 대해 충분히 통솔력을 발휘하지 못하는 상태의 사장이, 만약 집행 임원을 겸임하고 있는 이사가 다수인 이사회에서 개혁 플랜을 제안하더라도, 자신이 담당하는 부문을 누가 건드리길 바라지 않는 집행 임원으로서는 받아들이기 어려운 안건이 되고 만다. 그들은 다른 대의명분이 되는 이유를 들면서 개혁에 반대하게 된다.

'성공한 창업자'가 카리스마를 겸비한 채 끌고 가는 시기의 이사회 멤버는 모두 경영자와 고락을 함께했으며 함께 고민하고 마음을 공유한 상태다. 그리고 레벨의 차이는 있더라도 모두가 경영자의 참모 역할도 담당하고 있기 때문에, 신뢰 관계도 밑바탕에 깔려 있으며 경영 관점에서 합의하기가 비교적 용이하다.

하지만 경영이 후대로 넘어가면서 그 마음과 의식이 공유되지 않은 채 집행 임원을 이사가 겸임하는 것은, 말하자면 투수와 타자를 같은 사람이 하는 것과 같다. 이는 '세력 의식'이 뿌리를 뻗어 버린 상태라 할 수 있다.

각 부문의 실태가 참모 역할인 스태프 부문 등에 의해 객관적으로 '가시화'되지 않은 상태에서 누군가가 우기기 시작하면 그 논의는 무척이나 쉽게 교착 상태에 빠진다.

그리하여 '화합을 귀중히 여긴다'가 정신으로서 뿌리내리고 있는 많은 일본 기업에서는 개혁이 진행되지 않는 큰 원인이 되는 것이다.

또한 현실에는 무척이나 많고 성가신 것이, 창업자가 회장 등의 자리에서 자신의 마음대로 쥐락펴락할 수 있는 사장을 앞에 세우고 침체된 사업의 재검토를 담당하게 하는 케이스다.

지금 사업이 침체된 이유는 위대한 창업자인 현 회장이 제시해 온 방향성과 방식이 현재의 시장에서의 경쟁 상황에서 승리를 거두지 못하게 된 것이 그 원인이다.

이것은 성공자로서의 자존심을 고집하는 상태, 성공 법칙을 언어화하기 위한 '조직의 PDCA'를 돌리지 않고 '잘못된 확신'에만 고집하는 상태라는 말과 다르지 않다.

본래 능력이 좋고 스킬이 뛰어난 경영자에게 깔끔하게 맡길 수 있다면 좋겠지만, 창업자의 머릿속에는 다음과 같은 것이 자리 잡고 있다.

- 내가 오너인 사업을, 아무리 우수하다고 해도 나만큼은 이 사업에 관해 경험칙이 없는 새로운 사장에게 완전히 맡겨도 괜찮을까
- 내가 키워 온 사업을, 내 뜻에 따르지 않는 방향성으로 끌고 가는 것은 싫다
- 내가 이해하지 못하는 사업 운영을 하는 것도 싫다
- 나아가 속마음으로서, 막상 내가 지휘를 휘두르지 못하는 상태가 되어 보니 너무 쓸쓸하다

그 결과, 그들은 이런 행동을 취하게 된다.

- 시장과의 괴리, 실태와의 괴리 상태를 명확히 하기 위한 조사에 드는 비용이나 비즈니스 실태 파악을 위한 IT 투자 등에 '그런 것에 돈을 쓰는 것보다 현장에 서서 확인하라'라며 이사회의 회장으로서 이의를 제기한다
- 시장의 현 상황이 사실로서 보고되더라도, 그 보고를 인정하려 들지 않는다(인정하고 싶어 하지 않는다). 그리고 그것이 '이치'에 맞는다는 설명도 들으려 하지 않는다
- 과거의 자신의 방식과 다른 것이 이루어지는 것이 싫기에 꼬투리를 잡는다
- 새로운 사장의 개혁 방향성에 따라 일이 진행되면, 옛날부터 회사에 있는 임원 일부는 '자신들에게 불리한 상황이 된다', '재미없어질 것이다', '정년 전에 임원을 그만둬야 할지도 모른다'라고 생각하는 자가 나타난다. 그들은 회장의 컴백을 부채질하며, 추종자로부터 그것을 들은 창업자인 회장은 무척 기뻐한다
- 다양한 이유를 내걸지만, 최종적으로는 대주주로서의 영향력을 방패로 새로운 사장의 경질, 해임을 강요한다

이러한 '꿍꿍이'가 뒤얽히게 되며 '세력 의식'이 노골적으로 드러나는 사례가 빈번히 벌어진다.

과거의 주식회사 다이에의 나카우치 이사오(中內功) 씨가 대표적인 예로, 많은 경우 창업자가 컴백하더라도 결국 비즈니스의 스테이지가 달라져 버렸음에도 이전과 같은 방식을 답습하게 된다.

가령 M&A 등에 의해 사업 규모를 크게 키울 수는 있다고 하더라도, 사업 그 자체의 변혁을 진행하지는 못한 채 좋으면 보합, 대부분의 경우에는 하강 기조에 들어서며 결국에는 사업체가 해체되거나 팔려버리는 일도 많다.

한편, 이 예외로 들 수 있는 것이 주식회사 패스트리테일링의 야나이 다다시 사장일 것이다. 그 또한 일단 자리에 물러서 있다가 복귀하였으며, 야나이 사장의 경우는 본인을 중심으로 '이치'에 맞는 PDCA를 돌리는 것이 특징이다. 사업이 침체되더라도 권력의 달콤한 꿀에 빠져 이를 모르는 척하는 경영자와는 크게 다르다.

이 야나이 사장에게 있어서는, 다른 사람에게 사장을 시키는 것도 사업 성장을 위한 실험으로서의 P 중 하나였다. D를 거쳐 '이치'에 맞는 C를 한 후 자사의 사업이 가진 잠재력을 실현시키고 업태를 진화시키기 위해서는 자신이 사장을 맡는 편이 좋다는 결론에 이르게 된 것이리라.

결국, 경영진이 각 부문 책임자와 커뮤니케이션을 하지 않고, 올바른 상황 인식이 이루어지지 않기 때문에 PDCA가 제대로 돌아가지 않는다. 이는 기업의 성장을 방해하는 결과를 초래한다.

조직을 움직이고 기업을 유지, 발전시키기 위해서는 '이치'에 맞는 경영 판단을 하고, 그것을 솔직히 되돌아볼 수 있는 상태를 만들어야 한다. 그런 후에 경영자는 자신의 생각이나 강점을 활용하여 주관적인 판단을 내려야 한다. 이것이 전부라고 말해도 과언이 아닐 것이다.

◆ POINT

PDCA 방식을 따르지 않는 것, 즉 경영진과의 커뮤니케이션이 제대로 이루어지지 않는 것이 '세력 의식'의 발생 및 기업의 진화가 멈추는 원인이 된다.

적극적인 상식이 통하고, 우수한 인재가 능력을 갈고닦을 수 있는 상태를 만든다

어느 대형 상호생명보험회사의 부장이 한 이야기다.

"지금, 푸르덴셜 등의 외국계 생명보험회사가 일본 시장에서 우량 고객을 점점 빼앗으며 커지고 있는데, 역시 압도적으로 상품력이 다릅니다. 고객이 공정하게 비교하면 그쪽을 선택하는 게 당연하지요. 사실은 저희도 대항할 상품을 낼 수는 있습니다. 하지만 신상품을 기획한 후 여러 부서에 돌려서 승인 도장을 받는 과정에서, 각각이 자신의 부문에 불리한 점을 수정하다 보니 도장을 받는 회람이 끝나고 돌아오면 전혀 경쟁력이 없는 상품이 되어 버려요."

이 회사의 다른 부장은 이렇게도 말했다.

"우리 회사, 위에서 아래까지 누구도 회사에 대해 생각하지 않습니다."

그들의 발언에는 주관적인 편견도 포함되어 있을 것이다.

하지만 현장의 매니저가 피부로 느끼는 감각은 기업의 실태를 제대로 파악하고 있는 경우가 많다.

개인이나 부문의 '꿍꿍이'가 방치되고 최적의 형태를 유지하지 못하는 기업에서는, 본래 행해야 할 경쟁 기업에 대한 적극적인 대항책이 통과하지 못하고, 이런 제안이 무시당하게 된다.

실제로 이 회사도 예외가 아니어서, 실질적으로 성장이 멈춰버렸다고 해도 좋은 상태가 된지 꽤 오래되었다. 아마도 보험이나 대형 은행을 포함한 금융 업계의 일본 기업이 앞으로 크게 성장해 갈 것이라고 생각하는 사람은 거의 없지 않을까.

이 대형 상호생명보험회사는 '입사해서 기쁘다. 급여 수준도 좋고, 나머지는 중간에 잘리지 않고 마지막까지 살아남을 수 있도록 하는 것이다. 나아가 임원이 될 확률을 높이기 위해 리스크를 부담하지는 않을 것이다'라고 생각하는 사람이 많아져 버린 기업의 전형적인 예라고 할 수 있다.

⁝ 젊은 직원이 관리직이 되고 싶어 하지 않는 이유

비즈니스 인생을 완수할 수 있으면 행복할지 모르지만, 현실을 보면 임원이 될 수 있는 것은 동기로 입사한 사람 중에서도 극히 한정된 일부에 불과하다.

이 회사에서는 가령 연봉 1,000만 엔 대의 부장 대우 직책에 오르더라도, 정년인 60세가 되면 연봉이 일률 300만 엔으로 하락하는 동시에 매출 당설 목표도 생기게 되며, 65세로 회사 근무의 인생이 끝나게 된다.

이래서는 모처럼 비즈니스 노하우를 키워온 인재를 그저 인건비로만 바라보는 것과 동일한 상태다.

나아가 대형 은행의 경우는 사업의 성장을 전제로 하고 있지는 않기 때문에 40대 전반부터 파견이나 이직으로 어떻게 사업 회사로 내보낼 것인가가 인사 부서의 중요한 역할이 되는 것이 현실이다. 다른 많은 기업에서도 50대 중반에는 관리직이 정년을 맞이하며, 실질적으로 급여 수준이 큰 폭으로 낮아진다.

열심히 공부해서 좋은 대학에 가고 세상에 이름을 알린 대기업에 입사하는 것 자체는, 자신의 브랜딩이라는 의미에서 볼 때 분명 좋은 일임에 분명하다.

하지만 일을 시작해 보면 많은 회사에서는 사내 조직에 벽이 있으며, 자신의 평가 지표가 되는 KPI에 쫓기게 되어 귀중한 인생의 시간을 사용하여 평범한 비즈니스의 인생을 보내게 된다.

그리고 신입사원으로 들어온 젊은이가 상층부에서 일어나는 일, 즉

• **성장을 지향하기는커녕 시장을 공략할 정책안을 리스크 걱정 때문에 시행하지 않고, PL의 숫자 맞추기에만 급급한 지시를 내린다**

- 자신의 점수를 따내는 것에만 우선하고, 평가를 얻을 수 있는 일만 우선하는 중간 관리직이 많다
- 회사 차원에서의 사전 준비도 하지 않은 채 현장을 담당하는 매니저에게 당기의 무리한 수치 목표만을 부과하며, 이런 매니저들은 고객의 만족도나 미소에 반하는 행동을 하지 않을 수 없게 되어 정신적으로 피폐해진다

이런 자세를 보다 보면 '승진하고 싶지 않다'라고 생각하게 되는 것도 당연하다. 젊은 그들을 한 데 묶어서 안이하게 '욕심이 없다'라고 하는 것은 조금 잘못된 것 아닐까.

적극적인 마음을 품은 인재의 활약은 주변에도 좋은 영향을 끼친다

헤드헌터 업계인 조몬 어소시에이트의 후루타 히데아키(古田英明) 씨도 저서 『프로 경영자의 업무 기술(プロ経営者の仕事術)』에서 기업 안에서 능력을 갈고닦아 프로 경영자로 성장할 수 있는 잠재력을 갖춘 '상위의 5% 비즈니스퍼슨'을 찾아내기 어려워졌다고 언급하고 있다.

능력을 갈고닦은 인재가 압도적으로 줄어들고 있으며, 과거 5% 정도는 있었던 후루다 씨가 말하는 상급 비즈니스퍼슨이 한없이 0%에 가까워져 버렸다고 한다.

이대로는 우수한 인재를 기업에 소개하는 헤드헌터 업무 그 자체조차도, 생존이 위험해질 것이라는 위기감을 나타내고 있다.

'꿍꿍이'에 사로잡힌 기업은 예외 없이 사람과 사업의 성장이 멈추며, 자신이 길을 개척할 자신감이 있는 유능한 인재는 회사 바깥으로 나가버리게 된다.

경영자가 제멋대로의 생각만으로 발버둥 치긴 해도 자신이 행한 결과로부터 반성을 하는 자세를 보인다면, 아직 정밀도는 낮더라도 기업의 PDCA는 돌아가게 된다.

하지만 그것조차도 하지 않고 PDCA가 완전히 형해화한 기업에서는, 시장에 침공해 오는 경쟁 기업에 맞서지 못하고 실적이 좋은 시장부터 차차 빼앗기게 된다. 그렇게 되면 점점 더 사업의 성장 따위를 바랄 수 있는 상태가 아니게 된다.

무한한 잠재력을 가진 인재라 하더라도 자신이 주도권을 가진 기획과 실천으로밖에 자신의 능력을 갈고닦을 수 없다.

만약 '나는 아직 진짜 힘을 선보이지 않았을 뿐'이라고 생각하며 안전한 장소에 몸을 두고 인생의 귀중한 시간을 써버리다 보면, 그 사람은 영구히 능력을 갈고닦지 못한 채 끝이 나고 만다.

옛날의 고도성장기라면 모를까, 능력을 갈고닦지 않은 인재는 큰 바다에 배를 출항해야 할 때가 왔을 때 스스로 강하게 노를 저을 수 없다.

이렇게 적으면 절망적으로 끝을 맺는 이야기가 될 테지만, 지금까지 내가 보아 온 기업 안에는 반드시 일정 비율은 진지하게 업무에 임하며 교활함 없이 문제를 해결하고 기업을 좋게 만드는 것에 의의를 느끼는 인재가 분명 있다.

'요즘의 젊은이는 욕심이 없다'라며 한탄하는 말이 들리지만, 이는 조금 잘못된 해석이 아닐까 싶다. 그들의 많은 수는 자신의 토양이 되는 기업의 방식에 실망하고 있는 것뿐이다.

또한 준법감시(compliance)라는 이름하에 '그것은 안 돼', '이것도 안 돼'라고 자신들을 속박하며, 하지 않는 이유를 정당화하는, 본래의 준법감시와 닮았지만 결코 같지 않은 이상한 준법감시를 운영하는 기업이 많다. 대개 해외에서 사업을 전개할 때는 그 해당국의 준법감시의 기준이나 상식에 따르는 것이 일반적이지만, 일본 기업은 굳이 일본의 기준을 적용해서 자유도를 묶고 제한한다.

미국 기업에서는 경영자가 '준법감시를 클리어한 후에 본 건에 관한 공략 플랜을 생각해서 가지고 오도록'이라며 법무 부서를 능력의 한계까지 몰아붙이지만, 일본 기업에서는 법무 부서의 '변호사의 견해로는 이 리스크가 있다고 합니다. 이번에는 하지 않는 편이 좋을 것 같네요'에 '그렇군, 알겠네'라고 말해 버리는 경영자가 많다.

그 밑바탕에는 시장에 도전하는 '자신감'이 없다는 것에 더불어, 기업의 성장이 멈춰 버린 가운데 PL을 자신의 성적표라고 확신하고 재임 기간 도중에는 5단계 평가에서의 합격점인 4 정도를 안전하게 유지하고자 하는 경영자의 존재가 있다.

젊은 사람을 활용하는 것만으로도 개혁이나 진화는 무리 없이 진행할 수 있다.

당연하지만 일반적으로 건전하게 성장하는 기업은 모두가 자유롭게 적극적인 마음으로 임하는 분위기를 실현하고 있다.

적극적인 마음을 품은 인재의 활약은 주변에도 좋은 영향을 끼친다.

적극적인 정론이 통하고 좋은 인재, 우수한 인재가 능력을 갈고닦을 수 있은 회사를 만들 수 있다면, 일하는 사람들뿐만 아니라 세상에 있어서도 가치가 있는 기업이 될 것이다.

◆ POINT ···

건전하게 성장하는 기업은 모두가 자유롭게 적극적으로 임하는 상태를 실현하고 있거나 이를 지향한다.

참모는 '공략하는 기술'과 동시에 '자신을 지키는 기술'을 취득해야 한다

현실의 기업 속에는 머리가 잘 돌아가는 사람, 요령이 있는 사람, 담력이 있는 사람 등 다양한 사람이 있다.

그중 **참모에 적합한 사람은 역시 대의를 의식하고, 도리에 맞는 이론에 정면으로 도전할 수 있는 인물**이다.

개혁 프로젝트의 멤버나 경영자의 참모 역할로서 어떤 사람이 좋은지에 대해 질문을 듣는 일이 많다.

경영 측에서 보면 좋은 대학을 나오고 분석력이 있으며 경영 이론을 공부한 사람을 참모 역할로써 떠올리는 듯하다.

하지만 이런 사람들은 아무런 악의 없이 이론을 선행하여 경영을 '공부'해 왔다.

엑셀을 완벽히 구사하며 파워포인트로 훌륭한 자료를 만들 수 있기에 경영층으로부터 중시 받는다.

하지만 학문으로서의 경영학, 경영 이론이라는 좁은 '바다'에서 헤엄치는 것만을 즐기고 만다면 학력이나 그 지식량 덕에 눈에 띄기는 하겠지만 실무적인 이야기가 되면 사내에서는 '뭐 그들은 실무에 대해서는 모르니까'라는 취급을 받게 된다.

책에서 읽은 지식이나 책상 위에서 배운 '전략'을 말하지만, 역시 논의를 위한 논의의 틀을 벗어나지 못한다.

하물며 개혁의 수라장을 뛰어넘어 온 진짜 개혁 디렉터들과 이야기를 나눠보면 이론만으로는 통용되지 않으며 전혀 상대가 되지 않는다.

경영학, 경영 이론에는 유용한 것이 많다. 화학, 물리학 등과 마찬가지로 각각이 현상의 일부에서 법칙성을 유도한 것이며, 결코 하나의 경영 이론으로 모든 것을 말하는 것은 불가능하다.

⁝ 경영 관점에서 가장 적확한 가설을 떠올릴 수 있는가?

애초에 사이언스란 언어화되지 않은 것에 대한 도전이 그 존재 의의이기도 하다.

결국, 그 사실의 실태를 자신의 오감을 바탕으로 이해하지 않는 한 V자 회복을 위한 전략 입안에 있어서 현 상황의 문제점은 무엇인가를 가설을 세우면서 찾아가는 것은 불가능하다.

가령 프로젝트 매니지먼트는 가능하다고 해도, 시간과의 싸움이 되는 해결 방향성 찾기에서는 반대로 거치적거리는 요소가 될 수도 있다.

경영자의 참모 역할에 요구되는 것은 **오감을 통해 현장을 알고, 문제가 있었을 때 '누구보다도 빠르게 경영 관점에서 가장 적확한 가설을 떠올리는' 능력**이다.

그리고 개혁의 현장을 이끌어야만 하므로, 라인 계통의 책임자들로부터도 신뢰를 받고 인망이 있는 인재여야만 한다.

그런 인재가 조직의 벽을 넘어선 개혁에 임해야만, 참모 역할은 경영자로서의 능력을 갈고닦을 수가 있는 것이다.

그런데 이런 사람은 대체로 '진흙을 뒤집어쓰는' 것도 마다하지 않는 유형이기 때문에, 경우에 따라서는 저항 세력 측의 함정에 무척 쉽게 빠지고 말 가능성도 크다.

개혁이 필요한 국면은 경영자가 시장이나 사업의 현 상황, 조직 내 '꿍꿍이'의 실태 등을 파악하지 못하는 경우다. 따라서 경영자가 다양한 노이즈에도 현혹되지 않도록 개혁 과제에 대해서 세세하게 추진 상황을 보고하고 공유하는 것이 필수다.

애초에 개혁을 위한 현 상황의 과제 특정은 본래 경영자의 일이다. 하지만 스피드와 정밀도를 높이고 기동성을 높이기 위해 참모 역할이 이를 대행하여 움직이는 것이다.

아무리 경영자가 바쁘더라도 개의치 말고 시간을 확보하여 미팅 시간을 잡아야만 한다.

이는 경영자의 직속 과제이자, 그중에서도 기업 개혁은 우선순위가 가장 높은 주제임이 틀림없다.

자고로 참모라면 개의치 않으며 겁내지 말고, 제대로 경의를 표한 후에 자신이 경영자와 동격이라는 마음가짐으로 임하기를 바란다.

이상적인 '참모' 유형은 의협심도 있기 때문에 자신의 몸을 던져서라도 회사를 위해 움직이기 쉽다. 물론 그런 사람이기 때문에 사내에서 신망도 받는 것이겠지만, 참모의 미션으로 보면 완수하기 어려운 개혁이 도중에 '좌절'되어 버리는 쪽이 기업에 있어서 보다 대미지가 크다.

모든 기업은 언제나 개혁을 위한 과제를 품고 있다. 그 개혁 과제를 차례대로 해치우면서, 실적과 능력을 기워가는 것이 경영자로의 길을 걷는 참모 역할에게 요구된다.

- 필요 이상으로 저항하는 인재를 만들지 않기 위해, 언제나 존경을 바탕으로 겸허한 자세로 정성껏 관계 부서를 대한다
- 반드시 팩트를 기반으로 논의하며, 논점이나 남겨진 과제를 애매한 상태로 두지 않는다
- 경영자로 하여금 본건에 최우선적으로 시간을 쓰도록 하고, 정보를 공유한다

기업의 사업 활동을 정상화, 즉 시장 지향으로 돌리는 것은 결코 간단한 일이 아니다. 그것을 할 수 있는 능력을 실천을 통해 몸에 익히는 방

법만이 많은 기업에서 데리고 가고 싶어 하는 프로페셔널한 능력을 갖춘 경영자로서 자라나는 길이다.

Part 10

만에 하나 권력 투쟁이 일어났을 때는
어떻게 해야 할까?

이것은 역사를 좋아하는 한 사장이 자주 입에 담던 이야기다.

"고대로부터의 세계 역사를 돌아봐도, 경영자라는 것은 열심히 넘버 투를 키우려고 합니다. 그런데 그렇게 넘버 투가 되어 자신보다 힘이 더 커져서 조직의 인망을 가지고 가버리면, 이번에는 위협을 느끼고 그 넘버 투를 제거합니다."

인간은 자신이 얻은 권력의 달콤한 꿀의 맛을 알게 되면 권력을 손에서 놓고 싶지 않게 되며 그 유혹에 좀처럼 이기지 못한다.

경영자의 자리에 오르기까지, 혹은 자신이 경영자로서 큰 기업으로 키우기까지는, 다른 사람에게는 말하지 못하는 다양한 고난이 있었다는 것은 분명하다.

수명이 길어진 현대에, 창업 경영자는 나이를 먹어도 경영자 자리에 계속 앉고 싶어한다고 한다.

독자 여러분이 앞으로 참모 역할로서, 혹은 넘버 투로서 힘을 키우게 되면 경영자에게 위협을 가하는 존재가 되어버릴지도 모른다.

경영자가 위대한 공적을 쌓은 사람이라는 것은 틀림없다.

다만, 여러분이 진지하게 임하면 임할수록 젊은 혈기 끝에 경영자와 부딪히게 되는 일도 있을 것이다.

현실에는 세대교체의 시기에, 경영자의 권력 주변에 있는 '꿍꿍이'를 품은 사람이 드러나게 된다. 경영자가 넘버 투를 내세울까봐 경영자의 귀에 속삭이며 교활한 공작을 시작하면 사태는 점점 더 복잡해진다.

순수한 마음으로 기업을 이끌어 온 경영자도 '꿍꿍이'를 품은 주변의 감언이설에 끌려 버리는 일도 있다. 그 경우, 넘버 투인 여러분의 포지션은 크게 불편한 자리가 되어 버린다.

그렇다면 만약 여러분이 그렇게 되었을 때 어떻게 하면 좋을까?

이 이야기로 이 책을 마무리 지을까 한다.

실제로는 그런 복잡한 상태를 직면하지 않고 비즈니스퍼슨으로서의 커리어를 쌓아가는 사람 쪽이 압도적으로 많은 것이 사실이다.

하지만 건전한 기업 문화가 아직 만들어지지 않고, 경영자에게 인간 관계에 치중한 권력이 집중되어 있는 경우 열심히 회사를 위해 일해 온 넘버 투인 여러분이 불우한 일을 당하게 되는 경우도 전혀 없지는 않다.

하지만 조금 생각해 보기 바란다.

만약 여러분이 거기에까지 이른 상태라면, 이미 여러분은 다른 많은 사람이 경험하지 못한 어려운 경험을 다수 쌓으며 희귀한 경험을 많이 해왔을 것이 분명하다. 분명 비즈니스퍼슨으로서 가장 중요한 '강점'을 몸에 익히고 있을 것이다.

⁝ 자신의 인생의 설계도는 자기 자신이 그린다

여러분은 자신이 자각하고 있는 것 이상으로, 일반 비즈니스퍼슨이 얻고 있는 이상의 것을 체득하고 있다. 이미 몇백 명 중 한 명이거나 혹은 그 이상으로 희소한 존재이자, 이미 비즈니스퍼슨으로서 '특별한' 영역에 달해 있다. 지금 상태에 혐오감이 느껴질 수도 있을 것이다.

우선 중요한 것은 역시 존중이다. 겸허한 자세를 바탕으로, 도리에 맞는 이론을 기본으로 삼아야 한다. 다만 '이치'에 맞지 않는 스트레스가 장기에 걸쳐 이어지는 상태는 건강에 좋지 않다.

정말로 이야기가 극한까지 복잡해진 경우에는 해볼 수 있는 것은 전부 해본 다음에 스스로 '발을 빼는' 선택도 현실에서는 있을 수 있다.

실제로 그 레벨까지 이른 사람을 알고 있는데, 분명 약간의 충전 기간이 있기는 했지만, 그 후의 커리어에서는 더욱더 크게 활약하고 있다.

세상에서는 적극적이고 우수한 사람을 언제나 필요로 한다.

여러분이 해 온 일에 대해 자신감을 가지고 큰 소리로 말할 수 있으며, 여러분이 실제로 이룩해 온 것은 사실로서 세간에 퍼져 있다.

역시 세상에서도 '**해님은 보고 있다**'는 사실은 틀림없다.

앞서 말했듯 현대는 기업 내의 개혁에서 좌절을 겪는다고 해도, 목이 날아가는 일은 없다. 사회적으로 매장당하는 일도 결코 없다.

자신의 인생 설계도는 자기 자신이 그려야 한다. 새로운 길을 개척하는 것이 처음부터 간단할 리는 없지만, 일단 나아가 본 후에 자신이 행해 온 것을 돌아보면 '그렇군. 그런 것이었어'라고 생각할 수 있다.

'현명한 선택'이라는 변명을 내세워 자신의 능력을 '도전'을 통해 갈고 닦지 않은 채 경영진에 올랐다고 치자.

하지만 정작 그 지위를 활용할 능력을 못 갖춘다면 회사에 짐만 될뿐더러 심지어 이름도 남기지 못하는 결과를 낳고 만다.

자신이 만족할 수 있는 인생을 걸어가는 선택을 하기 바란다.

여기서부터 내딛는 한 걸음이, 여러분뿐만이 아니라 여러분의 기업을 변화시키기 시작한다.

나아가서는 일본 기업에 있어서 다음 스테이지로 향한 진화의 시작이 될 것이다.

✔ POINT

'사람이 할 일을 다 하고 천명을 기다린다'. 모든 일은 결국 도리대로 흘러간다.

경영
전략가의 일

초판 1쇄 인쇄 2020년 8월 11일
초판 1쇄 발행 2020년 8월 17일

지은이 이나다 마사토
옮긴이 박제이
펴낸이 정용수

사업총괄 장충상 **본부장** 홍서진
편집장 박유진 **편집** 김민기 **책임편집** 정보영
디자인 김지혜 **영업·마케팅** 윤석오
제작 김동명 **관리** 윤지연

펴낸곳 ㈜예문아카이브
출판등록 2016년 8월 8일 제2016-000240호
주소 서울시 마포구 동교로18길 10 2층(서교동 465-4)
문의전화 02-2038-3372 **주문전화** 031-955-0550 **팩스** 031-955-0660
이메일 archive.rights@gmail.com **홈페이지** ymarchive.com
블로그 blog.naver.com/yeamoonsa3 **인스타그램** yeamoon.arv

한국어판 출판권 ⓒ ㈜예문아카이브, 2020
ISBN 979-11-6386-051-8 03320